Heidi Maria und Martin Kuhnle

Hohenlohe

Wandern für die Seele

20 Wohlfühlwege

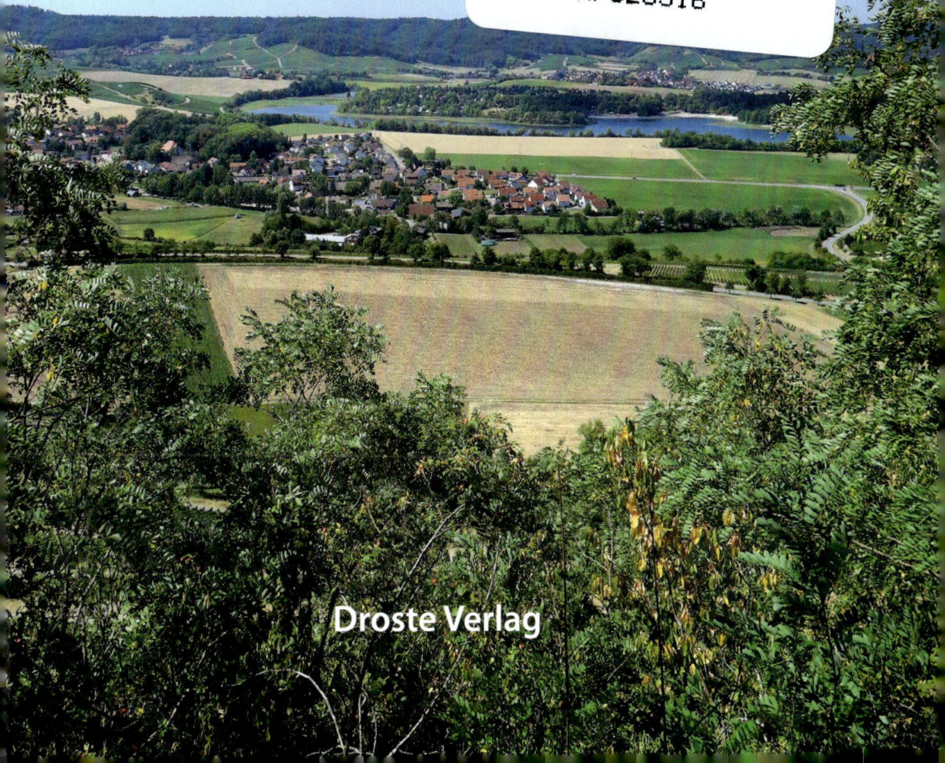

Droste Verlag

ALLE WANDERUNGEN AUF EINEN BLICK

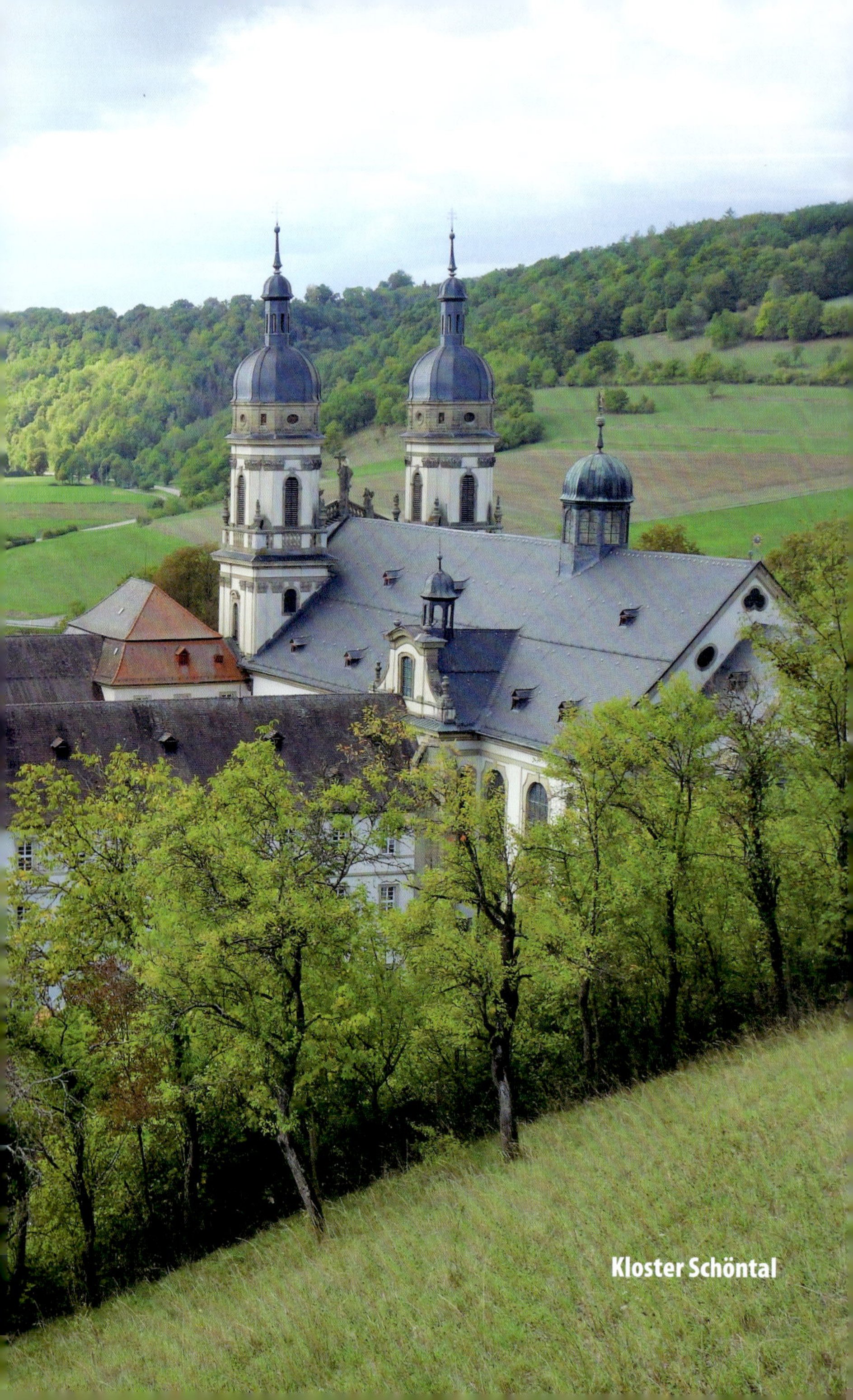
Kloster Schöntal

Liebe Wanderfreudige,

wandern Sie mit uns in der einmaligen Kulturlandschaft Hohenlohe. Unsere Touren führen durch ursprüngliche Dörfer, sehenswerte Städte und die Flusstäler von Jagst, Kocher und Kupfer, wo der bunte Eisvogel zu finden ist und die Libellen umherschwirren.

Die fürstliche Hohenlohe ist ein Wanderland mit Wohlfühlcharakter. Hier scheint die Welt noch in Ordnung zu sein. Spüren Sie den Hauch von Mittelalter, wenn wir die alten Burgen und Ruinen erkunden. Schalten Sie ab auf den Pfaden der Stille, die Entschleunigung und innere Einkehr bieten. Nehmen Sie sich Zeit, um die meditative Ruhe der Wälder und die klärende Energie des Wassers positiv auf sich wirken zu lassen. Tauchen Sie ab in die Vergangenheit und lassen Sie uns gemeinsam auf den Spuren der Römer, Kelten und Alemannen wandeln.

Zu den kulturellen Schätzen der Region gehören Schlösser, Klöster und Museen. Sehenswert sind auch die Theateraufführungen unter freiem Himmel und für den Gaumen empfiehlt sich ein köstliches A wie Apfel bis Z wie Zwetschgenmarmelade. Das und noch mehr kann man direkt in Hofläden und auf Bauernmärkten erwerben. Nicht umsonst ist die Hohenlohe als Genießerregion Baden-Württembergs bekannt. Wandern ist hier ein absolutes Highlight, jede unserer Touren ist wie ein kleiner Urlaub vom Alltag.

Ihre Heidi Maria und
Martin Kuhnle

NATUR-INFO

KULTUR-INFO

TOUREN-/EVENT-INFO

GENUSS-INFO

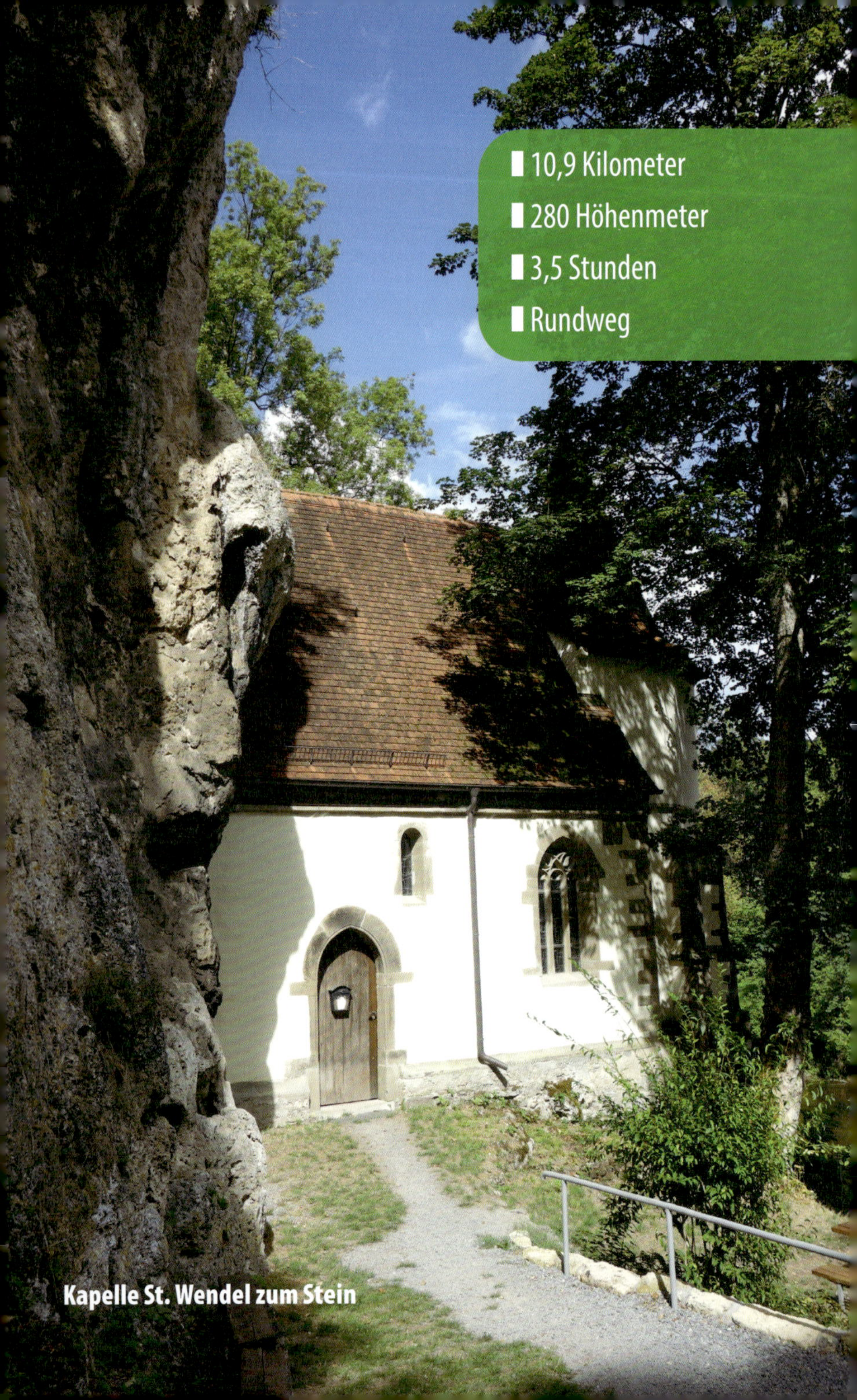

Kapelle St. Wendel zum Stein

Landpartie mit Fun

Zur Kapelle St. Wendel zum Stein

Die heutige Tour hat einen landwirtschaftlich geprägten Charakter und besticht mit verschlungenen Pfaden, stillen Waldabschnitten sowie den blütenreichen Salbei-Glatthaferwiesen. Sie führt uns durch liebliche, ursprüngliche Dörfer, vorbei an historischen Zeitzeugen der Vergangenheit sowie zum Schloss in Meßbach und zur Kapelle St. Wendel zum Stein. Auch geht es am schönen Jagstufer entlang. Immer wieder zeigt sich diese Tour von einer ganz anderen Seite. Zum Schluss wandeln wir kurzweilig auf dem Generationenpfad, der mit einigen Stationen für Spaß und Unterhaltung sorgt, bis wir dann wieder zurück nach Dörzbach gelangen.

In Dörzbach beginnen wir die Tour am Parkplatz in der **Drehergasse** und gehen gleich über die B19 in Richtung evangelische Kirche. Rechts des Gotteshauses folgen wir dem Pfad durch den äußeren Schlosshof und achten dabei auf die grüne **Ausschilderung des Pfads der Stille.** Bei der Brückengasse laufen wir links und überqueren auf der Brücke die Jagst. Wahnsinn, wie die Sonne ihre Strahlen auf der Wasseroberfläche spiegelt, ein sagenhaftes Naturschauspiel, das wir hier beobachten dürfen. Wir wenden uns dem Kapellenweg zu und verlassen alsbald die Ufernähe. Ein Schotterweg leitet zum Wald hinauf, bei dem wir das sogenannte **Kühlhaus der Natur** ❶ erreichen, den einstigen Eiskeller von Dörzbach. Es handelt sich um eine Art Höhle, die wohl durch Bearbeitung der Nischen in den Muschelkalk durch mehrere Brauereien entstanden ist. Ziel war es, aus der gefrorenen Jagst herausgeschnittene Eisplatten einzulagern, um auch im Sommer das Bier zu kühlen,

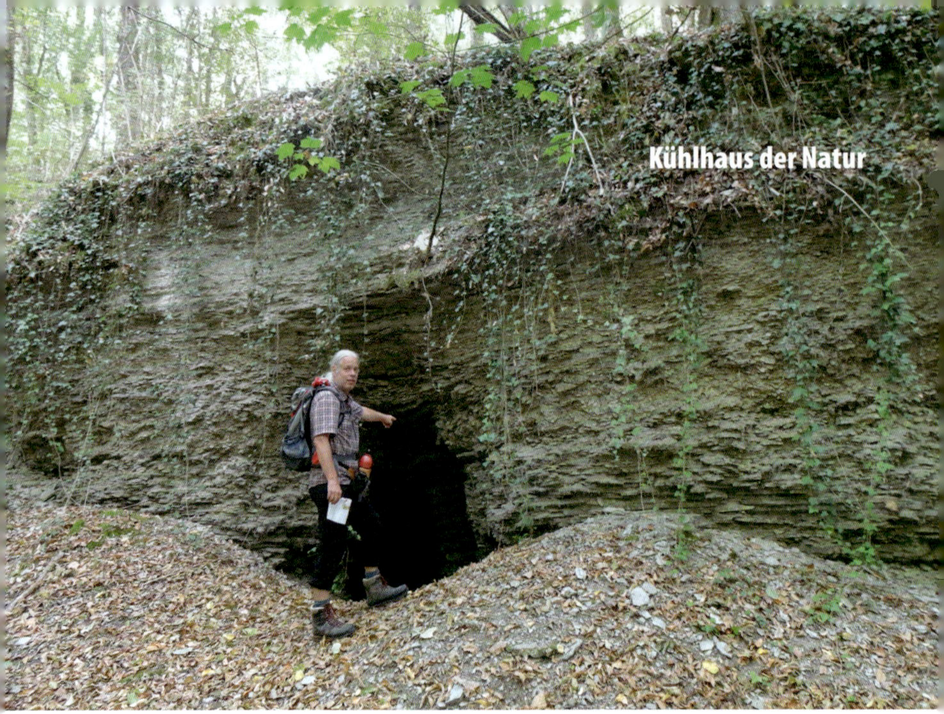
Kühlhaus der Natur

heute unvorstellbar. Seit Anfang des 20. Jahrhunderts finden dort Fledermäuse ihren Rückzugsort.

Wir wandern rechts weiter und kurz darauf zweigt ein leicht felsiger Pfad ab, der uns an eine Lichtung bringt. Steil führt uns der Weg am Rand der Wiese hinauf, bis wir zur **Dörzbacher Stäffele 2** gelangen. Die alten Steinstufen waren einst nicht nur Schulweg, sondern auch der Weg, den die Meß- und Dörzbacher sonntags gehen mussten, um zum jeweiligen Gottesdienst zu gelangen, denn Meßbach war katholisch und Dörzbach evangelisch. Evangelische Kinder, in welchem der beiden Orte sie auch wohnten, mussten nach Dörzbach und umgekehrt. Was ebenso für die Kirchgänger am Sonntag galt. Und so begegneten sich die Dorfbewohner oft auf dieser Stäffele, bis in die 1930er-Jahre.

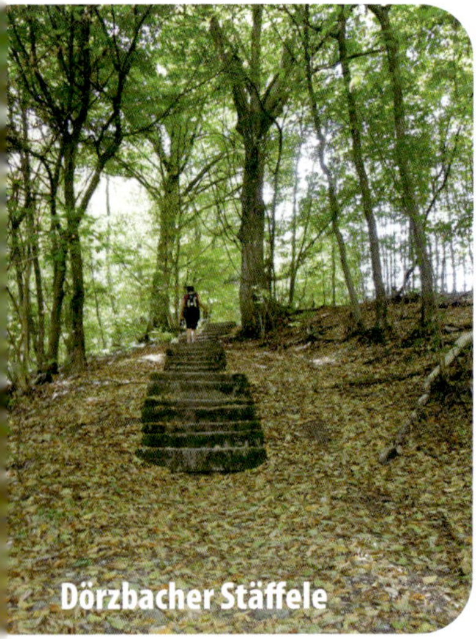
Dörzbacher Stäffele

Die Stufen führen uns zu einer Hochebene, wir folgen erst einer Pfadspur und dann einem Feldweg, der uns mit landwirtschaftli-

Für die Seele

Traumhafte Wanderung auf dem Pfad der Stille Dörzbach mit Einblicken ins Landleben von einst. Entschleunigende Natur und spielerische Elemente begeistern.

chem Charme kurzweilig und mühelos nach Meßbach leitet. Dort schreiten wir die Straße **Am Tannenwald** hinunter und gehen links und kurz darauf rechts in den Fußweg zum **Gasthof Zum Pflug** **3**.

Schon bald erreichen wir das mächtige **Meßbacher Schloss** **4**, das sich in Privatbesitz befindet, sowie die katholische **Pfarrkirche Zur Heiligen Dreifaltigkeit** **5**. Allein die Außenfassade der 1776 erbauten Kirche ist überaus sehenswert. Das Innere des Gotteshauses besticht mit Rokoko-Ornamenten und den außergewöhnlichen Deckenfresken eines Spiegelgewölbes. Unser Weg führt uns nun weiter, die **Oberginsbacher Straße**

*Am Wegesrand vermitteln einige Schilder viel Wissen über das **landwirtschaftliche Leben** im Verlauf der Zeiten von früher bis heute.*

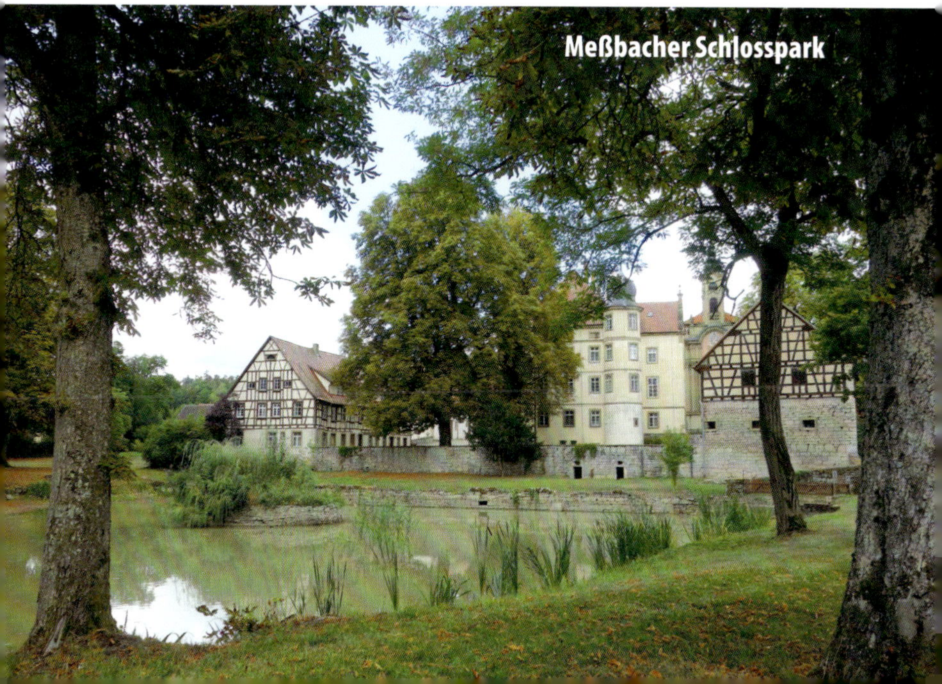

Meßbacher Schlosspark

hinab, vorbei an einem kleinen See, der ebenfalls zu dem Privatbesitz des Schlosses gehört. Dann folgen wir rechts der Straße **Zur Brandenburg.**

Wir verlassen den heimeligen Ort und wandern neben einer Hecke am großen Schlosspark entlang. Bald schon bestimmen weite Wiesen und Felder unser Landschaftsbild. Auch vereinzelte Apfelbäume zieren den Wegrand. Was kann es Schöneres geben, als hier mitten in der Natur diesen freien Tag so herrlich zu genießen? Der Weg leitet nun zum Wald. Dort gelangen wir zu einem hübschen **Picknickplatz,** an dem wir eine kurze Pause einlegen, um neue Kraft zu sammeln und den Augenblick bewusst wahrzunehmen, bevor wir links auf einem geschotterten Weg talwärts weitergehen. Während wir die natürliche Stille des Walds auf uns wirken lassen, biegen wir an einem Querweg rechts ab. Kurz darauf schwenkt unsere Route scharf links zur historischen **Alten Poststeige** hinab. Diese diente vor dem Bau der Hohebacher Jagstbrücke als offizielle Postkutschenstrecke von Bad Mergentheim über Dörzbach nach Künzelsau.

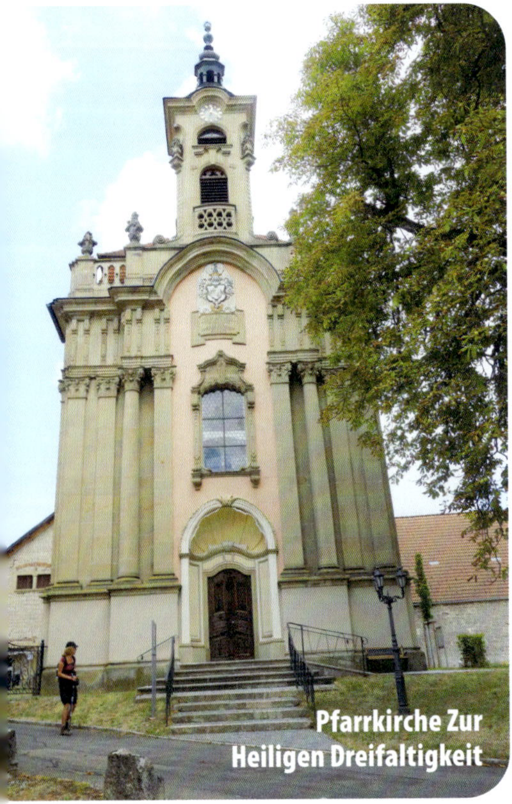

Pfarrkirche Zur Heiligen Dreifaltigkeit

Mit Blick ins Tal gehen wir rechts und gelangen so immer tiefer hinab ins Jagsttal, bis wir am Festplatz unter den **Schönhutlinden** ankommen. Ein überaus idyllischer Platz, um zu verweilen. Der Platz wurde dem ehemaligen Pfarrer, Dichter und Heimatforscher Ottmar Schönhuth gewidmet. Einmal im Jahr findet hier ein großes Maifest statt. Jetzt wird es spannend: Der Weg führt abwärts an einem Brunnen mit Sitzbank vorbei, bis wir über Treppen hinab zur **Kapelle St. Wendel zum Stein** 6 gelangen. Schon beim Abstieg sind wir tief beeindruckt von den Höhlen, die wir oberhalb der Kapelle in den Muschelkalkfelsen erblicken. Angeblich sollen sie während der Eiszeit sogar bewohnt gewesen sein. Die Kapelle ist dem Schutzpatron der Hirten gewidmet. Sie stammt aus dem Jahr 1511 und wurde von einem Einsiedler errichtet.

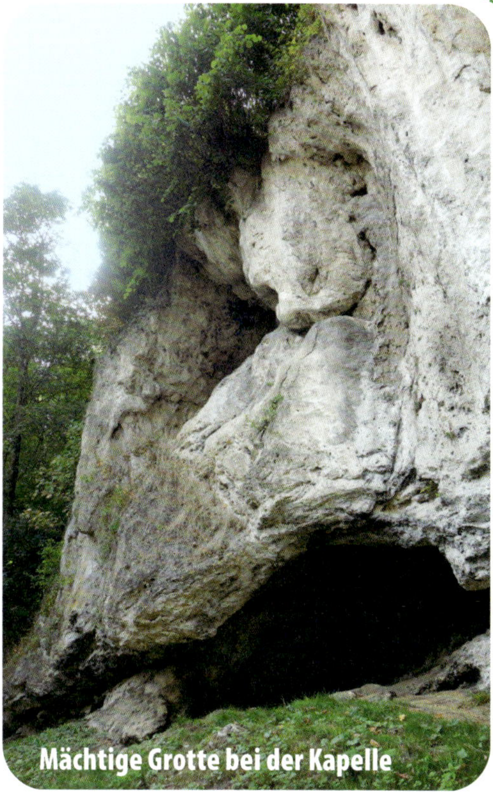

Mächtige Grotte bei der Kapelle

Außergewöhnlich ist, dass der Kapelle ein Naturfelsen quasi als Rückwand dient. Im Inneren gelangen wir durch eine Tür zum Grottenaufgang. Trittsicher steigen wir hinauf, um die Grotte genauer zu inspizieren. Hier sollen früher geschichtliche Funde aus längst vergangenen Epochen entdeckt worden sein. Die über die Region hinaus bekannte Kapelle war einst ein beliebter Wallfahrtsort. Wir lassen die friedliche Atmosphäre dieses Orts einige Zeit auf uns wirken, bevor wir unsere Wanderschaft fortsetzen.

*Die **Mariengrotte** bei Assamstadt wurde aus Tuffstein von St. Wendel zum Stein erbaut.*

Um wieder auf den Pfad der Stille zu gelangen, müssen wir zurück zum Festplatz bei den Linden laufen, wo wir links abbiegen. Gleich nach dem Wald taucht der Ort **Hohebach** vor uns auf. Ein überaus schöner Weg führt vorbei an duftenden Wiesen und Obstbäumen und wir genießen die landschaftliche Abwechslung, die dieser Abschnitt bietet. Kurz gehen wir durch ein Neubaugebiet, bis wir an den Sportanlagen

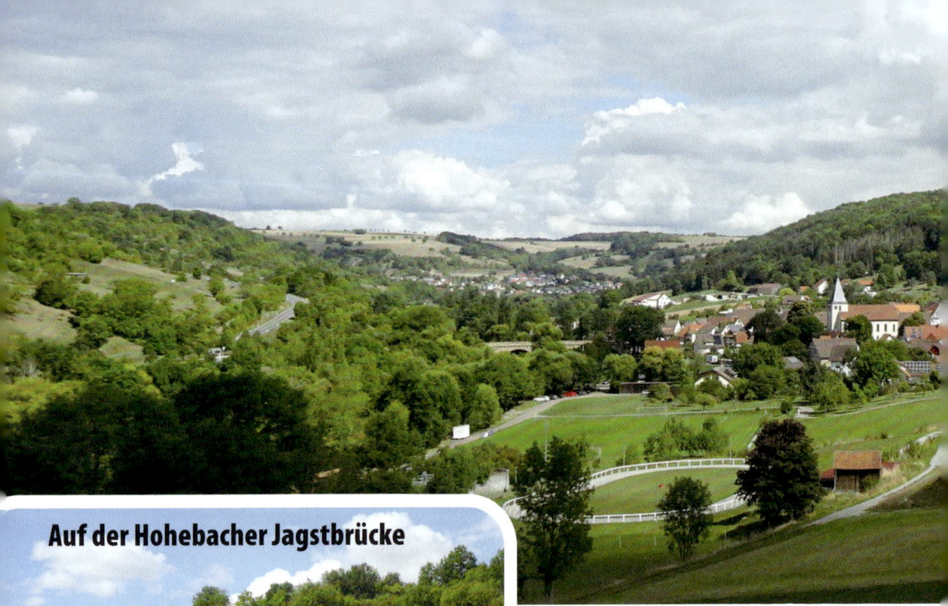

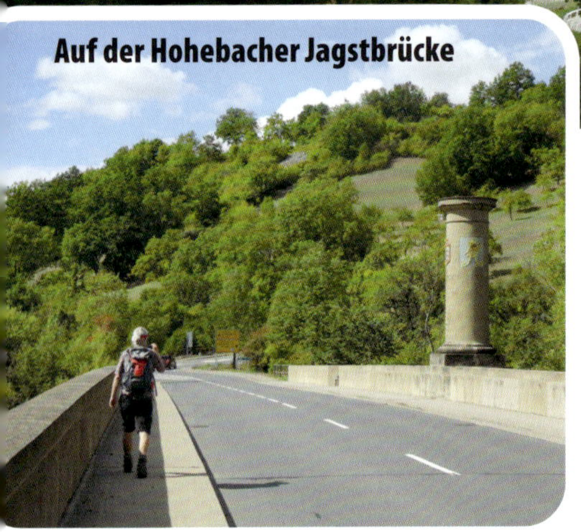

Auf der Hohebacher Jagstbrücke

das **Gasthaus Rössle** 7 erreichen, wo man wunderbar einkehren kann. Der Weg leitet uns am Forellenbach vorbei zur historischen **Hohebacher Jagstbrücke** 8. Die vierbogige Sandsteinbrücke wurde auf Befehl von König Friedrich I. von Württemberg von 1808 bis 1810 erbaut, um eine bessere Anbindung zu anderen Regionen zu gewährleisten. Sie kann durchaus als Kulturgut bezeichnet werden. Nach dieser geschichtlichen Überquerung setzen wir unsere Tour hinter der gegenüberliegenden Landstraße fort. Aufwärts geht es zu einem Feldweg in Richtung **Generationenpfad.** Wer möchte, kann jetzt den jüdischen Friedhof in der Nähe besuchen, der als Mahnmal errichtet wurde und als letzte Ruhestätte für die Menschen dient, die bis 1942 hier lebten. Furchtbare und unfassbare Gedanken überkommen uns an die grausigen Geschehnisse einer Zeit, die wir hoffentlich nie wieder erleben müssen.

Der Generationenpfad biegt links ab und sorgt mit verschiedenen Erlebnisstationen für reichlich Ab-

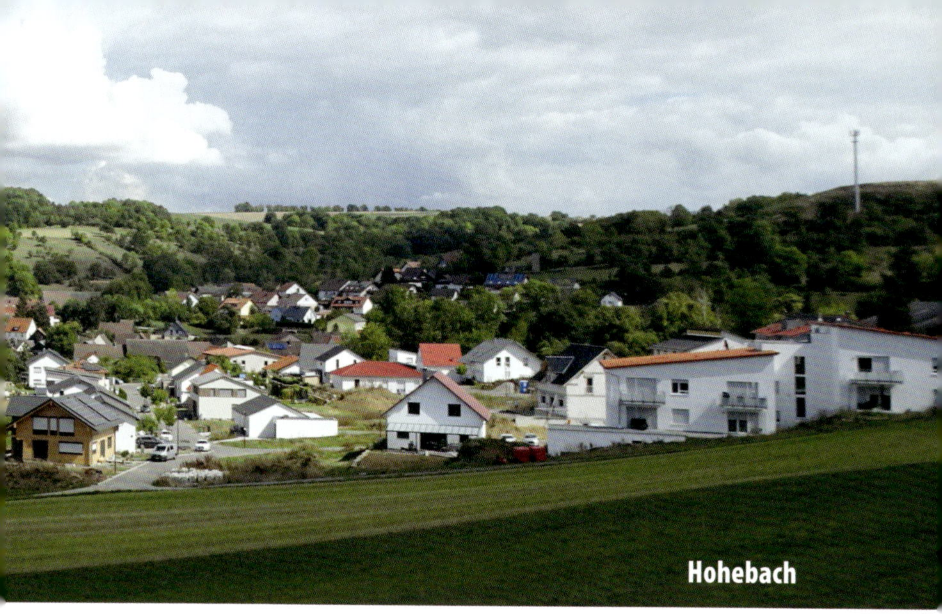

wechslung. Besonders witzig sind die Kugelbahn, die schwebende Plattform und der heiße Draht. Herrlich wandern wir beflügelt inmitten von Apfel- und Zwetschgenbäumen auf halber Hanghöhe entlang und erhaschen dabei einen eindrucksvollen Blick auf die Kapelle St. Wendel zum Stein. Voller Freude testen wir die schwebende Plattform aus und haben eine Menge Spaß, während wir über das wackelige Seil balancieren.

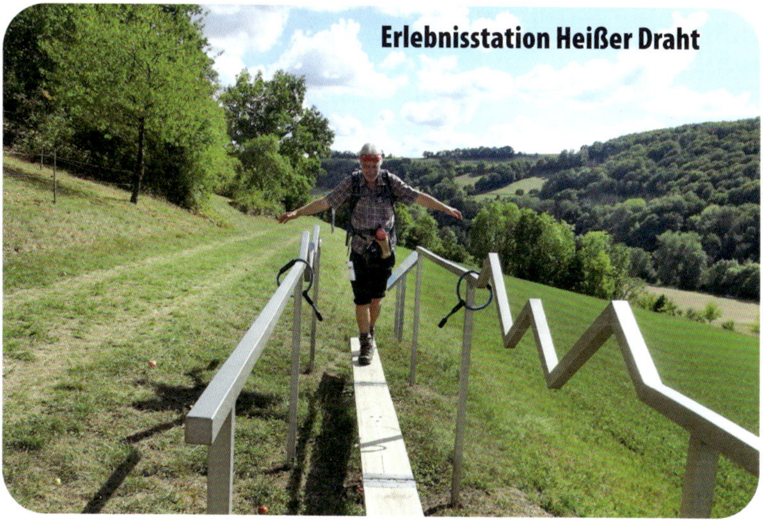

Auszeittour 1

Die Tour führt uns kurz in einen Waldabschnitt, bis wir das **Kneippbecken** nebst kleinem Barfußpark erreichen. Spontan ziehen wir unsere Schuhe aus und genießen die Abkühlung im kalten Becken. Bevor wir zum Endspurt aufbrechen, müssen wir die Füße erst trocknen lassen. Die Zeit nutzen wir für eine Vesperpause. Frisch gestärkt geht es rechts ab auf den Radweg, der uns kurzerhand nach **Dörzbach** bringt. Ein Fußweg neben der **Hohebacher Straße** leitet uns in Richtung Kirche und zum Parkplatz an der Drehergasse.

Eine empfehlenswerte Tour, die nicht nur mit historischen Highlights aufwartet, sondern auch optimal als Auszeittour bezeichnet werden kann.

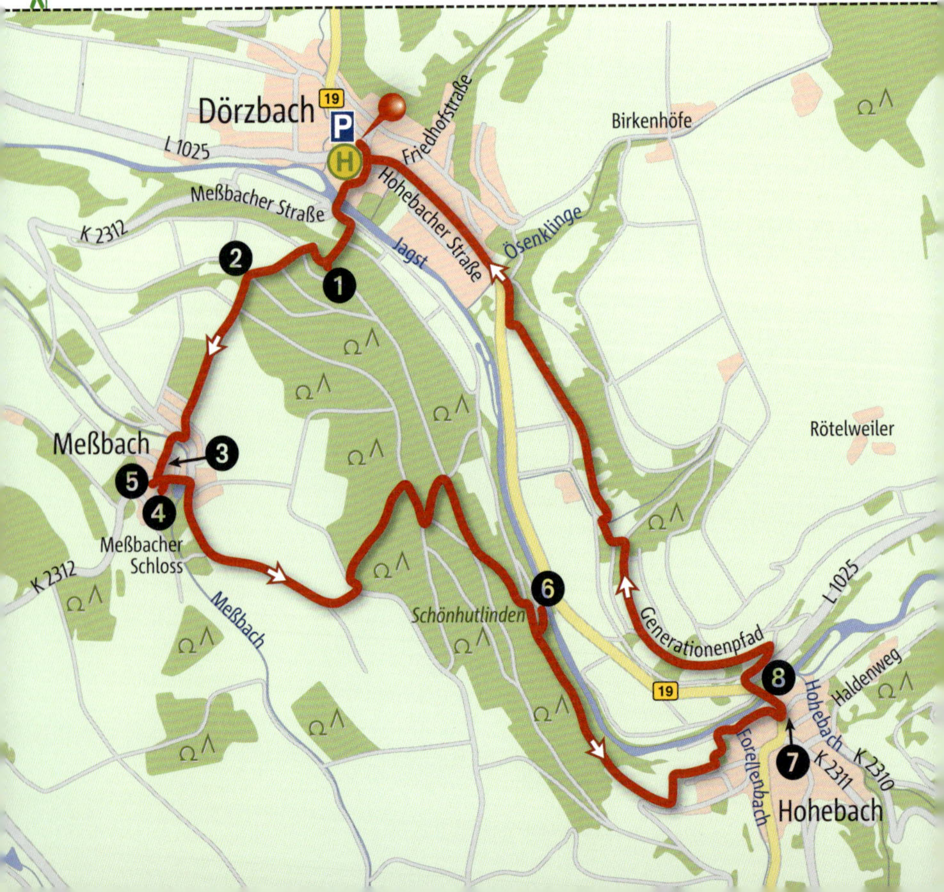

Entspannung ✱✱✱✱✱
Genuss ✱✱✱✱✱
Romantik ✱✱✱✱✱

WIE & WANN:
Teilweise wandelt man auf paradiesischen Traumpfaden, die Wegbeschaffenheit ist durchgängig sehr gut. Beste Wanderzeit, wenn kein Schnee liegt, ganzjährig.

HIN & WEG:
Auto: Anfahrt über die A81, Abfahrt 6, Landstraße nach Krautheim, immer im Jagsttal bleiben, weiter über Klepsau nach Dörzbach. Parkplatz in der Drehergasse (GPS: 49.384, 9.706917) oder am Friedhof (GPS: 49.383399, 9.710416), 74677 Dörzbach
ÖPNV: Bus 10 von Krautheim oder Mulfingen, Bus 19 von Krautheim oder Bad Mergentheim bis Haltestelle Dörzbach Rathaus

ESSEN & ENTSPANNEN:
Gasthof Zum Pflug ❸ Alter Schulweg 1, 74677 Dörzbach-Meßbach, Tel. (0 79 37) 2 95
Gasthaus Rössle ❼ Dörzbacher Straße 10, 74677 Dörzbach-Hohebach, Tel. (0 79 37) 3 92

ENTDECKEN & ERLEBEN:
Kühlhaus der Natur ❶
Dörzbacher Stäffele ❷
Meßbacher Schloss ❹
Pfarrkirche Zur Heiligen Dreifaltigkeit ❺
Kapelle St. Wendel zum Stein ❻
Hohebacher Jagstbrücke ❽

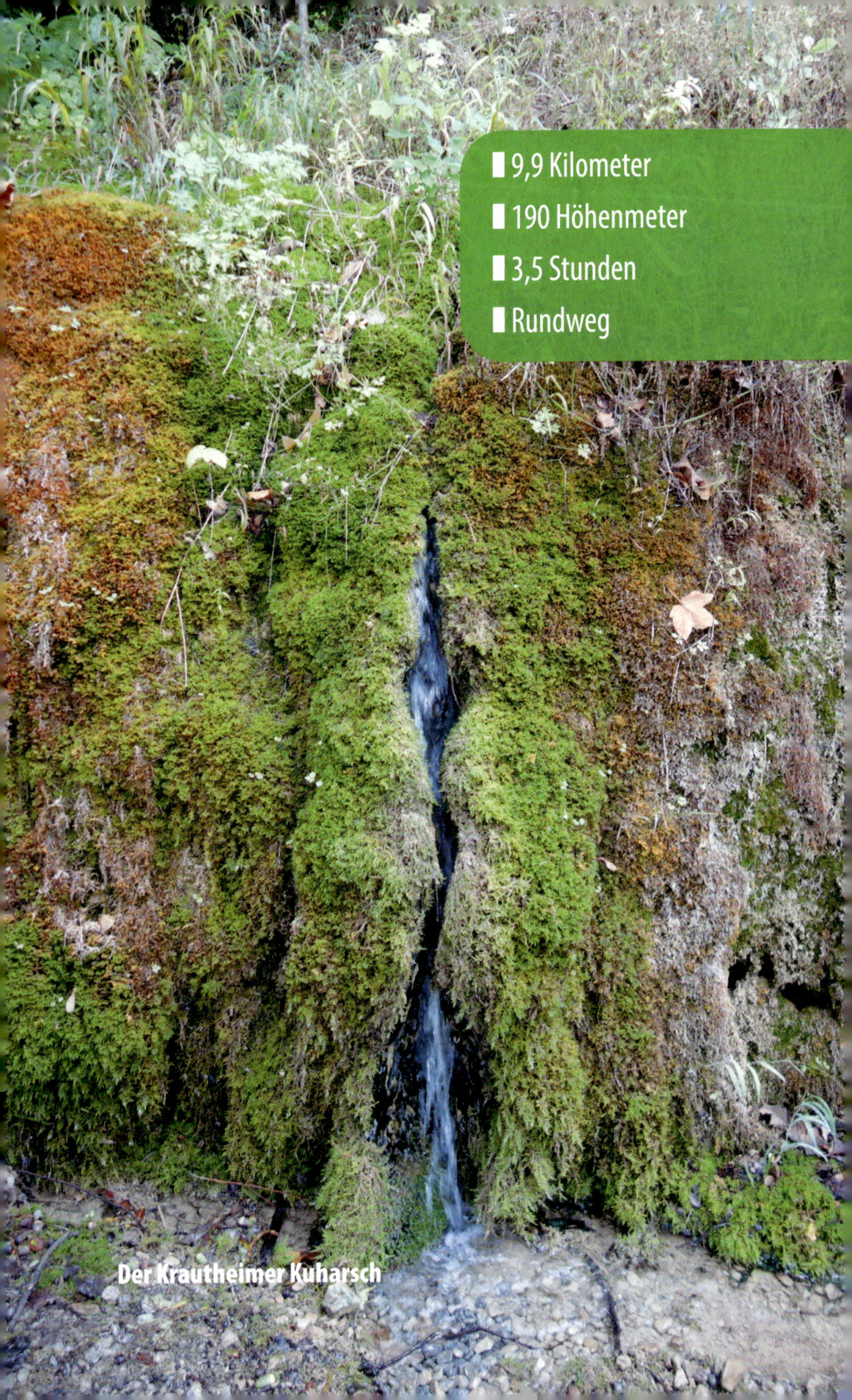

- 9,9 Kilometer
- 190 Höhenmeter
- 3,5 Stunden
- Rundweg

Der Krautheimer Kuharsch

Verheißungsvoll
Zum Krautheimer Kuharsch

Unsere Tour verspricht nicht nur naturnahe Wanderwege und superschöne Ausblicke, sondern führt uns auch durch stille Wälder, auf verschlungene Pfade und durch heimelige Dörfer. Sie schickt uns auf eine Entdeckungsreise durch längst vergangene historische Zeiten. Ein weiteres Highlight ist die an den Fels gebaute Mariengrotte. Zum guten Schluss können wir unser Immunsystem stärken.

Zwischen Krautheim und Klepsau starten wir vom **Wasserwerk** aus unsere Tour auf einem Pfad der Stille. Vom Parkplatz gehen wir hoch in Richtung Kneippbecken. Hier wenden wir uns links und laufen an einer **Grillhütte** vorbei. Auf einem schönen Waldweg wandern wir völlig entspannt und in bester Laune, bis wir am **Krautheimer Kuharsch** ❶ ankommen. Hier plätschert das Wasser rechts vom Hang herab und fließt durch eine Rinne in einem Fels. Die Form des Wasserlaufs erinnert tatsächlich gewissermaßen an das Hinterteil einer Kuh.

*Der **Krautheimer Kuharsch** ist ein Quellbrunnen, der durch eine moosbewachsene Rinne fließt.*

Wir genießen die Ruhe der Natur, die uns auf dem weiteren Wegabschnitt zur Burg begleitet. Einzig das Raunen der Blätter sowie der fröhliche Gesang der Waldvögel dringt an unsere Ohren, während wir einen sechseckigen **Pavillon** passieren. Jetzt steigen wir in einigen Kehren hinauf, bis wir schließlich die **Burg Krautheim** ❷ erreichen. Mächtig thront sie hier oben als Zeitzeuge der Vergangenheit. Das Museum im Inneren der Burganlage kann man besichtigen. Die Burg stammt aus dem Jahr 1213. Von der großzügigen Anlage sind noch einige Teile erhalten, unter anderem die

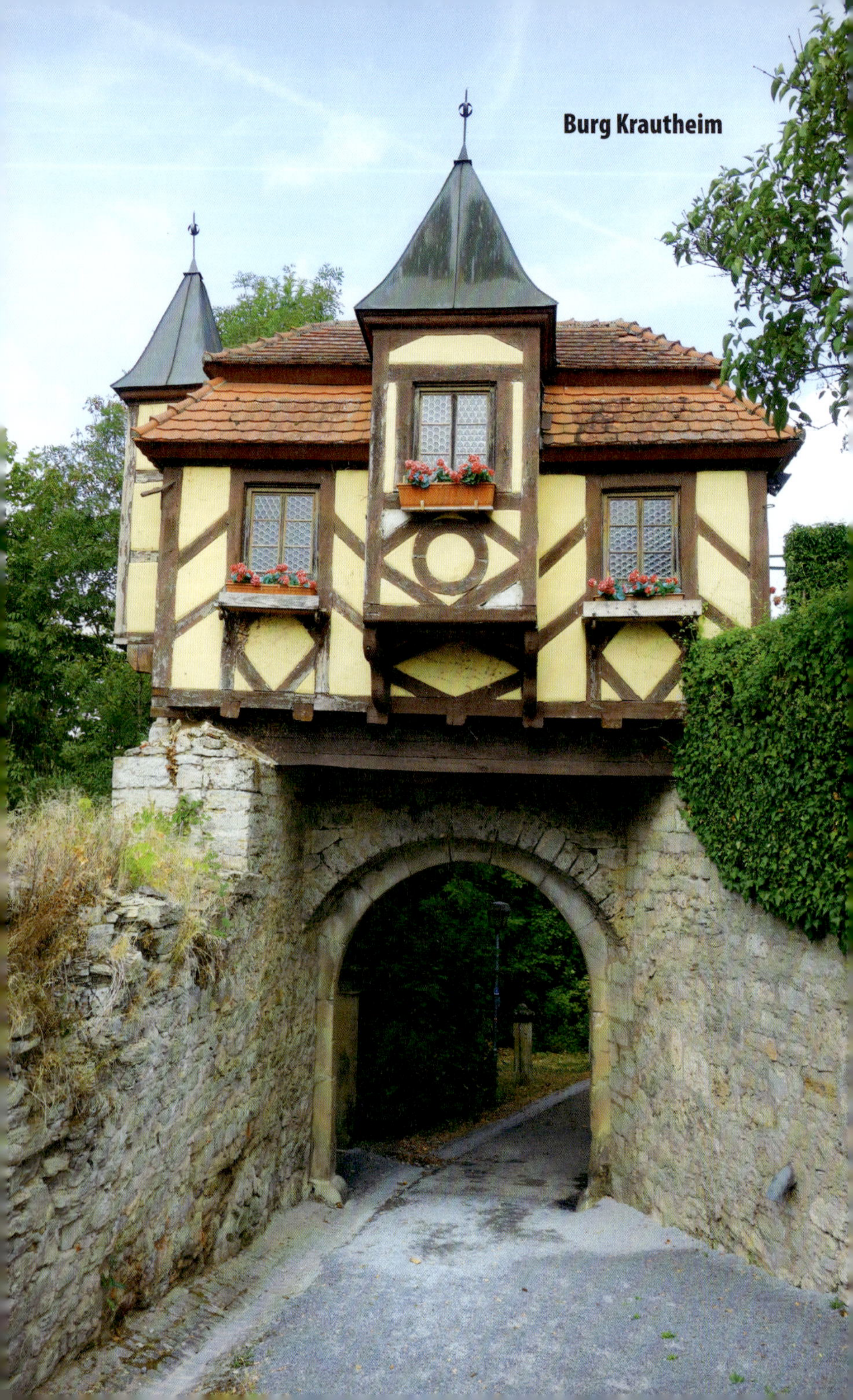
Burg Krautheim

Für die Seele

Tiefe Wälder, plätscherndes Wasser – die Ergänzungstour zum Pfad der Stille in Krautheim wirkt beruhigend und die Mariengrotte friedlich.

frühgotische Kapelle mit herrschaftlicher Empore. Die Burg gehört heute dem Land Baden-Württemberg und wurde 1989/90 restauriert.

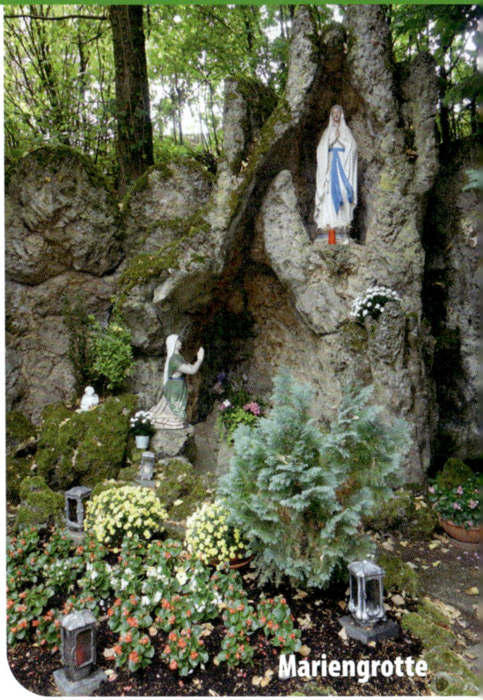
Mariengrotte

Wir erkunden die Anlage und knipsen ein Foto nach dem anderen, anschließend gehen wir am **Fuchsbau** vorbei, einem spätmittelalterlichen Flankierungsturm, und folgen dem Burgweg, der uns zum **Landgasthof Zur Krone** ③ führt. Der Weg leitet uns weiter zum Rathaus, zum Johanniter-Museum und zur Kirche. Dort gehen wir links den Marktplatz hinauf zur **Bühlhofstraße,** bis gegenüber von Hausnummer 18 der Grottenweg links abzweigt. Bald erreichen wir die **Mariengrotte** ④. Sie ist eine liebevolle Nachbildung der Grotte des französischen Lourdes. Der damalige Bürgermeister von Krautheim beauftragte im Jahr 1952 ein Grottenbauunternehmen aus Bad Godesberg, um sie zu errichten. Andächtig beäugen wir die Grotte und werden innerlich ganz still. Sie will uns an das Gute im Menschen erinnern, an eine neue Welt mit dem Ziel, die Erde endlich zu einem friedlichen Planeten ohne Hass und Gewalt zu machen. Der erste Schritt hierzu beginnt wahrlich in uns selbst.

Nach diesen bedächtigen Minuten der inneren Einkehr setzen wir unsere Wanderung fort. Immer noch in

*Der Hohenloher sagt im **Dialekt** zu Krautheim Kraute. Übrigens nennt er seine Heimat liebevoll Haulau, was Hohenlohe heißen soll.*

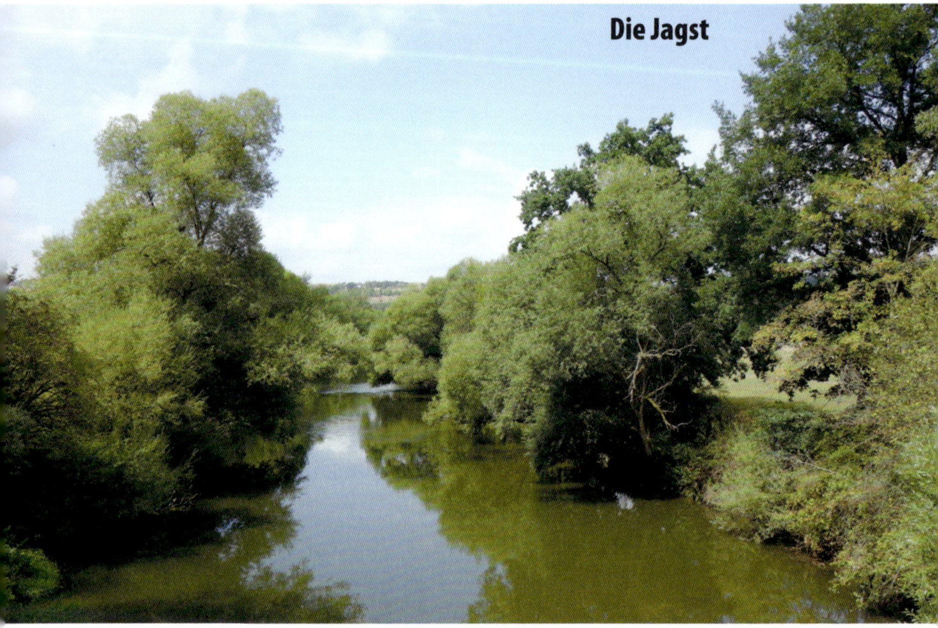

Die Jagst

tiefer innerer Ruhe und Gelassenheit wenden wir uns scharf links der **König-Albrecht-Straße** zu, die durch das Stadttor von Krautheim führt.

Gleich dahinter halten wir uns halb rechts, folgen der **Brunnenstraße** und dann rechts versetzt dem Fußweg, ehemals Burgweg, der uns ins Tal hinabbringt. Krautheim hat durchaus einiges Geschichtliches zu bieten, unserer Recherche zufolge geht die erste Besiedlung auf die Zeit der Merowinger zurück. Erstmals urkundlich erwähnt wurde Altkrautheim im Jahr 1096, dabei bekam es erst 1329 die Stadtrechte.

Im Talgrund beim Brunnen gehen wir geradeaus in die **Bahnhofstraße,** in der sich die gemütliche **Pizzeria Adriatica** ❺ befindet. Wir halten uns in Richtung Altkrautheim. Neben der Jagst schreiten wir in einer lang gezogenen Rechtskurve der **Altkrautheimer Jagstbrücke** ❻ entgegen und gelangen so in den schnuckeligen Ort Altkrautheim. Hier gehen wir rechts über den Ginsbach und folgen halb rechts der **Eberstaler Straße.**

Bei einer kleinen Kapelle laufen wir zur Kirchgasse und gehen gleich wieder links zu einem Brunnen. Abermals kreuzt der Ginsbach unseren Weg und wir gehen rechts versetzt zur **Brunnensteige.** Landwirtschaft bestimmt das Ortsbild, bäuerliche Häuser, Gemüsegärten, Kuhställe, Pferdeweiden, gackernde Hühner, Katzen, Misten und Silos, es riecht nach vergorenem Obst und Rüben – das ruft beinahe wehmütig Kindheitserinnerungen hervor. Fast könnte man sich vorstellen, die Oma stünde mit ihrem Küchenschurz vor der Tür und riefe zum Mittagessen.

Bald schon lassen wir das heimelige Dorf hinter uns. Mit schönem Blick zur Burg Krautheim gehen wir bei den Obstbäumen halb links und queren im Wäldchen einen Graben. Immer wieder zücken wir unsere Kamera, da der Blick auf die Burg verlockend und faszinierend zugleich ist. Während wir an den **Streuobstwiesen** vorbeiwandern, wird uns bewusst, dass die Ernte in diesem Jahr überaus üppig ausfällt, die Apfel- und Zwetschgenbäume hängen *pratzelvoll,* wie man im Schwäbischen Dialekt zu sagen pflegt. Doch uns beschleicht auch die Erkenntnis, dass wir lernen müssen, Lebensmittel wieder mehr wertzuschätzen. Jetzt beschreiten wir den oberen der beiden Wege und wandern idyllisch zwischen Wald und Feld in Richtung Weinberg. Achtung, am Ende der Feld- und Wiesenlichtung führt unser Weg nun links versetzt in den Wald. Plötzlich nehmen wir erdigen,

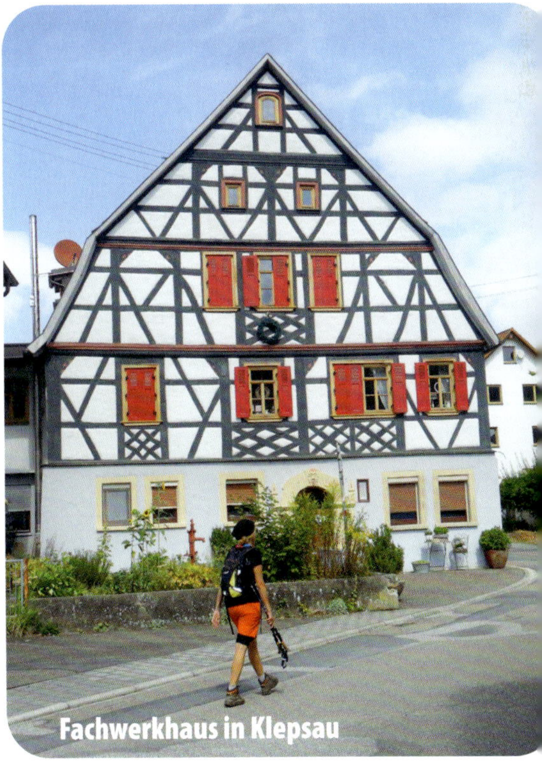

Fachwerkhaus in Klepsau

harzigen Geruch wahr, der Wald duftet intensiv nach Tannennadeln, Moos und auch Waldboden – ein Fest für unseren Geruchssinn.

*Der gesundheitsfördernde Einfluss des Walds wurde unlängst als **Biophilia-Effekt** bezeichnet. In dem gleichnamigen Buch von Clemens G. Arvay erfahren wir von den heilsamen Wirkungen der Pflanzen und des Walds auf den Menschen.*

Auf einem wurzeligen Pfad wandern wir achtsam und bewusst in den Talgrund hinunter. Dort behalten wir die Richtung bei, bis wir zur **Klepsauer Jagstbrücke** **7** gelangen. Die Kirchturmspitze von Klepsau dient zur Orientierung und im Ort führt uns der Auweg zur Lindenstraße. Der Ort ist vom Thema Weinbau geprägt. Schmucke Fachwerkhäuser bewundern wir im Vorübergehen. Bei einem alten Weinfass überqueren wir die Dörzbacher Straße und passieren in der Winzerstraße eine alte Traubenpresse. Nach einem Sportplatz gehen wir in einer Linkskurve bergauf und

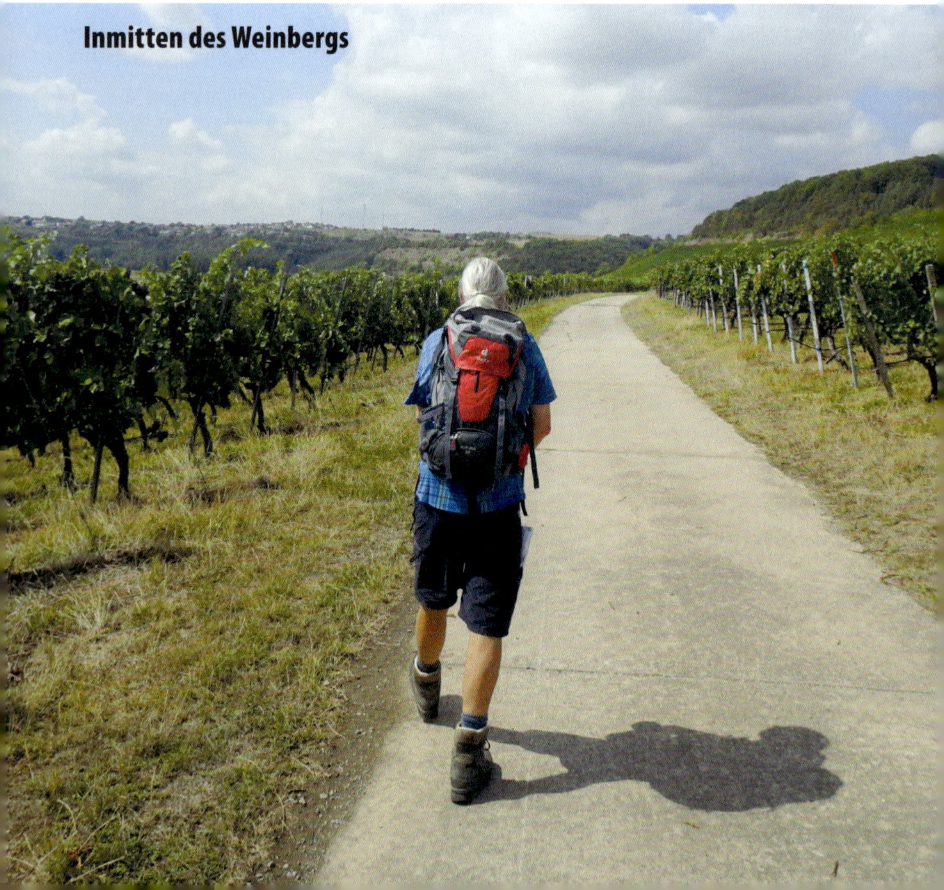
Inmitten des Weinbergs

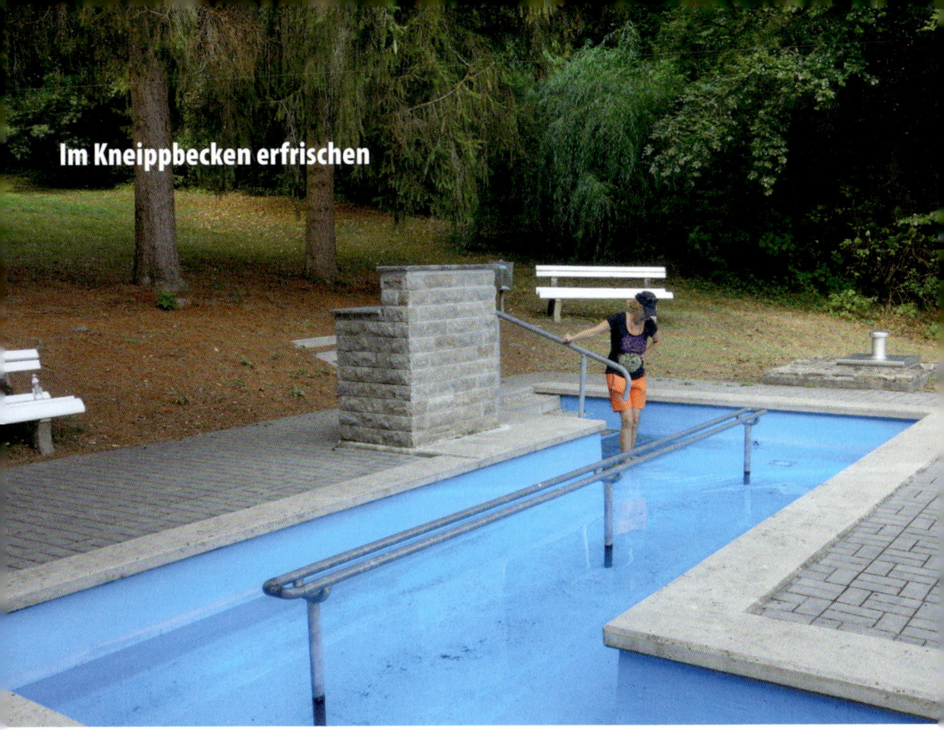

folgen am Ortsrand dem Wald- und Weinlehrpfad. Während des Anstiegs biegen wir links ab und durchschreiten den gepflegten **Rebgarten Heiligenberg** ⑧. Grauburgunder, Riesling und Kerner gedeihen an diesem sonnenverwöhnten Rebhang. Krautheim liegt überaus schön vor uns und das herrliche Jagsttal bietet einen Fotomoment nach dem anderen.

Am Ende des Wingerts geht es rechts in den Forst und ein Betonplattenweg leitet talwärts. Kurz vor einer Scheune wenden wir uns scharf rechts und gehen zum lauschigen **Horrenbach.** Überaus abwechslungsreich wandern wir durch das unberührte, schilfbewachsene und wasserreiche Gebiet und kommen entspannten Schrittes des Wegs entlang. Kurz darauf setzen wir vorsichtig über eine Landstraße und wandern anschließend an einem quirligen Quellbach vorbei. Am Waldeck halten wir uns links und folgen dem romantischen Wiesenpfad, der uns in Folge an zahlreiche Obstbäume, Hecken und Sträucher führt. Auf zum Endspurt: Wir gehen kurz auf der **Klepsauer Straße,** die uns zum

Auszeittour 2

Im **Kneippbecken** kann man sich nach der Wanderung hervorragend erfrischen.

Wasserwerk zurückbringt, wo unser Auto für die Rückfahrt bereitsteht. Bevor wir nach Hause fahren, kneippen wir noch ausgiebig. Eine wahre Wohltat für Körper und Seele und eine Bereicherung für unser Immunsystem. Darauf haben wir uns schon den ganzen Tag gefreut.

Eine abwechslungsreiche Tour, die neben Momenten tiefer Stille und innerer Einkehr ebenso viele neue Impulse für den Alltag bietet. Sie lässt uns nicht nur in die Vergangenheit reisen, sondern auch in eine Zukunft aufbrechen, die uns an der Mariengrotte als Vision der neuen Welt ohne Tyrannei und Gewalt erscheint. Ein Pfad der Stille, wie er besser nicht sein könnte.

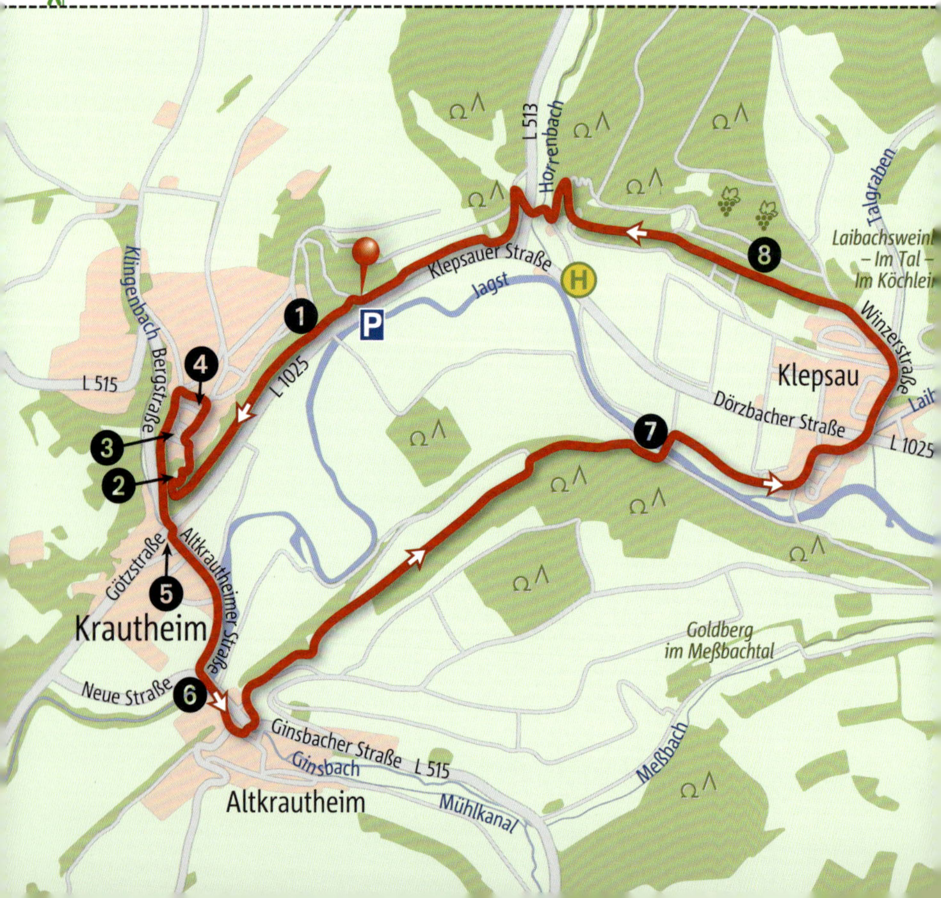

Entspannung ✱✱✱✱✱
Genuss ✱✱✱✱✱
Romantik ✱✱✱✱✱

WIE & WANN:
Die Wegbeschaffenheit ist durchweg sehr gut, in den Wohngebieten auf Asphalt und im Weinberg auf Betonplatten. Beste Wanderzeit, wenn kein Schnee liegt, ganzjährig.

HIN & WEG:
Auto: Anfahrt über die A81, Ausfahrt 6, Landstraße nach Krautheim. Zum Ausgangspunkt in Krautheim immer geradeaus im Jagsttal bleiben, in Richtung Klepsau, Dörzbach. Parkplatz beim Wasserwerk, Klepsauer Straße, 74238 Krautheim (GPS: 49.392333, 9.64525)
ÖPNV: Bus 11 von Möckmühl, Bus 19 von Bad Mergentheim bis Haltestelle Klepsau L1025

ESSEN & ENTSPANNEN:
Landgasthof Zur Krone ❸ König-Albrecht-Straße 3, 74238 Krautheim, Tel. (0 62 94) 3 62, www.krone-krautheim.de
Pizzeria Adriatica ❺ Bahnhofstraße 2, 74238 Krautheim, Tel. (0 62 94) 92 62, www.pizzeria-krautheim.de

ENTDECKEN & ERLEBEN:
Krautheimer Kuharsch ❶
Burg Krautheim ❷
Mariengrotte ❹
Altkrautheimer Jagstbrücke ❻
Klepsauer Jagstbrücke ❼
Rebgarten Heiligenberg ❽

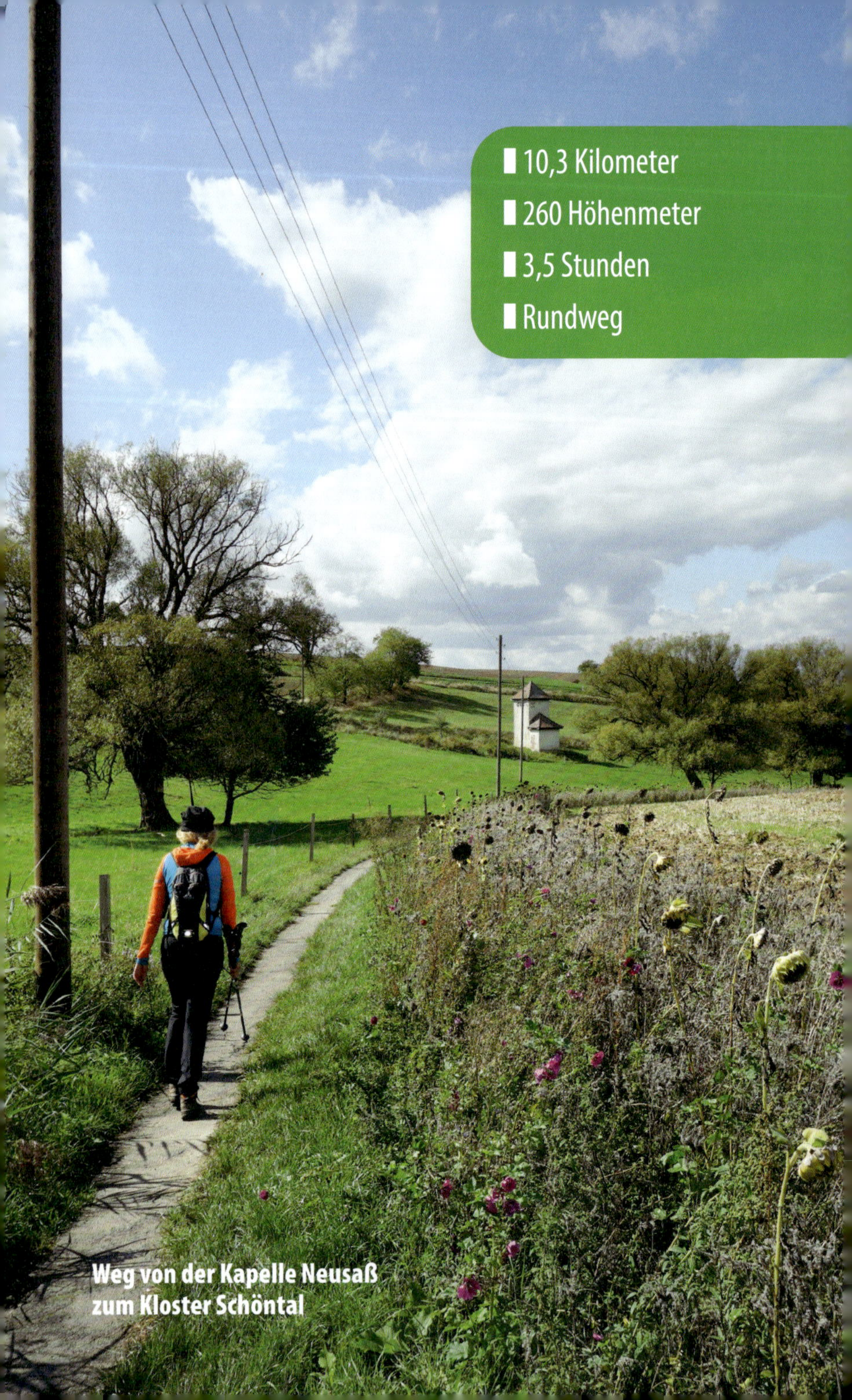

Weg von der Kapelle Neusaß zum Kloster Schöntal

Perle im Jagsttal

Zum Kloster Schöntal nach Neusaß

Wir sind schon mächtig gespannt auf das Kloster Schöntal. Es ist eines der besterhaltenen seiner Art und steht als Zeitzeuge einer längst vergangenen Epoche mitten in einer herrlichen Naturkulisse. Bei dieser Wanderung sind wir rund um Schöntal unterwegs und megagespannt, was uns heute erwartet. Die Tour auf den Spuren des Götz von Berlichingen führt uns durch seinen Geburtsort, streift einsame Pfade und bietet immense Möglichkeiten für Ruhe und innere Einkehr.

Startpunkt ist der Parkplatz des ehemaligen Bahnhofs Schöntal. Gegenüber erkennen wir das stillgelegte Bahngleis. In dem alten Bahnhofsgebäude ist ein Landgasthof mit herrlichem Biergarten untergebracht, **Duka's Bahnhof ①.** Mit dem ehemaligen Zisterzienserkloster im Rücken schreiten wir über die Brücke der Jagst und folgen **der grünen Ausschilderung des Pfads der Stille.** Auf der Wasseroberfläche des Flusses spiegeln sich die Kronen der Bäume, was für ein faszinierendes Naturschauspiel! Nach der Brücke gelangen wir rechts zu einem weiteren Parkplatz. Während wir so des Wegs dahinschreiten, können wir uns gut vorstellen, dass die Maulbronner Mönche hier früher in völliger Abgeschiedenheit lebten.

Flussaufwärts folgen wir der malerischen Jagst, gehen am Ufer entlang und biegen am Ende des Parkplatzes vor der Allee halb links in einen Wiesenpfad ab. Wir verlassen das Auenland. Während des Aufstiegs lauschen wir dem Morgenkonzert einiger Singvögel, das in dieser prächtigen Landschaft besonders angenehm auf unsere Sinne wirkt. Gleich schon sind wir to-

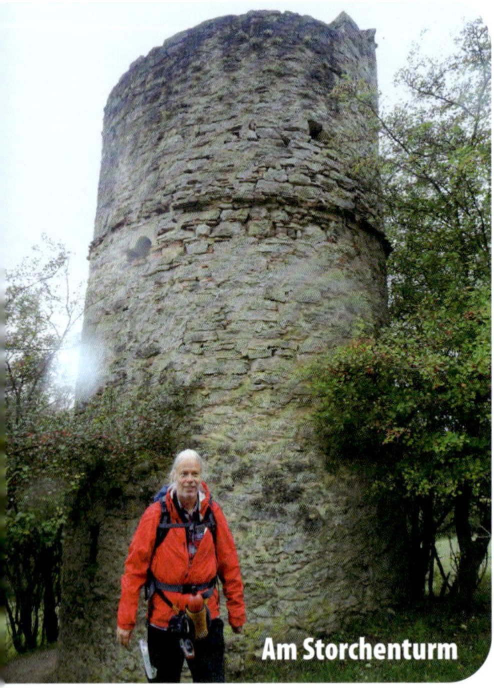
Am Storchenturm

tal relaxed, obwohl es bergauf geht. Leichten Fußes wandern wir nun rechts über einen Wiesenweg zum **Aussichtspunkt Storchenberg.** Ein Stichweg führt uns in seine Richtung, bald schon sehen wir den **Storchenturm** ❷ aufragen. Es handelt sich um einen Wach- und Beobachtungsturm aus dem 14./15. Jahrhundert, besser gesagt um die Überreste. Leider gibt es innen keine Treppe mehr, so bleibt uns nur die Aussicht von der Anhöhe, die aber sehr imposant ist und über das Jagsttal bis zum Kloster Schöntal reicht. Das mächtige Klosterareal liegt mitten im Jagsttal eingebettet und ist von grünen Wiesen und Wäldern umgeben.

Nach dieser prächtigen Aussicht kehren wir auf dem **Stichweg** zurück, bis wir wieder bei unserem Wegweiser angelangt sind. Oberhalb einer Hecke gehen wir rechts, erst auf Schotter, dann auf einem Grasweg. Der überaus schöne Wegabschnitt ist ideal zum Abschalten. Unterhalb des Turms wandern wir neben einer Steinmauer. Der Panoramaweg leitet uns auf gleichbleibender Höhe an Hecken, Obstbäumen und Waldabschnitten vorbei und gibt immer wieder die Aussicht zum Kloster und nach Berlichingen frei. Ein Waldweg führt uns an eine Sitzbank, bevor er rechts talwärts weist. Die schöne Atmosphäre hier im urwüchsigen Forst lässt uns die natürliche Energie des Walds wertschätzen. Moos und Efeu wuchern überall am Boden. Der Efeu schlängelt sich teilweise um die Bäume herum. Rechts entdecken wir eine alte, verwucherte **Steintreppe** und links sogar Lianen an einem Baum. Natur pur, das schenkt nicht nur Zufriedenheit, sondern beflügelt unsere Seele.

Im Jagsttal verläuft neben dem Wanderweg im Wald eine ***stillgelegte Eisenbahnstrecke.*** *Der Schienenverkehr im Jagsttal gehört inzwischen längst der Vergangenheit an und die Natur erobert sich langsam, aber sicher das Gelände wieder zurück.*

Für die Seele

Eine Pilger-Marienwallfahrt zum Kloster Schöntal und nach Neusaß kann möglicherweise Wunder bewirken.

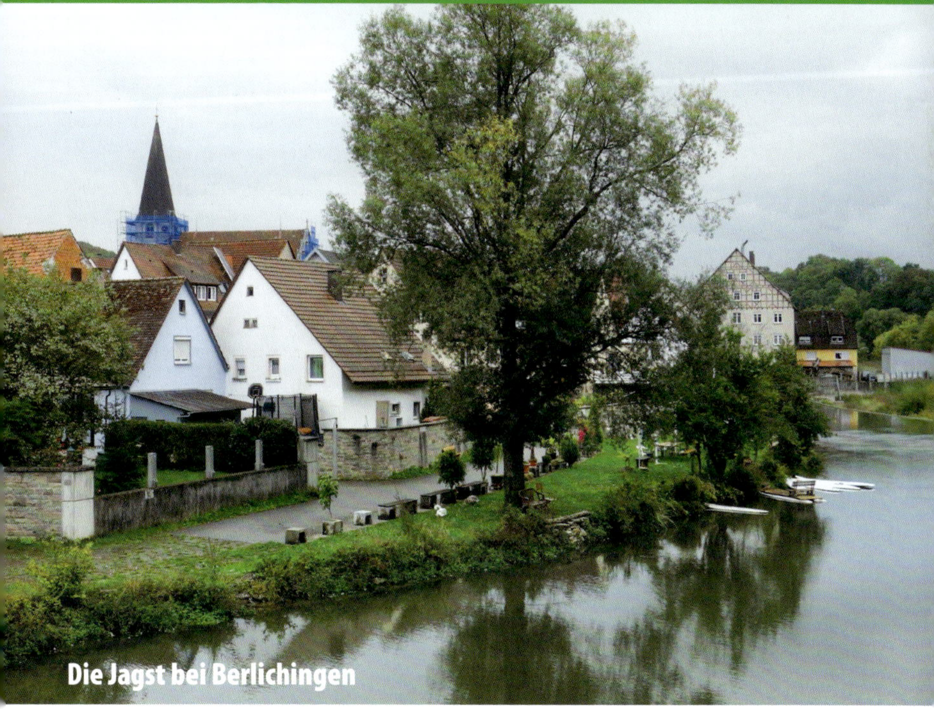

Die Jagst bei Berlichingen

Im Talgrund biegen wir scharf links ab und wandern durch die **Schelmenklinge ③.** Neben dem Graben geht es talwärts zu einer Landstraße, die wir überqueren. Jetzt folgen wir dem **Kocher-Jagst-Radweg** flussabwärts. Ganz nah rückt der Fluss an uns heran und wir wandern an seinem Ufer entlang nach **Berlichingen ④.** Fast verwunschen und mystisch wirkt der Fluss auf uns. Bei einem Bildstock gehen wir über die Jagstbrücke und gelangen in den Ort voller Geschichte. Ein faszinierendes Bild bietet sich uns: Der Fluss ist zweigeteilt und sieht auf der rechten Seite fast wie ein See aus. Wir gehen die Hauptstraße weiter, an der **Pizzeria Romantika-Ochsen** ❺ vorbei und kommen an ein **Denkmal** des Raubritters **Götz von Berlichingen,** der 1480 in diesem Ort geboren wurde und dem Goethe 1773 sein historisches Drama „Götz von Berlichingen mit der eisernen Hand“ widmete.

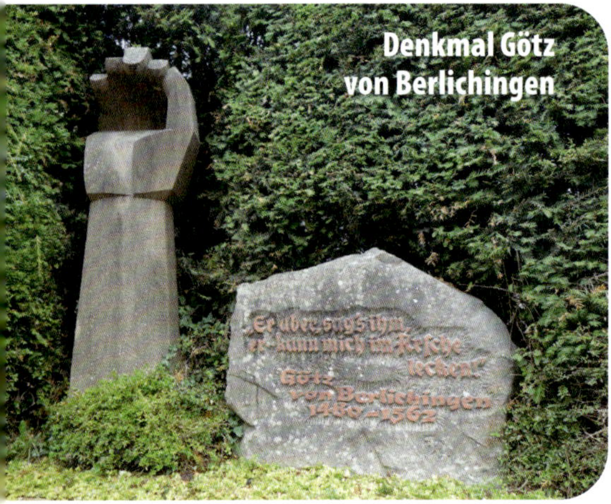

Denkmal Götz von Berlichingen

Vor der **Kirche** biegen wir rechts ab und gleich danach geht es links hinauf zum **Marktplatz.** Von hier folgen wir der leicht ansteigenden Hauptstraße und entdecken ein Haus mit dem Zitat: „Lasst die Leute reden, wir werden nicht aufgeben.“ Vor dem Friedhof halten wir uns rechts und der schmale Weg führt bald aus dem Ort. Ein Wanderpfad leitet geradewegs durch die überaus schöne Natur und wir können Kraft tanken. Bald schon folgt der Aufstieg zur **Joppenklinge.** Überall wachsen Farne sowie wilde Kräuter und der Weg versprüht einen geheimnisvollen Charme. Oben angekommen, verlassen wir den Wald und gehen an Wiesen und Äckern entlang. An einem Querweg folgen wir erst rechts und dann links gehend kurz der Straße **Zur Ziegelhütte.** Eine mögliche Option ist der Besuch eines jüdischen Friedhofs (siehe Ausschilderung).

*Im **Kloster Schöntal** fand Götz von Berlichingen (1480–1562), der Ritter mit der eisernen Hand, seine letzte Ruhestätte. Das Götz-Zitat „Er aber, sag's ihm, er kann mich im Arsche lecken!“ ist bis heute international bekannt.*

Vor den Häusern von **Ziegelhütte** ❻ biegen wir am Feldkreuz bei der Bushaltestelle links in einen Feldweg ab. Der asphaltierte Landweg leitet über freies Feld hinauf zu einer Kuppe, von der wir einen weitläufigen Blick bis hinüber zur anderen Jagsttalseite haben. Wir erkennen sogar die Furche der Schelmenklinge und den Storchenturm. Nach der Kuppe schreiten wir auf ein bäuerliches Hofgut zu, biegen allerdings dann nach einem **Wasserspeicher** scharf rechts ab. Bei der nächsten Möglichkeit gehen wir links und folgen dem Wiesenpfad zum Wald. Hier führt ein Pfad in den Wald, wir wählen den rechten der beiden Wege. Wir wandeln durch den wildromantischen Forst, bis es bald schon wieder an Wiesen entlanggeht. Nach einigen Minuten queren wir eine Straße. Auf grobem Schotter geht es jetzt neben dem Wald weiter.

Am **Honigbach,** den wir überschreiten, behalten wir auf dem schmalen Pfad die Richtung bei. Nachdem wir ein altes Trafohäuschen im Wiesental passiert haben, gelangen wir in das Feuchtgebiet der **Neusäßer Seen.** Einige Meter weiter erreichen wir dann die **Kapelle Neusaß 7.** Ursprünglich wurde das Kloster Schöntal beziehungsweise diese Wallfahrtskirche 1152 von den Mönchen des Klosters Maulbronns gegründet. Im Jahr 1157 wurde es dann ins „Schöne Tal" verlegt. Hier in Neusaß sind nur die Kirche und einige Fischweiher übrig geblieben. Im späten Mittelalter entwickelte sich eine Marienwallfahrt, die vom Tal hier hinaufführte. Eine

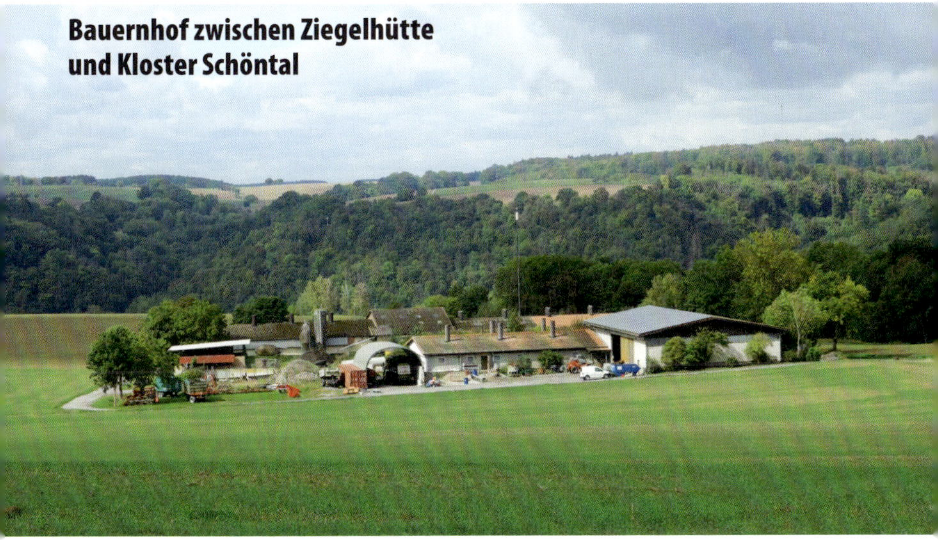

Bauernhof zwischen Ziegelhütte und Kloster Schöntal

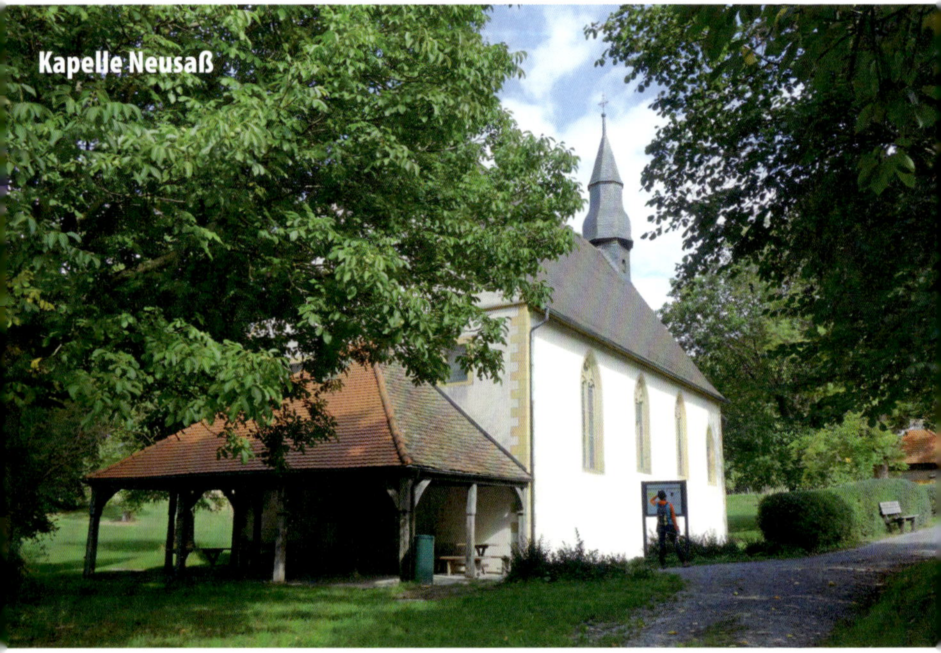

Besichtigung der Kapelle ist sehr zu empfehlen, die ältesten Teile der heutigen Kapelle stammen aus der Zeit der Spätgotik. Links der Kirche gelangen wir vorbei an einem Weiher zu einer **Mariengrotte** mit einer Quelle. Dem Wasser wird eine heilende Wirkung nachgesagt.

Wir verweilen einige Zeit hier in innerer Einkehr und verspüren plötzlich eine tiefe Dankbarkeit für alles, was uns so selbstverständlich geworden ist. Bedächtig und in tiefer Zufriedenheit gehen wir auf dem bereits bekannten Weg zurück und erfreuen uns an dem hübschen Ausblick über die weite Hügellandschaft. Es sind einfach schöne Momente, wenn wir im Einklang mit uns und der Natur immer neue Facetten verschiedener Landschaften erblicken und erleben dürfen.

Nachdem wir das Trafohäuschen abermals passiert haben, betreten wir wieder den Wald. Dieses Mal gehen wir nicht über den Honigbach, sondern halten uns rechts. Wir wandern über eine Holzbrücke und neh-

*Der **Wallfahrtsbrunnen,** im Volksmund Heiliges Brünnele genannt, soll gegen Augenleiden helfen, wenn man mit dem Wasser die Augen benetzt und gleichzeitig den in der Grottendecke eingelassenen Stein berührt.*

men den oberen Pfad. Schnellen Schrittes kommen wir voran, passieren einen riesigen Baumtorso und sind einfach bester Wanderlaune. Bald verlieren wir rasch an Höhe und biegen kurz vor einer Straße halb rechts zum **Klosterrundweg** ab. Um kurzfristig zum Parkplatz zu gelangen, könnte man auch direkt an der Straße entlanggehen. Wir jedoch entscheiden uns für den hübschen Umweg. Der grasbewachsene Panoramaweg bietet allerbeste Aussicht auf die mächtige Klosteranlage. Rechts über uns erkennen wir die wunderschöne **Heiliggrabkapelle** auf dem Kreuzberg. Das **Gasthaus Zur Post 8** lädt rechts zum Verweilen ein, doch wir entschließen uns, auf Entdeckertour zu gehen, und wandern am querenden Weg talwärts. Bald erreichen wir wieder das **Kloster Schöntal 9,** wo wir auf den Spuren der Vergangenheit wandeln.

Im Kloster sind heute das Rathaus, die katholische Kirchengemeinde, ein Waldschulheim und ein Bildungshaus der Erzdiözese Stuttgart untergebracht. Es stammt aus dem 12. Jahrhundert und hat sich über die Jahrhunderte zu einem beachtenswerten Klosterareal entwickelt. Sein überaus barockes Erscheinungsbild ist

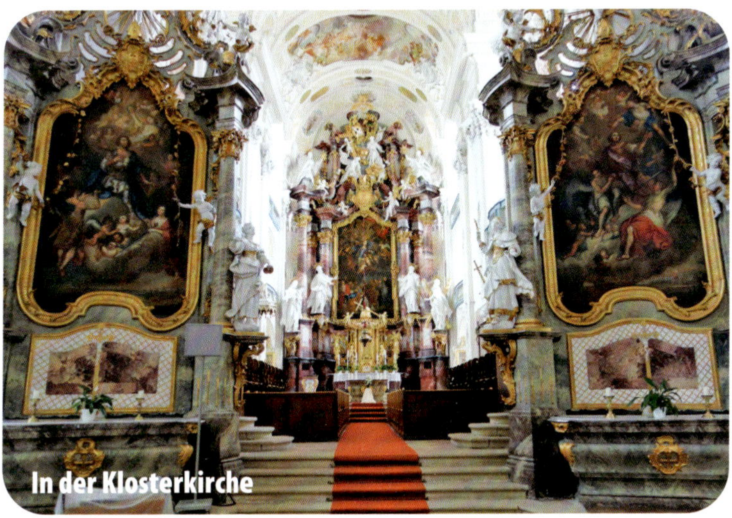

In der Klosterkirche

Kloster Schöntal

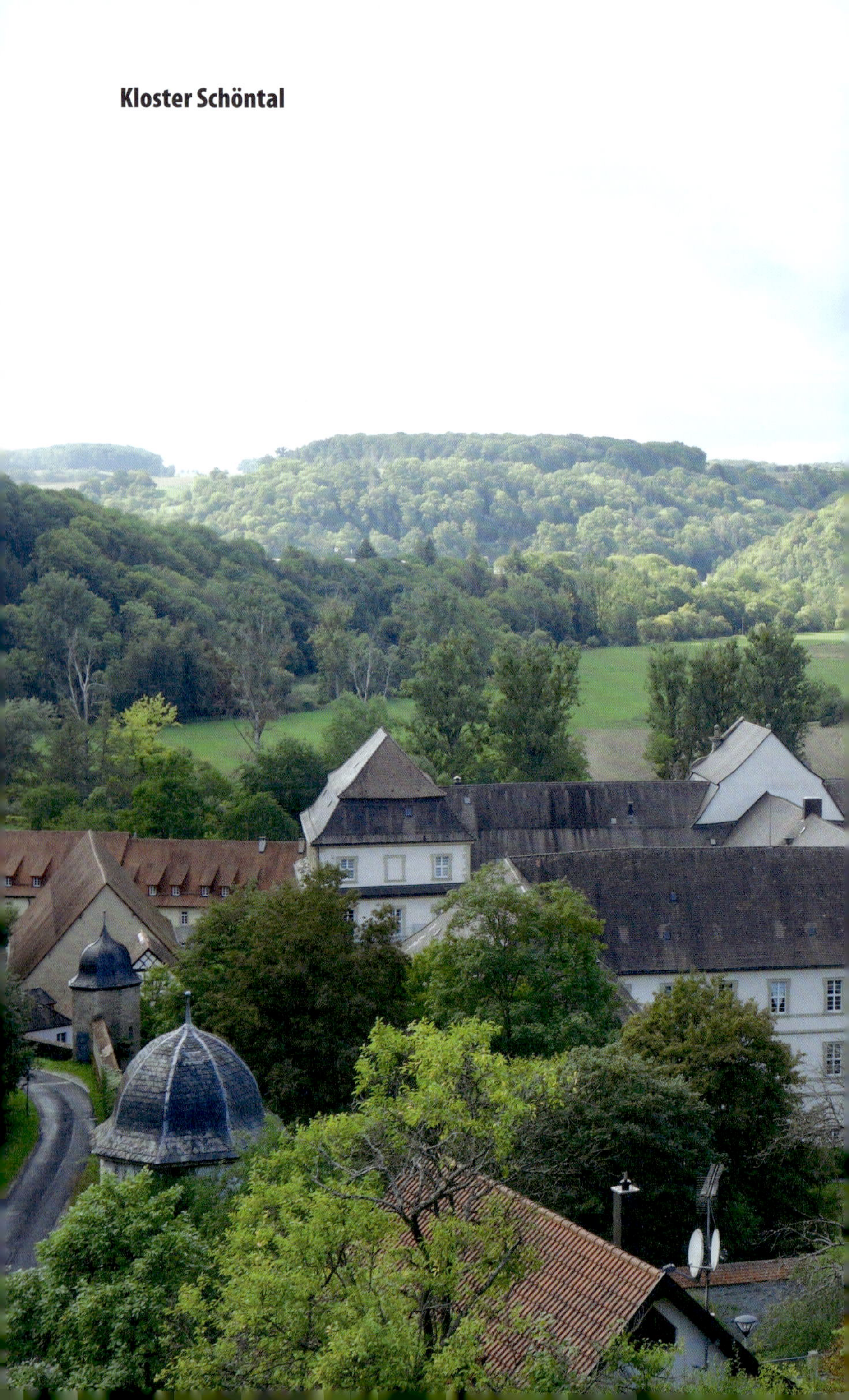

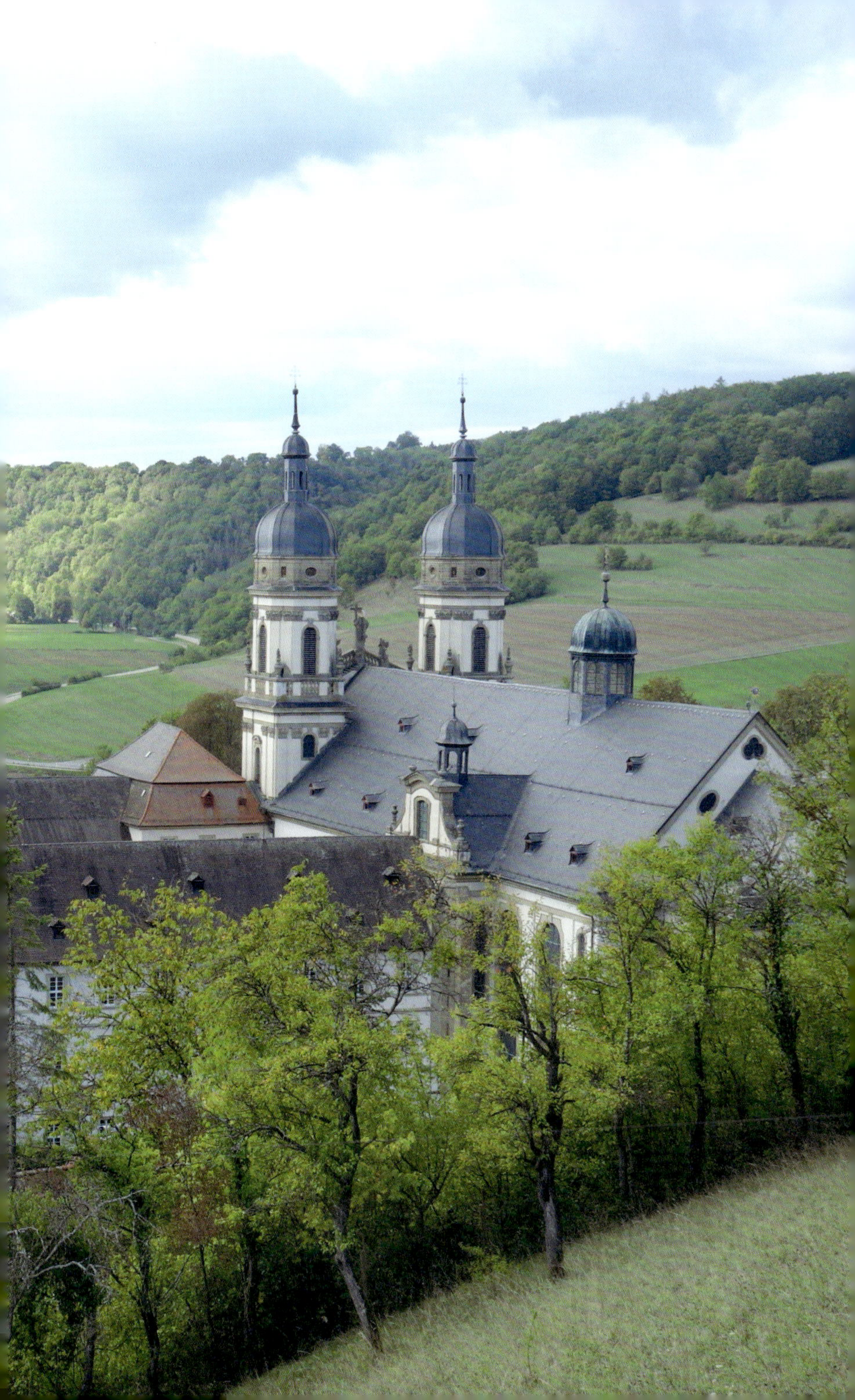

Auszeittour 3

Das **Kloster Schöntal,** ein ehemaliges Zisterzienserkloster, ist heute eine barocke Perle in wunderschöner Landschaft im Jagsttal. Es wurde 1157 von den Zisterziensermönchen des Mutterklosters Maulbronn im Enzkreis gegründet.

dem Abt Benedikt Knittel zu verdanken, der in seiner Amtsperiode ab 1683 vor allem die Klosterkirche, die neue Abtei sowie die Heiliggrabkapelle auf dem Kreuzberg nach seinen Vorstellungen geprägt hat. Tief beeindruckt von der Klosterkirche beschließen wir, zum Abschluss noch einen Cappuccino im **Klostercafé** zu trinken, bevor wir nach so vielen Eindrücken zum Auto zurückkehren.

Innere Ruhe haben wir für heute genügend getankt und so können wir in den nächsten Tagen ausgiebig davon zehren. Eins muss man den Maulbronner Mönchen lassen: Einen besseren Rückzugsort in schöner Lage hätte es weit und breit nicht gegeben. Schöntal, der Name ist hier wahrlich Programm.

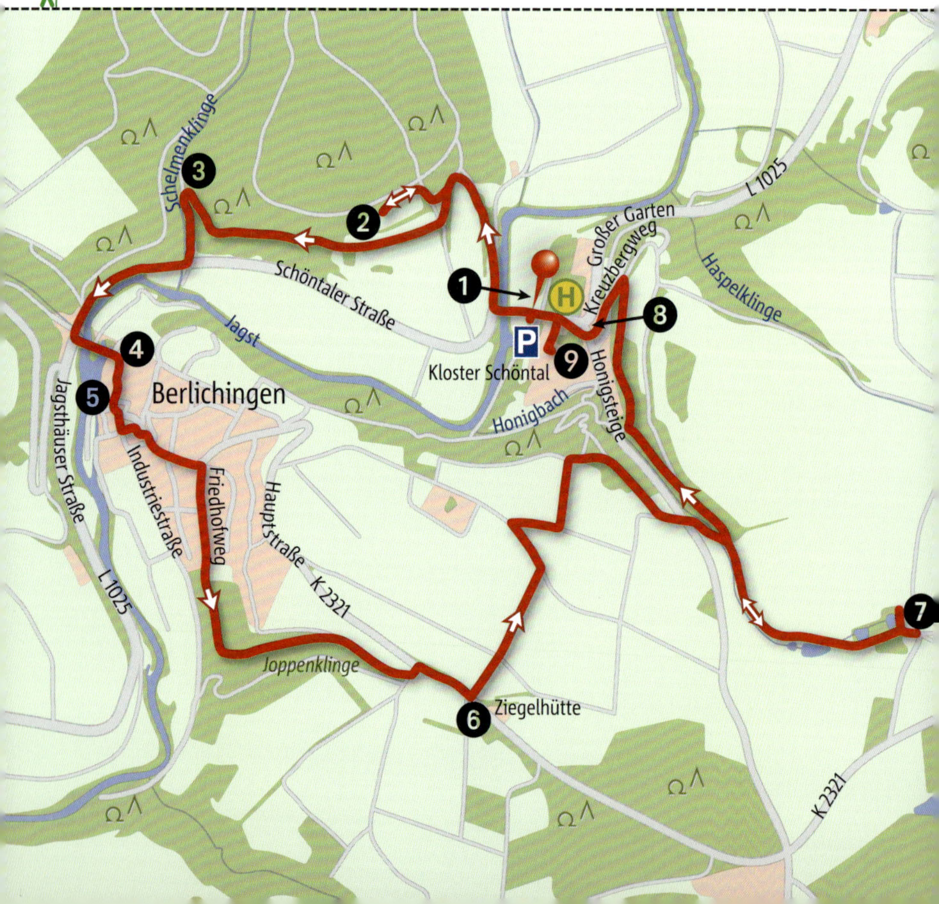

Entspannung ✱✱✱✱✱

Genuss ✱✱✱✱✱

Romantik ✱✱✱✱✱

WIE & WANN:
Die Wegbeschaffenheit ist durchweg sehr gut zum Wandern. Beste Wanderzeit, wenn kein Schnee liegt, ganzjährig.

HIN & WEG:
Auto: Das Kloster Schöntal ist von allen Seiten kommend sehr gut ausgeschildert. Parkplatz am ehemaligen Bahnhof neben der Jagst, auf der Uferseite des Klosters, 74214 Schöntal (GPS: 49.33, 9.504167)
ÖPNV: Bus 9 von Osterburken, Bus 11 von Krautheim oder Dörzbach, Bus 13 von Bieringen, Bus 17 von Dörzbach bis Haltestelle Kloster Schöntal

ESSEN & ENTSPANNEN:
Duka's Bahnhof ❶ Großer Garten 14, 74214 Schöntal, Tel. (0 79 43) 9 44 96 44, www.cms.dukas-bahnhof.de
Pizza Romantika-Ochsen ❺ Hauptstraße 28, 74214 Schöntal-Berlichingen, Tel. (0 79 43) 94 34 90
Gasthaus Zur Post ❽ Honigsteige 1, 74214 Schöntal, Tel. (0 79 43) 22 26, www.gasthof-post-schoental.de
Klostercafé des Klosters Schöntals ❾ Klosterhof 15, 74214 Schöntal, Tel. (0 79 43) 60, www.klostercafe-schöntal.de

ENTDECKEN & ERLEBEN:
Storchenturm ❷
Schelmenklinge ❸
Berlichingen ❹
Ziegelhütte ❻
Kapelle Neusaß ❼
Kloster Schöntal ❾ siehe ESSEN & ENTSPANNEN

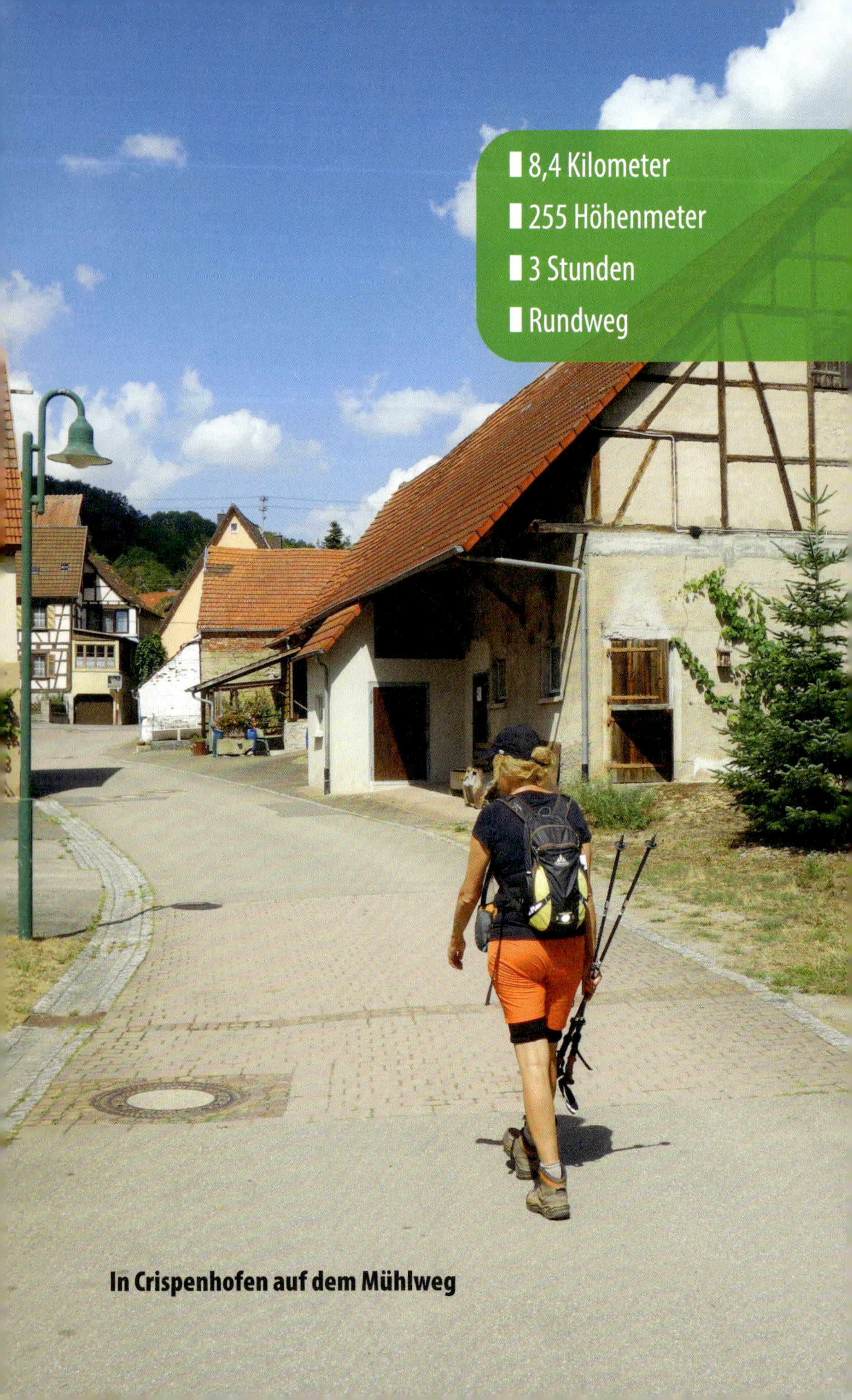

In Crispenhofen auf dem Mühlweg

Lebenszeit

Von Weißbach nach Crispenhofen

Vielversprechend hört sich das heutige Motto der Wanderung an: „Lebenszeit – Zeit zu Leben". Damit verbindet natürlich jeder etwas anderes, aber auf jeden Fall auch, dass es wichtig ist, unser irdisches Dasein harmonisch und zufrieden auf Erden erleben zu dürfen. Die heutige Tour lädt ein, uns zu entschleunigen, wieder in den Fluss zu kommen und den Alltag mit all seinen großen und kleinen Sorgen und Nöten einmal aus einer anderen Perspektive zu sehen. Dabei führt uns der Weg über Stock und Stein von einem Ort zum anderen, vorbei an herrlichen Ausblicken und durch unberührte Wiesen- und Waldabschnitte – und das in überaus schöner Landschaft. Wir wandern durch urige, heimelige Dörfer und über einsame Pfade und können uns an den einzelnen Stationen mit dem tiefen Sinn des Lebens beschäftigen oder einfach nur die Seele baumeln lassen.

In **Weißbach** beginnen wir den Pilgerweg am großen Parkplatz jenseits des Flusses Kocher. Wir schreiten einer großen Fabrik entgegen und überqueren auf der blumengeschmückten Brücke die Kocher. Mit etwas Glück können wir auf dem Fluss ein paar Kanuten entdecken. An einer Fußgängerampel wechseln wir die Straßenseite und gehen geradeaus zur Hauptstraße, die uns zur Ortsmitte von Weißbach bringt. Hier biegen wir an der Bushaltestelle rechts ab und sehen vor uns das pyramidenspitze Dach der evangelischen Kirche aufragen. Dorthin führt unser Weg. Im **Kirchhof** ist der offizielle Startpunkt des heutigen Pilgerwegs. Hinter dem steinernen Rundbogen erreichen wir die **Station „Alles hat seine Zeit" ➊.** In Gedanken an die Zeit und ihre Ver-

*Der **Pilgerweg „Lebenszeit – Zeit zu Leben"** soll ermöglichen, dass wir die Zeit nicht nur an uns vorbeifliegen lassen, sondern bewusst erleben. Die Skulpturen und Ornamente an der Kirche zu Crispenhofen sind sehenswert.*

gänglichkeit schreiten wir gemächlich links an der Kirche vorbei. Einmal mehr wird uns bewusst, wie dankbar wir für alles sind, was wir schon erleben durften.

Jetzt geht es die **Crispenhofer Straße** hinauf und rechts zur Bergstraße. Zur Orientierung dienen uns die **Wegweiser mit dem grünen Ring und der stilisierten Taube,** die abwechselnd auf weißen Schildern oder auf Holztafeln am Wegesrand angebracht sind. Die Gartenstraße führt uns steil hinauf zu einer querenden Straße. Neben dem Schützenhaus wandern wir rechts und kurz darauf wieder links auf einen Pfad in den Wald. Über grobe Steine gehen wir bergauf und kommen dabei ganz im Hier und Jetzt an. Bald erreichen wir die Hirtengrotte, unsere **Station „Geleitet und Begleitet" ❷.** Sie macht uns darauf aufmerksam, dass wir, wie einst die Hirten auf dem Feld, nie allein sind. Mit Psalm 23 wird uns das noch einmal deutlich gemacht: „Der Herr ist mein Hirte, mir wird es an nichts mangeln." Dies schenkt dem Gläubigen bei näherer Betrachtung ganz viel Kraft und Zuversicht.

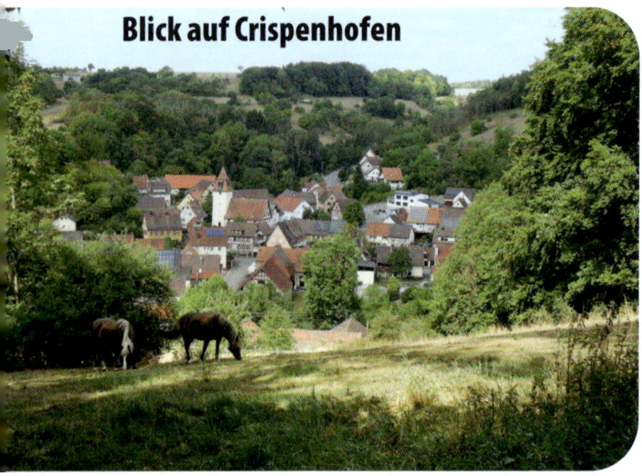
Blick auf Crispenhofen

Der Weg steigt weiter sanft an und wir erinnern uns an weniger schöne Tage unseres Daseins und entscheiden nun bewusst und dankbar, sie hinter uns zu lassen. Schon erreichen wir an einer Sitzbank mit Panoramafenster die **Station „Der Fokus meines Lebens" ❸.** Begeistert von den vielen Inspirationen genießen wir zuerst die sagenhafte Aussicht auf Weißbach und ins Kochertal hinunter.

Worauf richten wir unseren Fokus? An dieser Station besteht die Möglichkeit, sich darüber klar zu werden. Gehören wir zu den Menschen, die einen engen, einen starren oder einen Weitblick haben? Sind wir

Für die Seele

Acht Stationen stimmen uns auf dem Pilgerweg „Zeit zu Leben" von Weißbach am Kocher nach Crispenhofen nachdenklich und bringen uns ins Gleichgewicht.

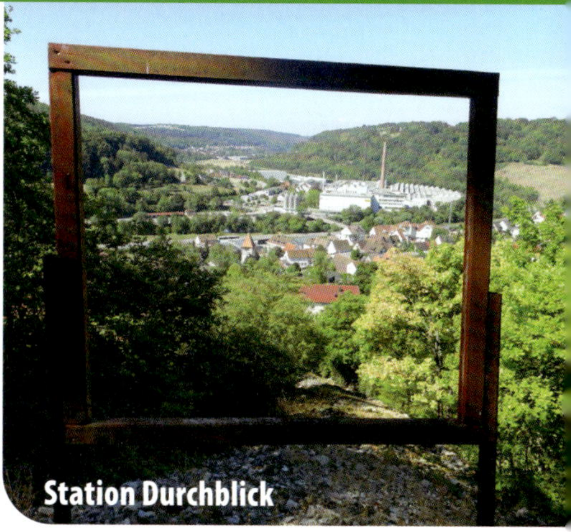

Station Durchblick

eher diejenigen, die das halb leere oder das halb volle Wasserglas sehen? Eine sehr gute Frage, die zum Nachdenken anregt. Beeindruckend, welch tiefe Einblicke in unsere Seelenebene dieser Weg ermöglicht.

Schon einige Meter weiter können wir auf einer halbrunden Sitzbank unterhalb einer alten Eiche eine kurze Auszeit einlegen. Hierzu schließen wir die Augen, atmen ein paarmal die gute Waldluft tief ein und aus, werden ganz ruhig und gelassen. Gleichzeitig nehmen wir mit allen Sinnen die Umgebung, die Geräusche und den Duft des Walds wahr. Nach dieser kleinen Entspannungsreise schreiten wir relaxt weiter und schätzen die Leichtigkeit des Seins auf diesem herrlichen Pfad, der von Hecken umsäumt ist. Nach kurzer Zeit gelangen wir ins obere Wohngebiet von Weißbach, wir folgen der **Halberger Straße** nach links hinauf und biegen auf Höhe des Bolzplatzes erneut links ab. Vor dem Feld halten wir uns links und wenden uns bei der Waldschneise rechts. Achtung, an der folgenden Weggabelung gehen wir links und wandern dann dem Wald entgegen. Dabei erfreuen wir uns an dem Blick über das freie Feld, wir befinden uns in erhabener Aussichtslage. Am Waldrand gehen wir rechts entlang einer Allee und erreichen in Kürze die **Station „Hier und Jetzt" 4.**

*In Weißbach werden in einem großen Unternehmen hochwertige Folien und Kunstleder hergestellt. In dem **Weißbacher Werk** arbeiten über 1000 Mitarbeitende.*

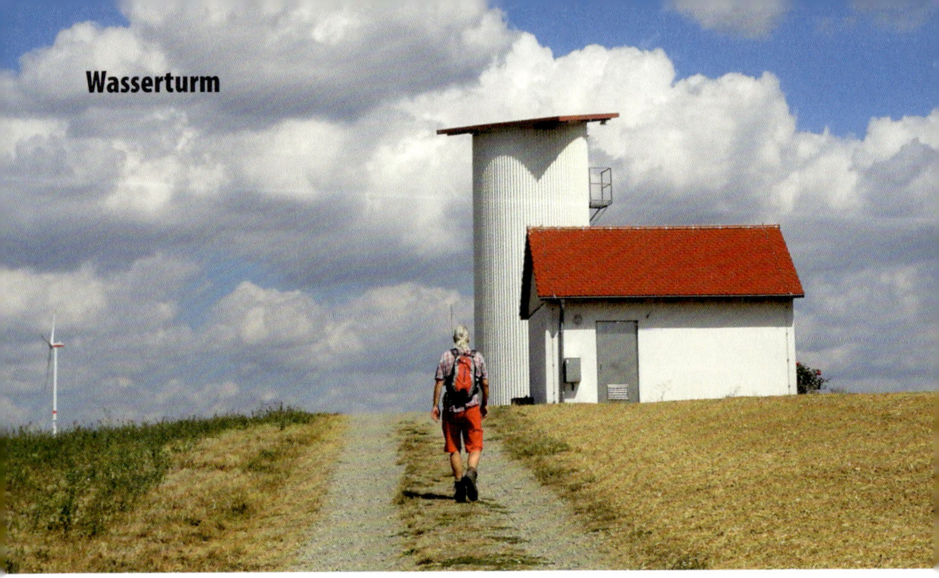

Wasserturm

Uns inspiriert ein Text aus Mose: „Ich bin, der ich bin, ich bin da, ich bin euch nahe, so soll man mich anrufen.“ Mit der Inspiration dieser Worte wandern wir ganz bewusst und nachdenklich weiter, der Feldweg führt uns über die landwirtschaftlich genutzte Hochebene. Am Querweg gehen wir rechts hoch, biegen noch während des Aufstiegs links ab und gelangen in das heimelige kleine Bergdorf **Halberg.** Fasziniert von diesem Dorf in purer Hohenloher Landidylle kommen wir an Bauernhöfen, grasenden Weidetieren, Katzen, spielenden Kindern und schnuckeligen Fachwerkhäusern vorbei, bis wir unter einem alten Kastanienbaum die **Station „Unser täglich Brot“ ❺** erreichen. Dankbarkeit steigt in uns auf und es wird uns erneut klar, dass wir ziemlich privilegiert leben. Weiter geht es über den Pilgerweg aus Halberg hinaus. In schöner Lage vorbei an Wiesen führt er hinauf zum **Wasserturm** und zu unserer **Station „Quelle des Lebens“ ❻.** Hier könnte man sich die Frage stellen, welche unversiegbare Quelle speist mich? Was gibt mir Kraft, was treibt mich an, was ist mir wirklich in meinem Leben wichtig? Psalm 36, Vers 10 bietet dazu eine christliche Antwort, über die man durchaus nachdenken kann.

Von diesem topografischen Tageshöchstpunkt aus, wandern wir halb links und erblicken dabei große

Windräder am fernen Horizont. Bald darauf leitet uns ein Saumweg rechts und dann scharf links über den Acker hinab in Richtung Wald, unterwegs saugen wir den malerischen Blick, der uns hier geboten wird, in uns auf. Am Waldrand geht es erst links und dann sofort rechts zu einem querenden Schotterweg hinunter. Dort halten wir uns kurz links und laufen noch vor den ersten Bäumen zum talwärts führenden Wiesenpfad und zur **Station „Begrenzt" ⑦.** An diesem schönen Ort legen wir eine kleine Pause ein und verweilen mit hübschem Blick auf Crispenhofen. Während wir hier so gemütlich sitzen, fragen wir uns: Wo sind unsere Grenzen im Leben? Wo begrenzen wir uns selbst? Oder noch besser: Wo sollten wir klare Grenzen setzen? Geklärt machen wir uns auf und laufen neben einer Pferdeweide talwärts zu einer Wegkreuzung, an der wir den Stichweg nach Crispenhofen gehen. Über den Langenbach und den Mühlweg gelangen wir gleich hinter der Weißbacher Straße zur **evangelischen Kirche Heiliger Georg und St. Mauritius,** die aus dem Jahr 1344 stammt. Im Innenhof des Kirchenensembles erreichen wir die **Station „Meine Zeit steht in deinen Händen" ⑧.** Jeder ist herzlich eingeladen, sich dazu seine eigenen Gedanken zu machen, denn hier sind wir an der letzten Station der Tour angekommen.

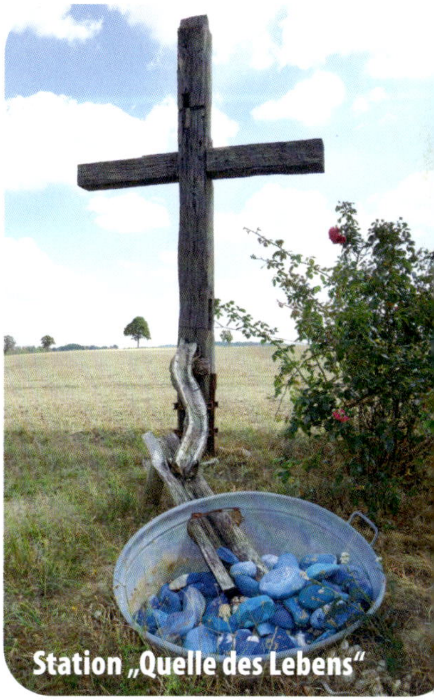

Station „Quelle des Lebens"

Über den Stichweg kehren wir zurück zur Weggabelung und schreiten flott in den Wald hinauf, was nicht nur unsere Körpertemperatur, sondern auch unseren sportlichen Ehrgeiz steigert. Oben angelangt, wandern wir nun spielend und mit Leichtigkeit rechts auf dem Hirtenbergweg weiter und genießen die schöne Natur. Der Weg senkt sich allmählich talwärts und der frische Duft von Heublumen durchdringt den

Forst. Wilde Brombeerhecken, Holunderbüsche, Haselsträucher und zahlreiche Wildkräuter säumen unseren Weg. Vor einer Landstraße zweigt unsere Route halb links auf einen Pfad ab, der uns auf weichem Waldboden wieder nach Weißbach bringt. Die **Fuchsbergstraße** führt rechts hinab und über die **Crispenhofer Straße** gelangen wir wieder zur Kirche, unserem Startpunkt. Von hier aus brauchen wir nur noch zu unserem Parkplatz zurückzugehen. Im **Grillhaus Bei Ivo** 9 oder im **Bistro Petri Heil** 10 können wir die erwanderten Stationen zuvor noch einmal Revue passieren lassen.

Was für eine bereichernde Tour mit wunderschöner Landschaft und ganz vielen Lebensweisheiten. Überaus empfehlenswert.

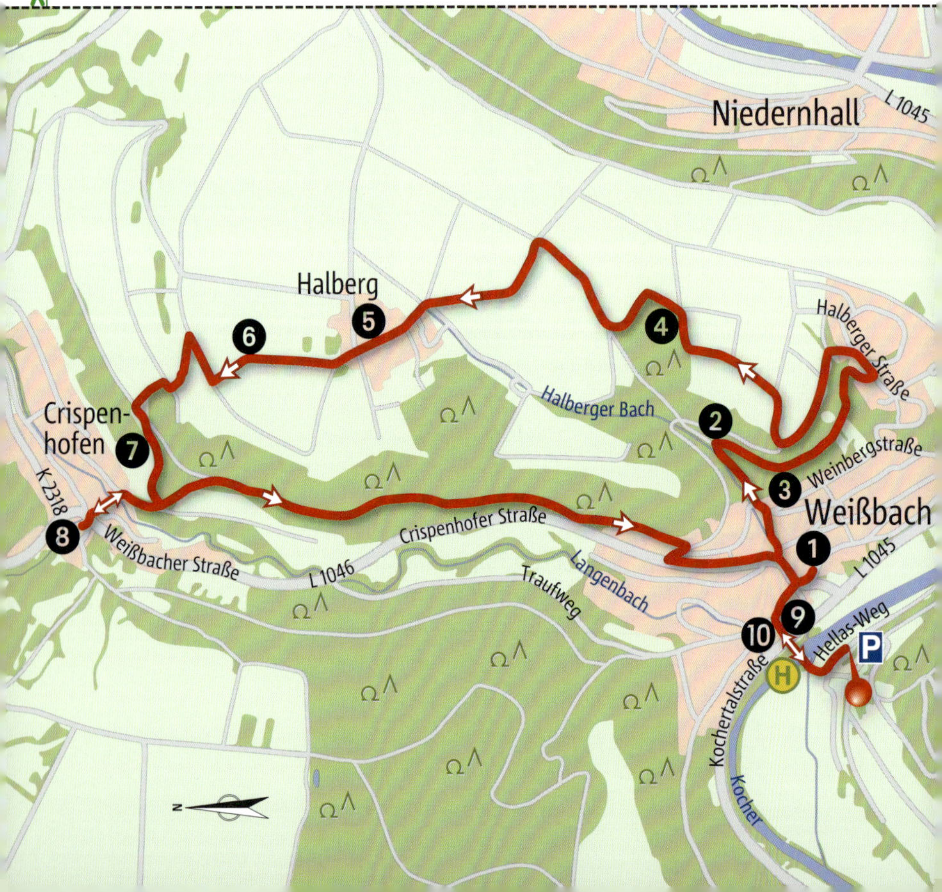

Entspannung ✱✱✱✱✱

Genuss ✱✱✱✱✱

Romantik ✱✱✱✱✱

WIE & WANN:

Die Wegbeschaffenheit ist durchweg sehr gut, man wandert auf festen Wegen und Pfaden. Beste Wanderzeit von März bis November.

HIN & WEG:

Auto: Anfahrt über die A81, Abfahrt 8, dann durch das Kochertal in Richtung Künzelsau und Weißbach.
Parkplatz im Hellas-Weg (beim Jugendhaus), 74679 Weißbach (GPS: 49.296, 9.592833)
ÖPNV: Bus 6 von Forchtenberg oder Öhringen bis Haltestelle Weißbach Landesstraße/Kochertalstraße

ESSEN & ENTSPANNEN:

Grillhaus Bei Ivo ❾ Hauptstraße 8, 74679 Weißbach, Tel. (01 72) 1 75 54 31
Bistro Petri Heil ❿ Hauptstraße 9, 74679 Weißbach, Tel. (0 79 47) 9 43 62 43

ENTDECKEN & ERLEBEN:

Station „Alles hat seine Zeit“ ❶
Station „Geleitet und Begleitet“ ❷
Station „Der Fokus meines Lebens“ ❸
Station „Hier und Jetzt“ ❹
Station „Unser täglich Brot“ ❺
Station „Quelle des Lebens“ ❻
Station „Begrenzt“ ❼
Station „Meine Zeit steht in deinen Händen“ ❽

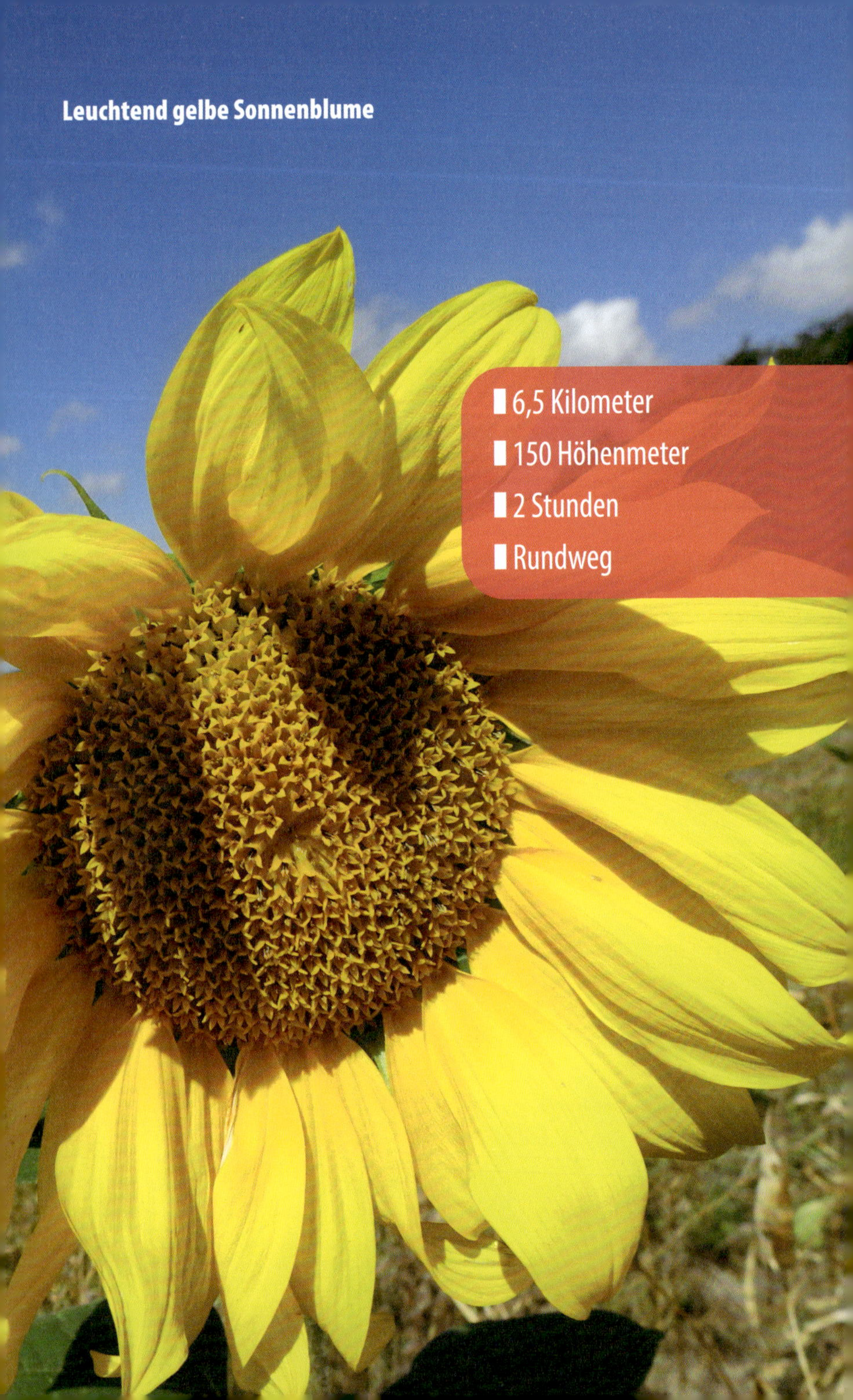

Leuchtend gelbe Sonnenblume
6,5 Kilometer
150 Höhenmeter
2 Stunden
Rundweg

Der Name klingt schon vielversprechend, die Tour führt durch Weinberge, vorbei an üppigen Streuobstwiesen, streift eine wunderschöne Landschaft und verspricht Genusswandern mit Panoramablick in Bilderbuchqualität. Die heutige Wanderroute steht ganz unter dem Motto von gebranntem Fruchtwasser und

Im Obstparadies

Destillatweg in und um Pfedelbach

Hochprozentigem, denn wir wandern dort, wo das Brennobst für den Schnaps wächst. Wir haben uns für den **Destillatweg Kirschwasser** entschieden und stellen unser Auto am Parkplatz gegenüber der **Grillhütte** ab.

Von dort aus gehen wir kurz hinab zum Sattel und entdecken sogleich die **grün-weiße Destillatweg-Markierung 1,** die uns die Richtung nach rechts weist. Verheißungsvoll führt unser Weg zwischen einer Apfelplantage und dem Weinberg hinab zu einem faszinierenden Fotomotiv, einem gelb blühenden Meer aus Sonnenblumen. Sogleich zücken wir die Kamera, um diesen lieblichen Blickfang für die Ewigkeit festzuhalten. Bei einem kleinen Parkplatz kreuzt unsere Tour über die Landstraße hinweg nach links und wir durchwandern ein reizvolles Tal. Enorm, was die vielfältige Vegetation an verschiedenem Obst hervorbringt. Hier kommen wir auch an Kirschbäumen vorbei, deren Früchte für das schmackhafte Kirschwasser gebrannt werden.

!

*Zahlreiche Schilder am Wegesrand vermitteln viel Wissen über **Obstsorten** und **Früchte** und alles, was in dieser Region so wächst und gedeiht.*

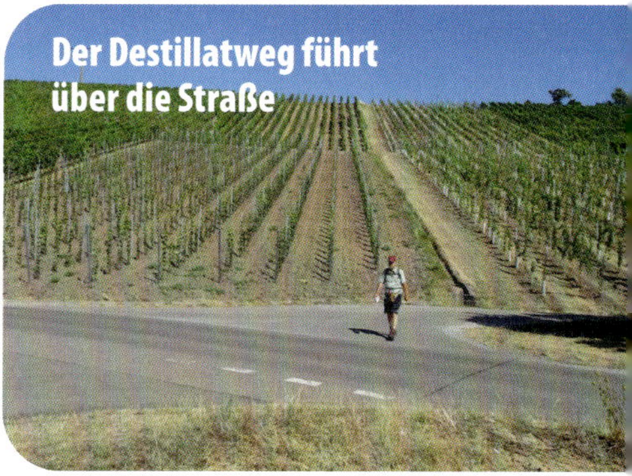
Der Destillatweg führt über die Straße

Kirschwasser *gibt es ebenso in der Hohenlohe und nicht nur im Schwarzwald, auch wenn die Schwarzwälder Kirsche weit über die Region hinaus bekannt ist.*

Neben einem Wäldchen schreiten wir sanft bergwärts zum **Stöckig,** bei dem wir an der Bushaltestelle eine weitere Landstraße überqueren. Richtung Weißlensberg wandern wir bergwärts und gelangen so zum **Ruheplatz 1.** Ein paar Steinstufen führen zu einer Sitzbank mit Panoramatafel. Der ländliche Weitblick reicht bis zu den Waldenburger Bergen sowie auf Pfedelbach und hinüber nach Öhringen. Von dieser Aussicht beeindruckt, gehen wir weiter in Richtung Wald, biegen aber kurz davor scharf links ab. Typische Landluft unterstreicht die ländliche Note dieser Gegend und wir fühlen uns sofort heimisch, da wir beide ebenfalls auf dem Land aufgewachsen sind. Mit idyllischem Ausblick folgen wir der Markierung und bald schon taucht

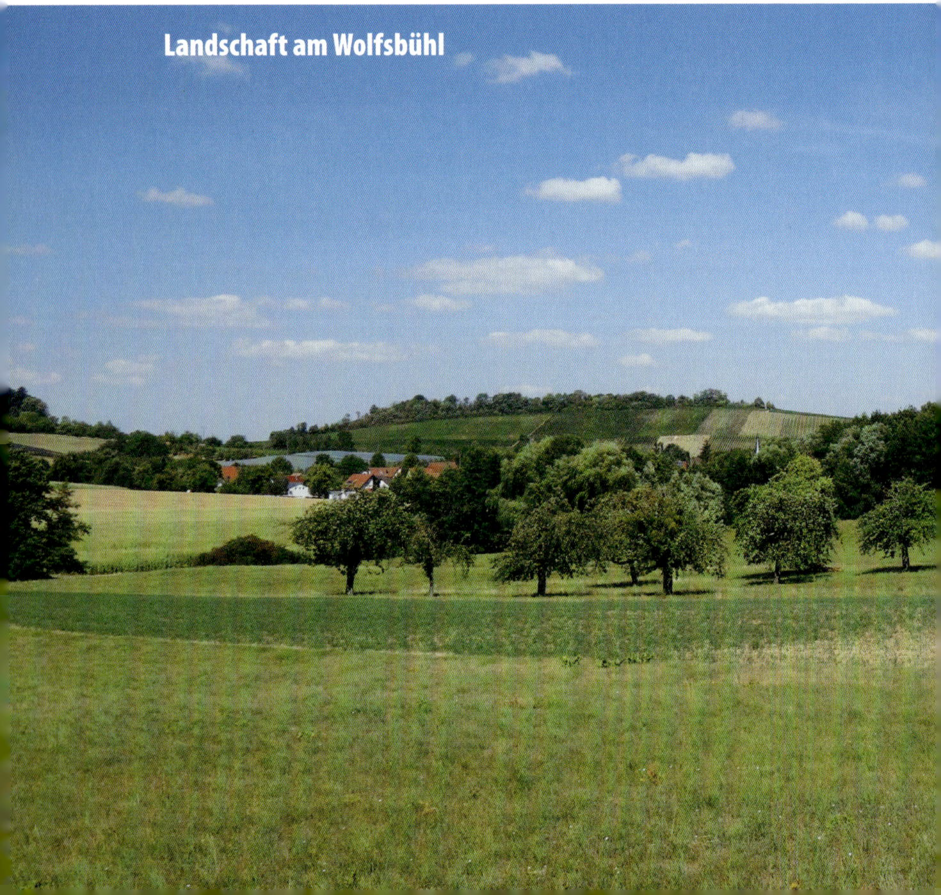

Landschaft am Wolfsbühl

hinter den Weinreben das Dorf **Weißlensberg** auf. Jetzt schlängelt sich unsere Wanderung talwärts. Immer wieder passieren wir üppig tragende Obstbäume mit Quitten, Birnen, Zwetschgen, Kirschen, Äpfeln, Walnüssen und Mirabellen, aber auch Trauben. All das und noch viel mehr wächst und gedeiht hier. Dieser Flecken

Für die Seele

Dort zu wandern, wo Obst wächst, ist wie ein Spaziergang im Garten Eden. Der Destillatweg Kirschwasser verschafft auch der Seele Genuss.

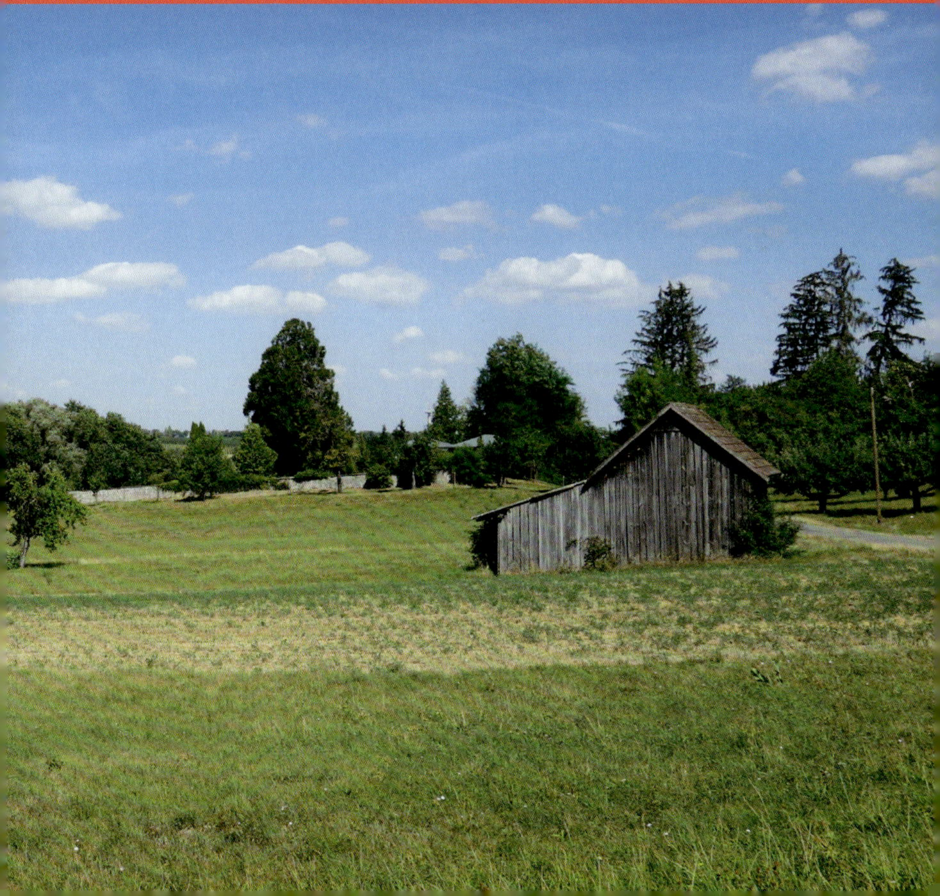

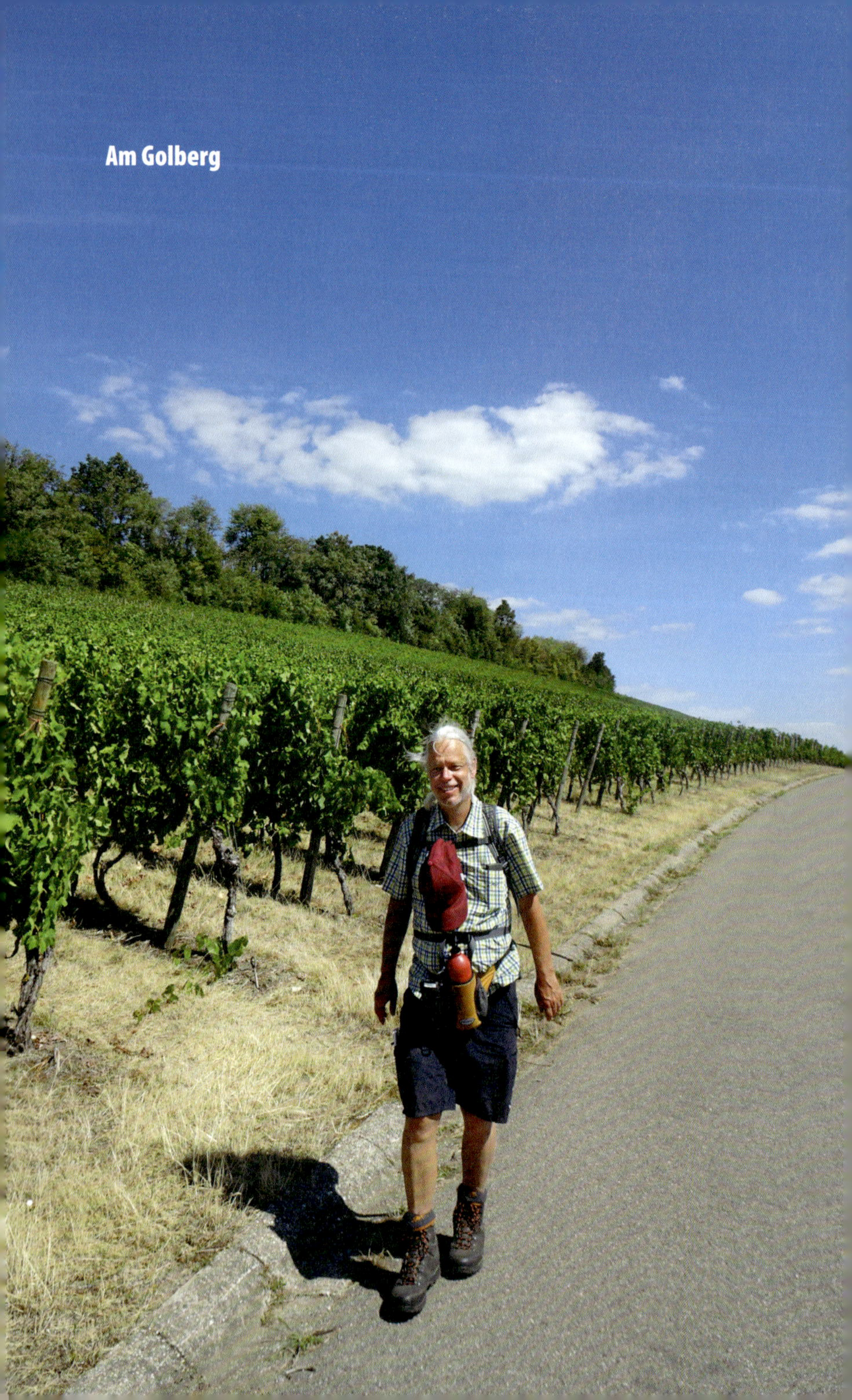

Am Golberg

ist wahrlich ein Garten Eden, eine Genussregion wie aus dem Lehrbuch.

Unterhalb des bewaldeten Burgbergs überqueren wir einen Feldweg und schreiten einem Wäldchen entgegen. Eine angenehme Brise lässt uns die heutige Sommerhitze etwas gelassener hinnehmen. Nach den Bäumen taucht dann der romantisch anmutende **Burghof** auf. An der Kreuzung halten wir uns links und schreiten oberhalb des Windischenbachtals auf dem Wolfsbühl dem lieblichen Ort **Windischenbach** ❷ entgegen. Danach bringt uns die Burghofstraße zur **Pfedelbacher Straße,** die zur Kirche führt. Dort biegen wir rechts in Richtung Öhringen ab und können in der **Winzerstube Lösch** ❸ rasten.

*Die gemütliche **Winzerstube Lösch** lockt zur Einkehr. Hier kann man Steaks, Salate, Grillgemüse und Sommerflammkuchen genießen!*

Frisch gestärkt läuft es sich gleich doppelt so schnell und so gehen wir gegenüber der Gaststube links zur **Goldbergstraße.** Kurze Zeit später lassen wir den Ort schon hinter uns und schreiten mit schönem Blick zu den Rebhängen des Golbergs. Dort wenden wir uns kurz nach dem Ortsschild rechts dem **Hofgut Golberghöfe** (Obstbau Sinn) zu. Einige Minuten später biegen wir auf freiem Feld links ab zum Weinberg und sind völlig von Reben umgeben. Schon erstaunlich, dass zahlreiche Tätigkeiten ausgeführt werden müssen, bis wir den edlen Tropfen Wein trinken können. Eins ist natürlich ganz wichtig: das Wetter. Letztlich spielt es eine tragende Rolle dabei, ob ein guter Jahrgang mit vielen Öchsle aus den geernteten Trauben wird.

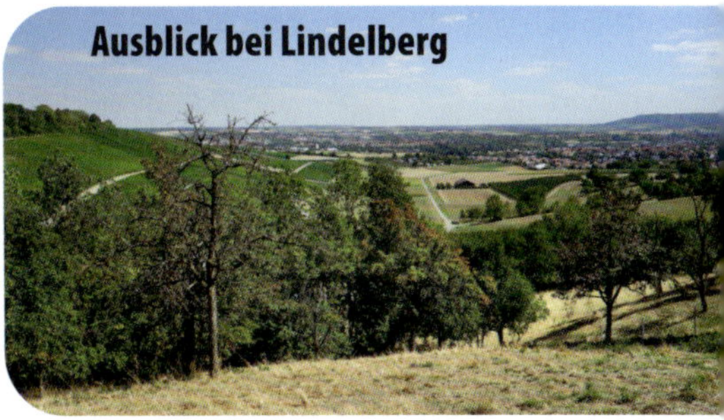
Ausblick bei Lindelberg

Der wundervolle Höhenweg gibt immer wieder schöne Rückblicke auf Windischenbach frei. Völlig mit Mutter Natur im Einklang genießen wir das herrliche Umland in vollen Zügen. Jetzt erkennen wir vor uns bereits die Häuser von Lindelberg, zu denen wir hinaufwandern. Von **Lindelberg** ❹ überblicken wir das komplette Rebgebiet am

Panoramatour 5

Nach der Wanderung lohnt ein Abstecher nach **Pfedelbach** mit seinem Schloss für eine kleine Auszeit in einer wunderschönen Umgebung.

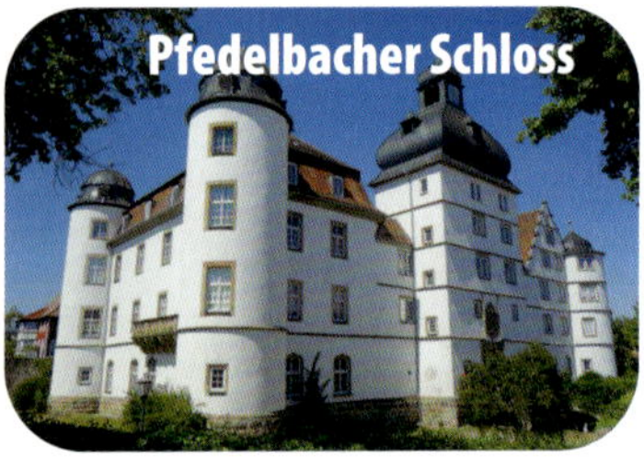

Golberg. Am fernen Horizont sehen wir die Höhen des Odenwalds aufragen. Ein eindrucksvoller Panoramaweg führt uns hinab bis zur Grillhütte und zu unserem Parkplatz zurück.

Was für eine schöne facettenreiche Wanderung: Herrliche Landschaft, schöne Wege, üppiges Früchteaufkommen, jetzt fehlt eigentlich nur noch ein hochprozentiges Kirschwasser für zu Hause. Im **Hofladen der Familie Fischer** 5 nehmen wir uns wenigstens ein paar Äpfel und etwas Marmelade mit. Kurzerhand beschließen wir noch einen kleinen Abstecher nach **Pfedelbach** zu unternehmen, um einen Kaffee zu trinken.

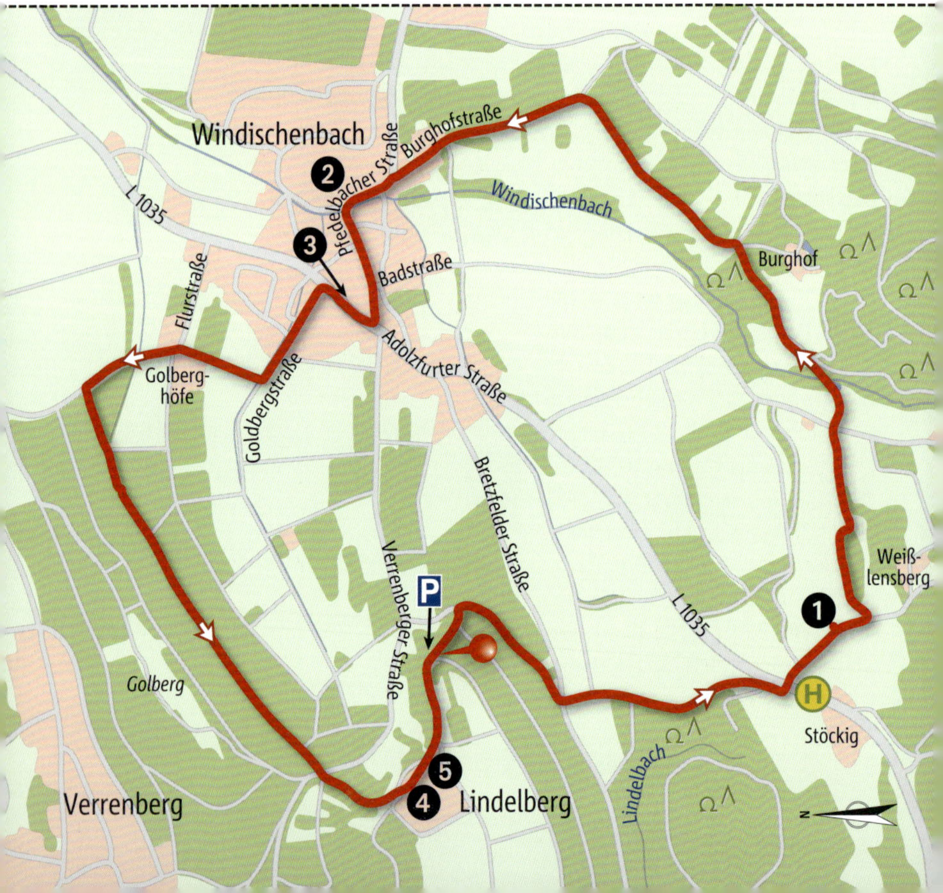

Alles auf einen Blick

WIE & WANN:
Einfacher Weg mit relativ wenig Steigung, aber durchgehend asphaltiert.
Beste Wanderzeit: ganzjährig.

Entspannung ✱✱✱✱✱
Genuss ✱✱✱✱✱
Romantik ✱✱✱✱✱

HIN & WEG:
Auto: A6 Abfahrt Öhringen, nach Pfedelbach-Windischingen, dort gegenüber der Kirche in die Verrenberger Straße, dann Feldweg bis Linksabzweig Richtung Lindelberg. Nach 200 Metern auf dem Sattel scharf rechts.
Parkplatz gegenüber einer Grillhütte, 74629 Pfedelbach (GPS: 49.178333, 9.472583)
ÖPNV: Bus 40 von Öhringen bis Haltestelle Pfedelbach Stöckig, dann die Wanderung beim **Ruheplatz** ❶ beginnen

ESSEN & ENTSPANNEN:
Winzerstube Lösch ❸ Adolzfurter Straße 33, 74629 Pfedelbach-Windischenbach, Tel. (0 79 41) 60 23 64, www.weinstube-hohenlohe.de

ENTDECKEN & ERLEBEN:
Ruheplatz ❶
Windischenbach ❷
Lindelberg ❹
Hofladen Fischer ❺ Lindelberg 6, 74629 Pfedelbach-Lindelberg, Tel. (0 79 46) 86 27, www.obstbau-fischer.de

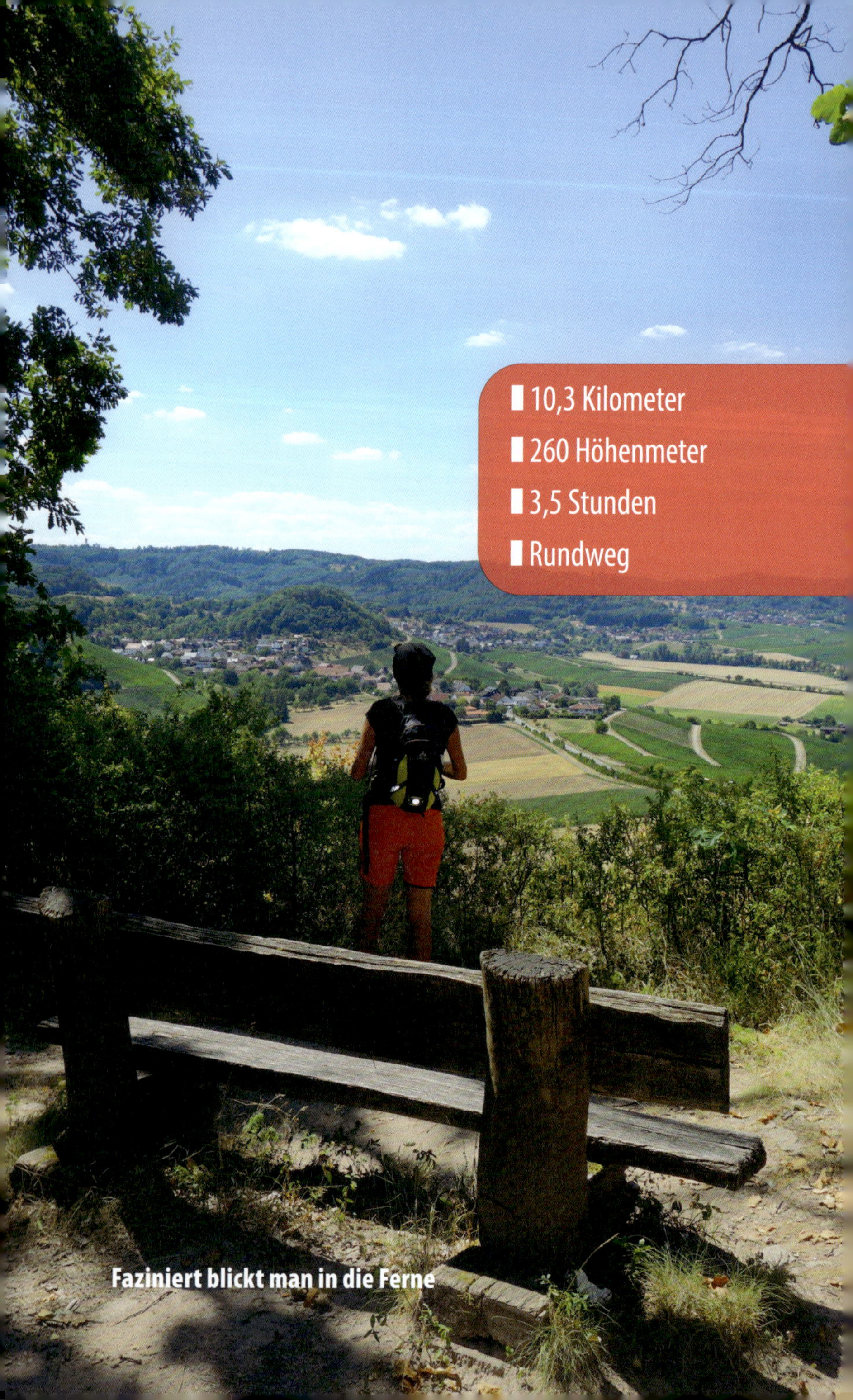

- 10,3 Kilometer
- 260 Höhenmeter
- 3,5 Stunden
- Rundweg

Faziniert blickt man in die Ferne

Heute wandern wir im schmucken **Weindorf Eichelberg.** Neben Eschenau, Affaltrach, Sülzbach, Weiler und Willsbach ist es einer der sechs Ortsteile von Obersulm. Vom Parkplatz hinter der Kelter geht's los.

Voller Erwartung gehen wir vor zur Bushaltestelle in der Kelterstraße. Dort sehen wir auch schon unsere

Paradiesische Weite

Breitenauer-See-Blick

Markierung, die **weiße WT20 auf Burgunderrot.** Gleich biegen wir links zur Hofsteige ein und wandern am Ortsrand entlang, an ein paar Apfelbäumen vorbei. Vor einem Trafohäuschen und einer Wasserstelle für den Weinberg laufen wir erst rechts, dann links zum Weinbergweg. Von hier aus geht's jetzt hinauf zu einem mit Gras bewachsenen Pfad, der durch dichte Hecken zur **Fachklinik Friedrichshof** hochführt. Während des Aufstiegs genießen wir das Zwitschern der Vögel, die sich in den Hecken besonders wohlfühlen, und gelangen zwischen diesen und grünen Wiesen in den Ort **Friedrichshof ❶.** Der Forleweg lässt uns links abbiegen. Nach dem Ort breitet sich links der Langacker aus. In überaus schöner Lage laufen wir den Weg weiter, bis wir unter einer Stromleitung nach links schwenken und zur **Waldschutzhütte ❷** hinübergehen, die sich hinter einem Grüngürtel verbirgt. An dieser können wir eine kurze Pause einlegen, denn hier oben ist es echt idyllisch.

*Der **Weinanbau** ist am Fuß der Löwensteiner Berge mit einer Anbaufläche von 372 Hektar seit Hunderten von Jahren Tradition. Trollinger, Lemberger, Schwarzriesling und Riesling zählen zu den beliebtesten Rebsorten.*

Danach schreiten wir in den Wald und folgen dem Köberleweg am Wanderparkplatz von Friedrichshof vorbei. Beständig führt uns unsere Tour durch friedlichen Wald. Himmlische Ruhe breitet sich aus, was sich

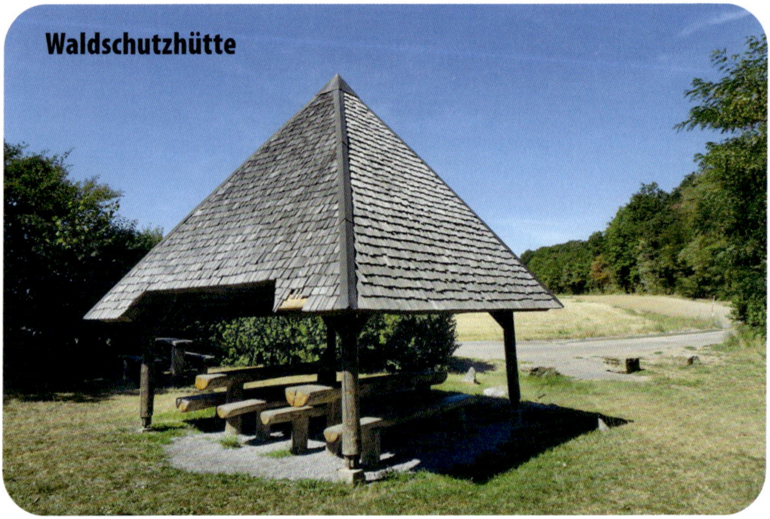

sehr positiv auf unser Nervenkostüm auswirkt. Stattliche Bäume umgeben uns und an der großen Fünffach-Kreuzung entscheiden wir uns für eine kleine Extraschlaufe. Dazu gehen wir den kleinen hübschen Pfad hinab, der mit der **Blau-Strich-Markierung** ausgeschildert ist. Welch urwüchsige Natur, das lässt unser Wanderherz höherschlagen. Nach circa 150 Metern kommen wir an der kleinen **Klamm des Michelbachs** vorbei und treffen kurze Zeit später auf einen Forstweg. Wir folgen ihm – eine Zeit lang ohne Markierung – nach links und überqueren bald den Landgraben des Michelbachs. Der breite Weg schlängelt sich neben Brombeerranken durch den Wald hinauf bis zu einem Querweg. Auf dem **Württembergischen Wein-Wanderweg (WWW)** angekommen, folgen wir der roten stilisierten Traube links hoch und treffen auch bald schon wieder auf unsere WT20-Markierung. Der Abstecher hat sich gelohnt, allerdings kann jeder selbst entscheiden, ob er auf der ausgeschilderten Route bleiben möchte oder nicht. Wir biegen rechts ab und wandern auf dem Teerweg weiter bergauf. Vor einem Funkmast führt ein schöner Pfad zur **Paradieshütte ③.** Tief blicken wir über die Rebhänge hinab zum herrlich gelegenen Breitenauer See, der auf 222 Meter Höhe liegt.

Hoch über dem Weinanbaugebiet wandern wir auf schmalen Pfaden überaus romantisch durch den Wald. Wir können uns kaum sattsehen, wahrlich himmlische Blicke erhaschen wir von dieser exponierten Lage aus.

Für die Seele

Friedlicher Wald und himmlische Blicke über Weinreben in Eichelberg. Besonders beflügelt der weite Ausblick von der Paradieshütte.

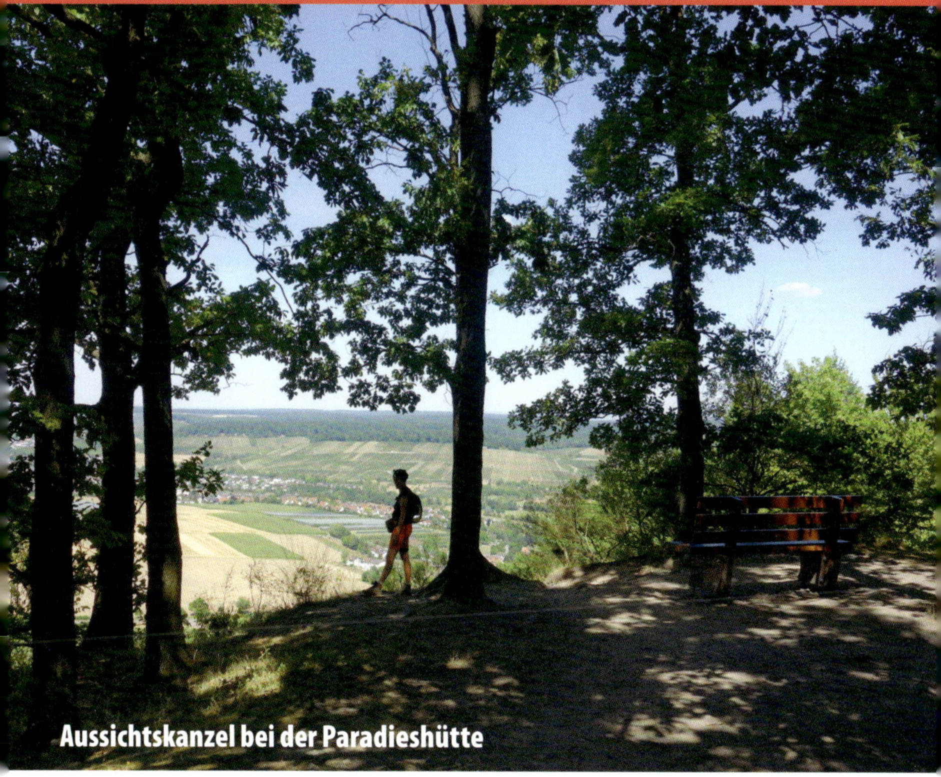

Aussichtskanzel bei der Paradieshütte

Weit über das Heilbronner Unterland sowie die Weinsberger Weingegend zeigt sich hier die Landschaft von ihrer allerschönsten Seite. Vom 372 Meter hohen **Panoramafenster 4** können wir sogar auf die Obersulmer Teilorte und nach Löwenstein schauen. Ja, der Platz hier oben macht seinem Namen alle Ehre. Im Südwesten lugt am Horizont der Stromberg hervor und im Nordwesten ragt der Odenwälder Katzenbuckel auf. Frei nach dem Motto: „Steig nuff uff'd Berg, guck na in ‚The Länd', was mir für a scheene Hoimat händ." Und nun folgt die hochdeutsche Übersetzung: „Steig hinauf auf den Berg, schau hinaus aufs Land, was wir für eine schöne Heimat haben." Immer wieder laden Bänke zu einer Rast mit Aussicht ein und wenn man nur lange genug sitzt, dann möchte man fast gar nicht wieder aufstehen, so schön ist es hier oben, einfach phänomenal. Es lohnt sich, etwas mehr Zeit einzuplanen.

Das Fleckchen hier ist geradezu prädestiniert für eine kleine Bewusstseinsübung. Schau hinaus in das weite Land und jetzt erkenne, aus welcher Perspektive du die Dinge siehst! Von hier oben werden manche Dinge, über die man sich ärgert, viel kleiner. Die Devise lautet also, nimm immer die Vogelperspektive ein und betrachte die Dinge neutraler und mit etwas Weitblick.

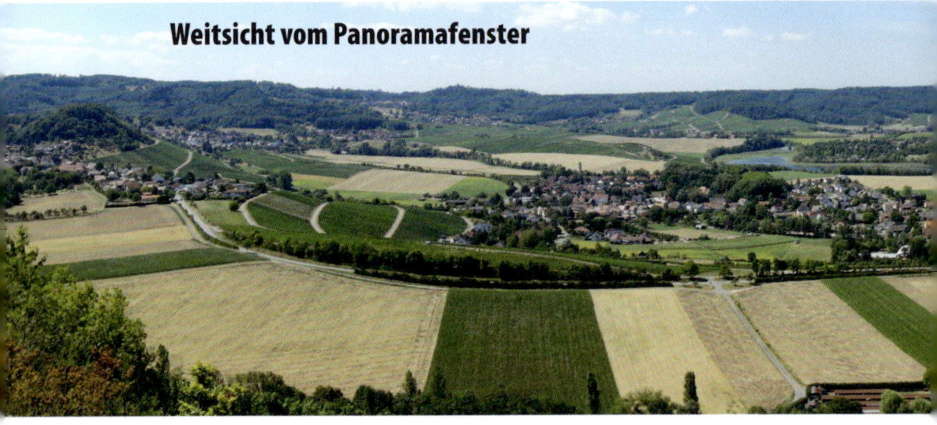
Weitsicht vom Panoramafenster

Beflügelt setzen wir unsere Tour doch irgendwann fort. Schade, aber dafür haben wir viele schöne Fotos gemacht. Wir folgen dem **Hundsberger-Pfad** und kommen an neuen hübschen Aussichtsstellen vorbei. Völlig relaxt und entspannt laufen wir unseren Weg weiter und gelangen so zu den **Holzfiguren Glücksdrache und Barbara,** einfach nett. Hier öffnet sich auch der Wald. Eine Pfadspur leitet uns über eine Wiese, dann biegen wir rechts ab zu einem Rastplatz. Nun steigen wir mit wundervollem Blick hinab zur **Rohrklinge** (auf 335 Meter Höhe). So, jetzt geht's links an dem Weinwirtschaftsweg entlang, der uns nach Eichelberg leitet. Wir streifen Reben und Streuobstbäume mit leckeren Äpfeln und Zwetschgen, die nun bald zur Ernte reif sind. Was für ein toller Gesamtanblick, die Trauben, der Wald und die Wiesen. All die Nuancen an Grüntönen entspannen nicht nur unsere Augen, sondern wirken sich auch insgesamt positiv auf unseren Körper aus. Bei den ersten Häusern von Eichelberg schließt sich die Wanderrunde. Wir gehen

Blick durch den Weinberg

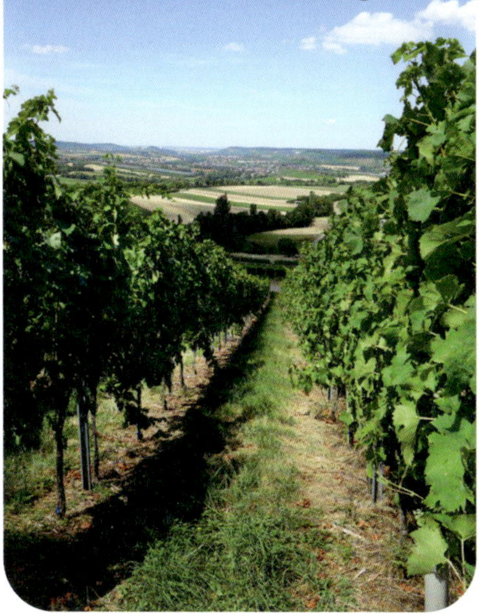

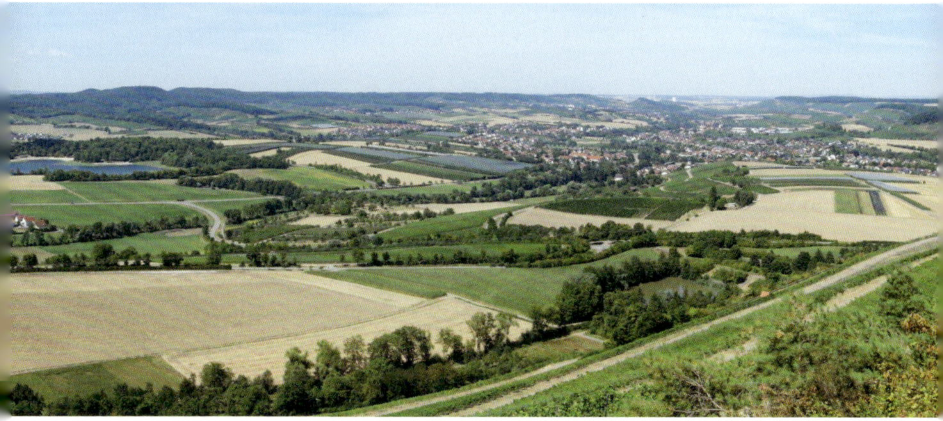

Panoramatour 6

zweimal rechts und sind – schwupp – schon wieder bei der Kelter angelangt. Wem nun noch nach etwas Stärkung ist, kann seine Wandertour in der **Traube Eichelberg 5** beschließen.

Eine tolle Tour mit faszinierenden Tiefblicken auf eine wahnsinnig schöne Gegend, sehr empfehlenswert auch für Familien. Wer noch etwas Kultur genießen möchte, kann **Burg Löwenstein** besuchen. Die Ruine einer mittelalterlichen Spornburg überragt die Stadt Löwenstein und der Blick reicht über die Weinberge bis weit in den Landkreis Heilbronn. Allerdings hat das Burgareal nur sonn- und feiertags geöffnet, hier sollte man sich vorher am besten auf den Internetseiten erkundigen.

Nach der Wanderung lohnt ein Abstecher zum ***Breitenauer See,*** *der an heißen Tagen mit seinem Strand zum Baden einlädt.*

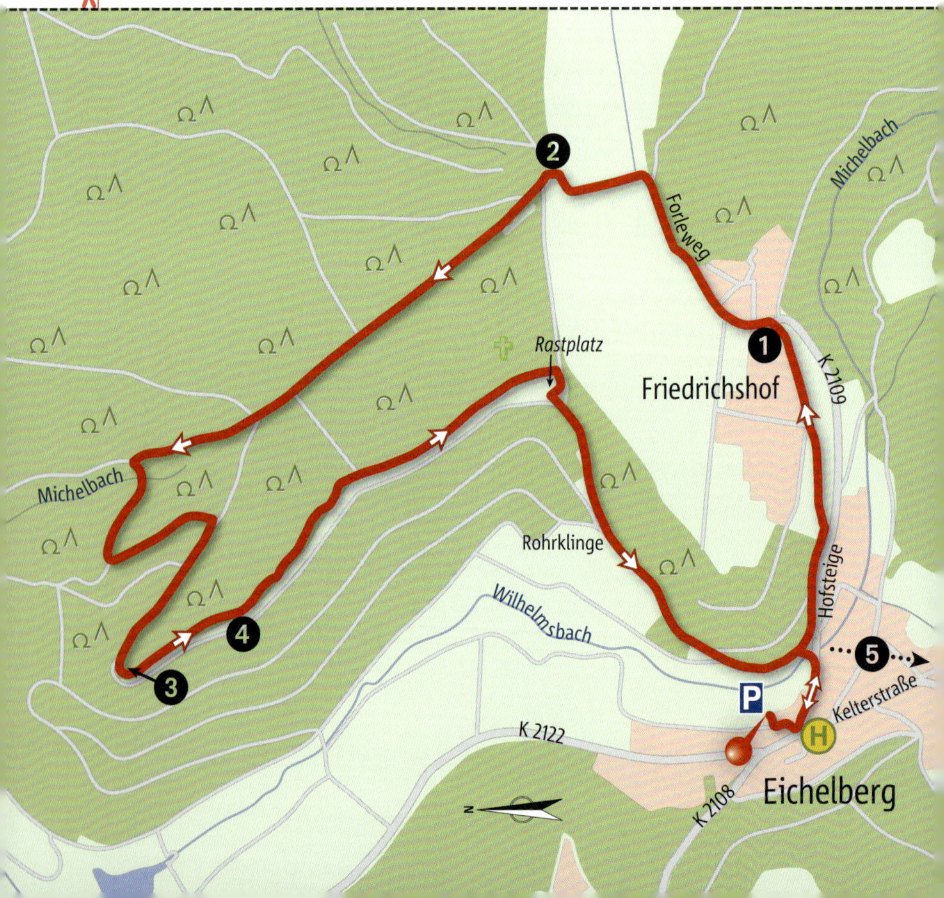

Alles auf einen Blick

WIE & WANN:
Gut wanderbare, befestigte Waldwege, Pfade und Weinbergwege, die bei trockenem Wetter keine Probleme bereiten. Beste Wanderzeit von März bis November.

Entspannung ****

Genuss ****

Romantik *****

HIN & WEG:
Auto: Anfahrt über die A81, Abfahrt 10, durch Obersulm, Eichelberg.
Parkplatz hinter der Alten Kelter, Kelterstraße 29, 74182 Obersulm-Eichelberg
(GPS: 49.116583, 9.407417)
ÖPNV: Bus 636 von Weiler bis Haltestelle Eichelberg Kelter

ESSEN & ENTSPANNEN:
Bitte an Rucksackverpflegung denken.
Abseits der Route empfehlenswert:
Traube Eichelberg ❺ Kolbensteige 8, 74182 Obersulm-Eichelberg,
Tel. (0 71 30) 81 30, www.traube-eichelberg.de

ENTDECKEN & ERLEBEN:
Friedrichshof ❶
Waldschutzhütte ❷
Paradieshütte ❸
Panoramafenster ❹

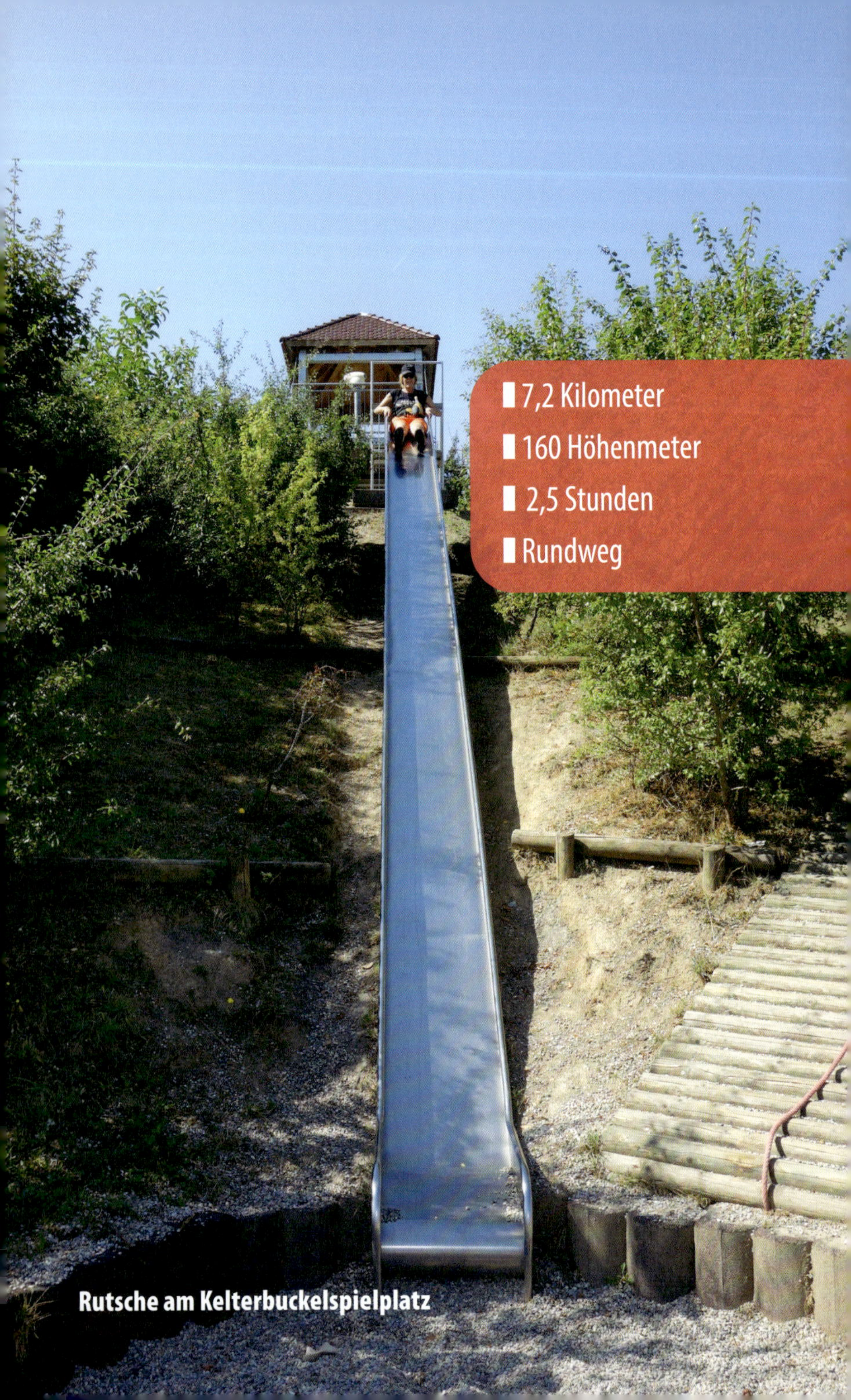

- 7,2 Kilometer
- 160 Höhenmeter
- 2,5 Stunden
- Rundweg

Rutsche am Kelterbuckelspielplatz

Tiefe Wälder, Ruhe, Entschleunigung und Grenzerfahrungen – all das bietet die heutige Tour mit Ausblick auf die **Haller Landhege.** Seit wir uns zu dieser Wanderung entschlossen haben, stellen wir uns die Frage, was wohl eine Landhege ist? Dort, wo bis 1802 die Grenze des Territoriums der Reichsstadt Schwäbisch Hall verlief, wandeln wir auf ihren Spuren und sind schon mächtig gespannt, ob wir noch Überbleibsel entdecken, denn sie ist nicht mehr überall gut erhalten. Eine Landhege, so haben wir erfahren, ist ein Befestigungswall, der quasi aus Elementen der Natur geformt wurde und aus Gräben, Bäumen, Gesträuch und Wällen besteht. Die Wälle dienten als mächtige natürliche Stadtgrenze, die sich mit insgesamt 200 Kilometern Länge rund um das Gebiet von Schwäbisch Hall zog. Erstmals wurden sie um 1400 erwähnt. Vier aus Stein erbaute Landtürme, die als Kontroll- und Beobachtungsstellen dienten, sicherten früher die Grenze. Am Waldrand im Süden der Gemeinde Rosengarten im **Ortsteil Rieden** startet unsere Zeitreise.

Im Wald baden

Ausblick auf die Haller Landhege

Am Grill- und Spielplatz am **Kelterbuckel** beginnen wir unsere Tour. Die Besichtigung der nachgebauten Befestigung des Landturms wollen wir uns für später aufheben. Wir schreiten in den Wald und folgen dem breiten Schotterweg, vorbei an einem Funkmast. Eine lang gezogene Linkskurve bringt uns hinauf, so kommen wir gleich schon auf Betriebstemperatur. An der Gabelung gehen wir links. Oben auf dem **Beilberg** ❶

*Der kleine Ort **Rosengarten-Rieden** zählt keine 800 Einwohner. Sein stattliches Gotteshaus, die Marienkirche, ist ein kunsthistorisches Juwel.*

öffnet sich ein schönes Aussichtsfenster. Eindrucksvoll blicken wir auf Rieden und zur Hohenloher Ebene. Ein wahrlich einzigartig schöner Land- und Waldblick, so reizvoll kann das Wandern sein. Dann schlängelt sich unser Forstweg durch den **Mischwald.** Tauben gurren und setzen einen Morgengruß ab. Im lichten Tann wärmt uns die Morgensonne den Rücken. Wirre Gedanken kommen allmählich zur Ruhe. Brombeeren wachsen am Wegesrand und laden zur Verkostung ein. Die Beere ist ein guter Vitamin C-Lieferant und enthält viele Ballaststoffe, was sie so wertvoll für unsere Darmflora macht.

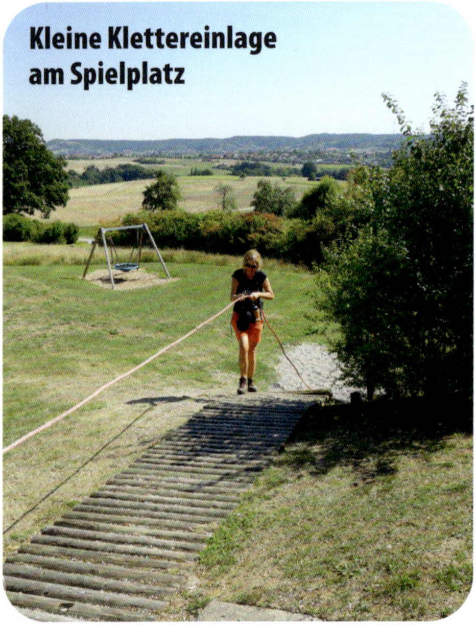
Kleine Klettereinlage am Spielplatz

Eine herrliche Ruhe umgibt uns hier in den frühen Morgenstunden, so können wir gelassen vor uns hin laufen und unsere Sinne für die einzigartige Natur schärfen. Vereinzelt liegen **moosbewachsene Buntsandsteine** im Wald, ein beeindruckendes Stimmungsbild. Wer sich für Märchen interessiert: Genau hier könnte ein Schauplatz für eine Inszenierung von Hänsel und Gretel sein. Dichtes Nadelgehölz und Laubwald wechseln sich ab. Wenig später wandern wir in einer Linkskurve neben mehreren Gräben leicht talwärts, während jetzt die Morgensonne sanft ihre Strahlen auf uns richtet. Beeindruckt von den vielen Baumarten wie Buche, Eiche, Ahorn und Fichte, die allesamt nicht nur ein dichtes Blätterdach haben, sondern auch positive Eigenschaften auf das System aus Körper und Geist besitzen. In Japan ist Waldbaden seit Langem ein fester Teil der Gesundheitsvorsorge. Jetzt schwappt der Trend des *shinrin yoku* auch nach Europa herüber. Dabei ist der Hintergrund des Wald-

***Waldbaden** – was sich nach einem wohltuenden Bad im Wasser anhört, bezeichnet das Erleben des Walds mit allen Sinnen. Der positive Effekt ist wissenschaftlich erwiesen.*

badens auch für uns eigentlich nichts Neues, denn wir kennen alle die meditative und beruhigende Wirkung des Walds. Diese positive Wirkung ist beim Waldbaden das Ziel. Der Unterschied zwischen Spaziergang und Waldbaden ist, den Wald bewusst und achtsam zu erleben.

Für die Seele

Das entspannte Waldbaden ist das Highlight für die Seele auf dieser facettenreichen Wanderung durch die wunderschöne Landschaft von Rosengarten-Rieden.

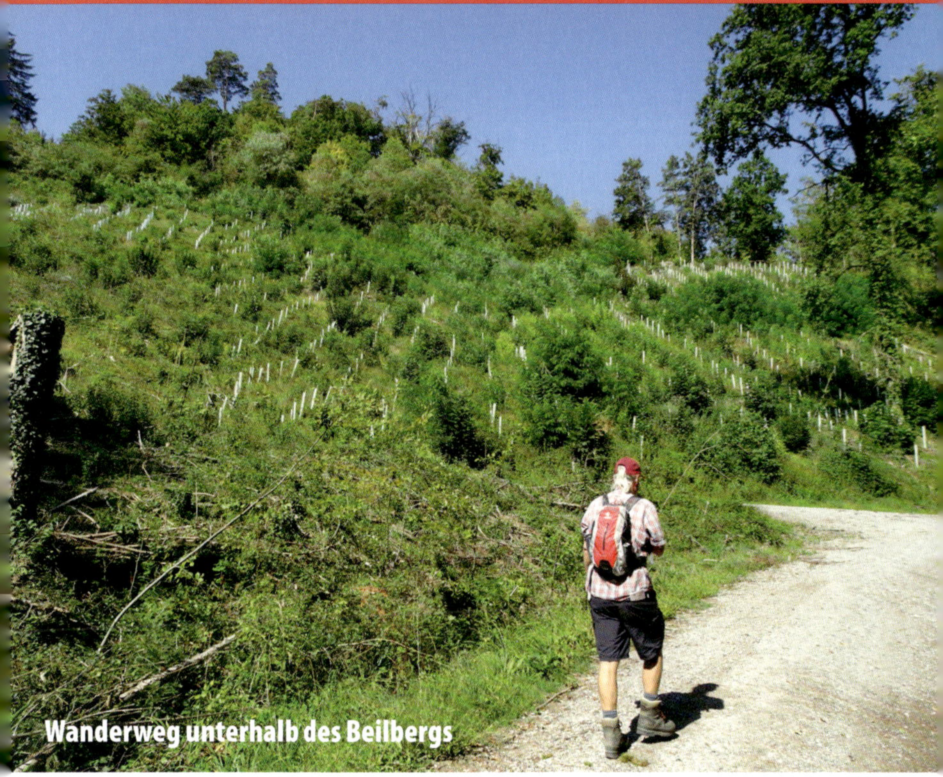

Wanderweg unterhalb des Beilbergs

Bald treffen wir auf einen Querweg und halten uns rechts. Links blicken wir ins **Hummelloch** und rechts erhebt sich der **Mittlere Knock.** An der zweiten scharfen Kurve erreichen wir den kleinen **Hummelbachsee ❷.** Herrlich liegt er mitten im Wald, überaus idyllisch, ein Paradies für Wasser- und Waldtiere. An der folgenden Kreuzung gehen wir links und werden uns dabei bewusst, dass wir im Leben schon an mancher Wegkreuzung gestanden haben. Welchen Weg wir schließlich gewählt haben, entschied letztlich unser Bewusstsein und manifestierte so unsere Zukunft. Deswegen sollte man seinen Weg nie aus einer spontanen Emotion heraus wählen, sondern immer reflektiert an die Sache herangehen.

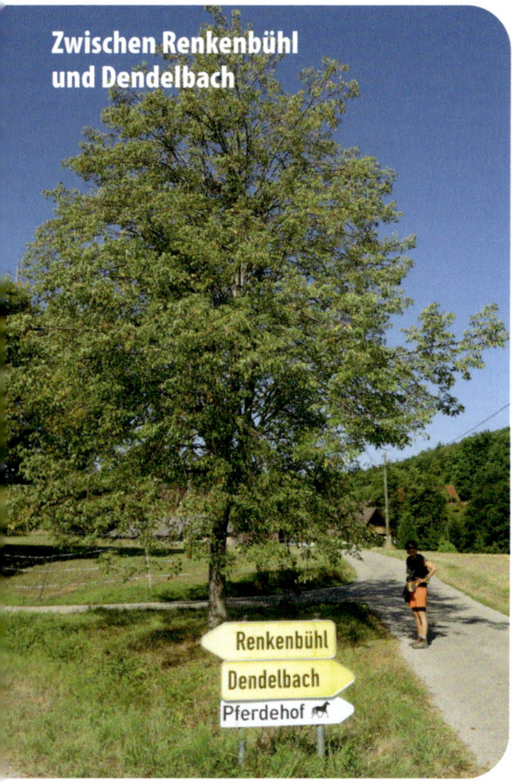

Zwischen Renkenbühl und Dendelbach

Jetzt verliert unser Weg beträchtlich an Höhe und wir entdecken am Horizont mehrere Windräder. Unten, auf der Ebene angekommen, laufen wir an einer **privaten Fischzucht** vorbei und schon bald öffnet sich der Forst. Neben einer Wiese führt uns die Tour bis ins **Dendelbachtal ❸.** Sanft plätschert der Bach und wir lauschen hinein in die angenehmen Klänge des sprudelnden Gewässers, was sich überaus positiv auf unser vegetatives Nervensystem auswirkt. Wasser hat auch klärende Eigenschaften, wenn uns also eine Frage beschäftigt und wir uns lang genug am Wasser aufhalten, kann das durchaus Klärung ins uns bewirken. Es ist wirklich tief beeindruckend, welche positive Auswirkung die Energie der Natur auf Menschen und Tiere hat.

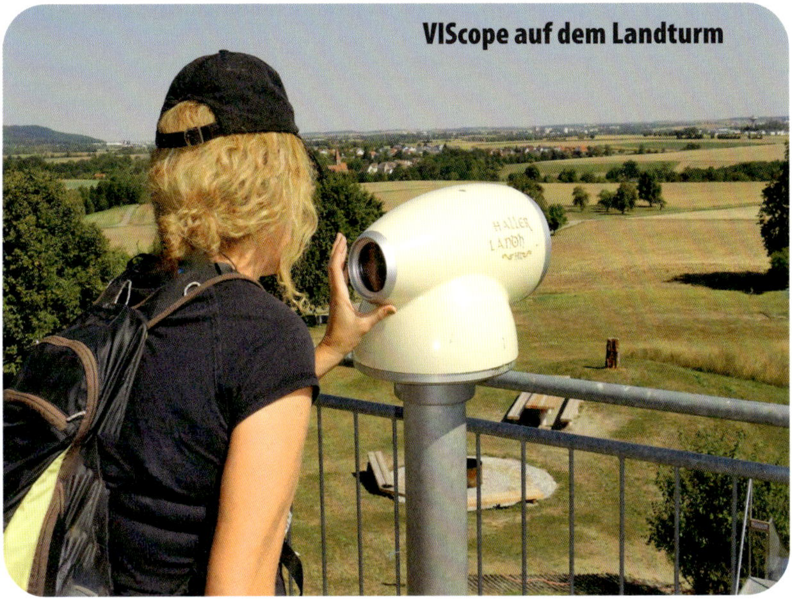

Ab und zu taucht die **Blaue-Punkt Markierung** als Blickfang auf und bei den weiten Wiesenflächen sehen wir schon die Häuser von **Renkenbühl.** Ein wahrlich beschaulicher Ort. Wir wandern geradeaus und kommen an einem hübschen, landwirtschaftlichen Hof vorbei, viele Apfelbäume säumen dort den Wegesrand. Bei einem alten Transformatorenhäuschen biegen wir scharf links zum reizenden Dorf **Dendelbach** ④ ab. Nach dem gleichnamigen Bach halten wir uns rechts in Richtung Wald. Auf einer Pferdekoppel grasen einige Pferde, die uns beim Vorbeigehen beobachten. Im angrenzenden Wald steigt unser Weg nun beständig an. Der Waldboden ist imposant von Moos überzogen, fast wie ein grüner samtiger Teppich. Wer Lust hat, kann Schuhe und Socken ausziehen, um das Moos direkt zu erspüren, ein super angenehmes Sinneserlebnis. Vor dem **Beilberg** gehen wir rechts und stellen erstaunt fest, dass wir keine 40 Höhenmeter weiter oben schon zuvor gewandert sind. Kurze Zeit darauf öffnet sich auch wieder der

> **!** Einen Extrabesuch lohnt das **Hohenloher Freilandmuseum** bei Schwäbisch Hall-Wackershofen. Dort gibt es Gebäude aus mehreren Jahrhunderten, alte Traditionen, eine alte Sägemühle und allerlei Tiere zu entdecken (www.wackershofen.de).

Wald und gibt ein wunderbares Aussichtsfenster mit weitläufigem Landblick auf die Gegend um die Haller Landhege frei. Der Panoramaweg bringt uns zurück zum Startpunkt, dem Grill- und Spielplatz am Kelterbuckel.

Zum guten Schluss legen wir eine ausgiebige Rast nebst Spieleinlage auf dem angrenzenden Spielplatz ein und genießen den tollen Ausblick sowie unser Rucksackvesper, das wir beinahe vergessen haben. Anschließend besichtigen wir noch den nachgeahmten **Landturm 5** und blicken eindrucksvoll durch das „Zeitenfernrohr". Es vermittelt die Illusion, man könne in die Vergangenheit zurückblicken, in die Zeit, als die Haller Landhege noch existierte.

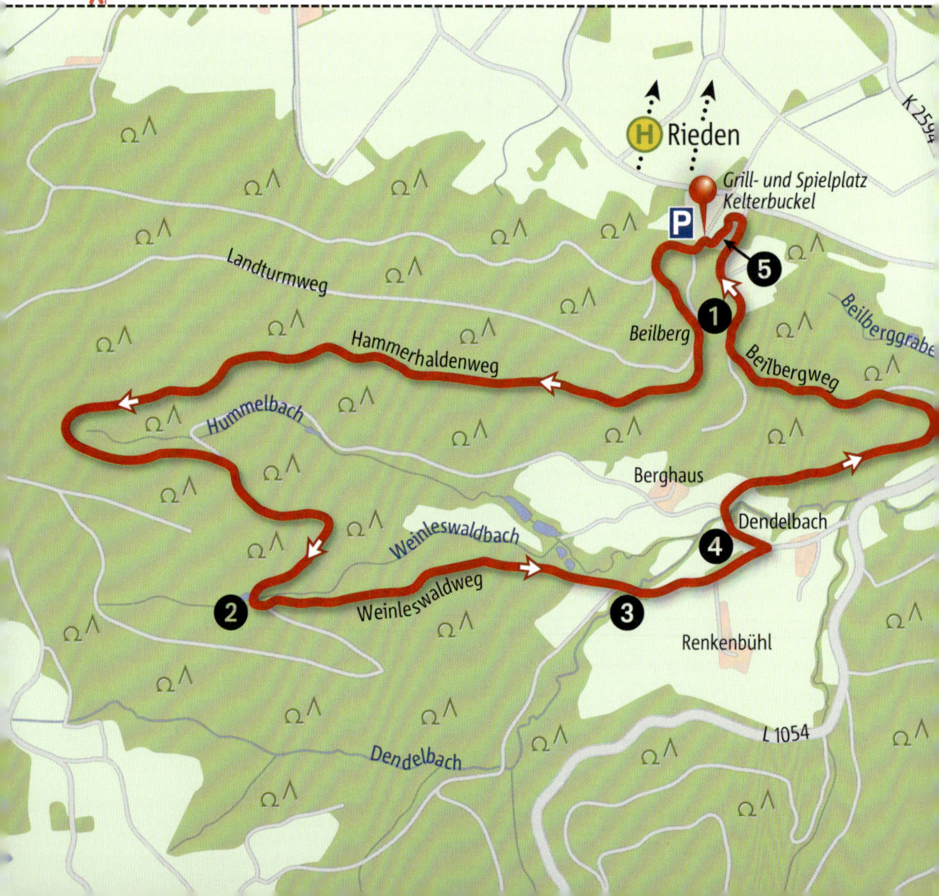

Alles auf einen Blick

WIE & WANN:
Durchgehend breite und sehr gut befestigte Wege, sodass diese Wanderung sogar kinderwagentauglich ist. Beste Wanderzeit von April bis November.

Entspannung ★★★★★
Genuss ★★★☆☆
Romantik ★★★★☆

HIN & WEG:
Auto: Anfahrt über die A6, Ausfahrt 42, Richtung Schwäbisch Hall, dann B19, in Rosengarten-Rieden durch den Ort fahren und nach 500 Metern rechts zum Feldweg abbiegen.
Parkplatz am Grill- und Spielplatz am Kelterbuckel, 74538 Rosengarten-Rieden (GPS: 49.054083, 9.702083)
ÖPNV: Bus 10 von Hirschfelden bis Haltestelle Rieden Sanzenbacher Straße

ESSEN & ENTSPANNEN:
Unterwegs keine Einkehr möglich. Bitte an Rucksackverpflegung denken.

ENTDECKEN & ERLEBEN:
Beilberg ❶
Hummelbachsee ❷
Dendelbachtal ❸
Dendelbach ❹
Landturm ❺

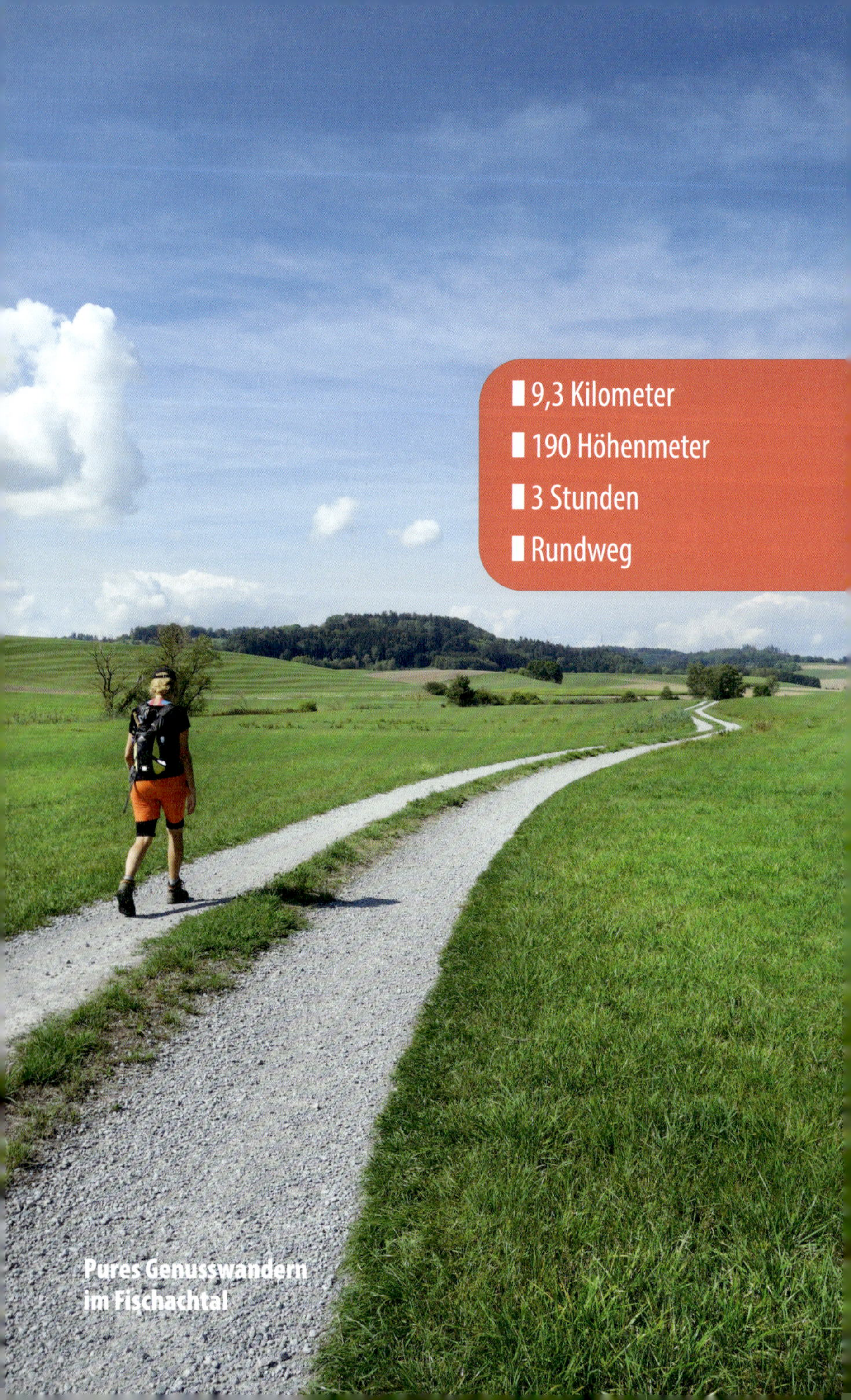

- 9,3 Kilometer
- 190 Höhenmeter
- 3 Stunden
- Rundweg

Pures Genusswandern im Fischachtal

Die heutige Wanderung steht ganz unter dem Zeichen der Landwirtschaft (gestern und heute) und führt uns in eine einmalig schöne Naturlandschaft, durch heimische Dörfer, Wälder, grüne Wiesen und Auen. Herzlich begrüßt werden wir nicht nur von den Einheimischen, sondern auch vom Gockel mit seinem Hüh-

Äcker und Wälder

Panoramarunde Bühlerzell

nergefolge, der hier noch glücklich auf dem Bauernhof lebt. In diesem ländlichen Idyll zu wandern, bedeutet, aus dem Alltagstrott zu kommen. Wir erfahren ein Gefühl von purer Entschleunigung und werden in eine Zeit zurückversetzt, in der der Zeitplan der Menschen noch nicht völlig durchgetaktet war. So genießen wir die entspannende Wanderung in dieser überaus schönen Gegend, von der aus wir ein besonderes, intensives Heimatgefühl mit nach Hause nehmen dürfen.

Wir starten die heutige Runde am **Sportplatz von Bühlerzell.** Wir gehen den Zufahrtsweg zurück und saugen gleich schon die friedliche Atmosphäre des heimeligen Dorfs in uns auf. Nach einer längeren Trockenperiode, die uns der heiße Sommer beschert hat, hat es endlich geregnet und wir dürfen ein grandioses Naturwunder erleben. Schon ein paar Tage nach dem ersten Regenguss grünt es wieder und die tristen Wiesenflächen erlangen ihre Pracht zurück – einfach phänomenal. Leichtfüßig gelangen wir zur **Kottspieler Straße** und entdecken die **braune WL-Ausschilderung,** die uns heute als Orientierung dient. Gleich zweimal geht es kurz hintereinander rechts und bei einem Bauernhof links

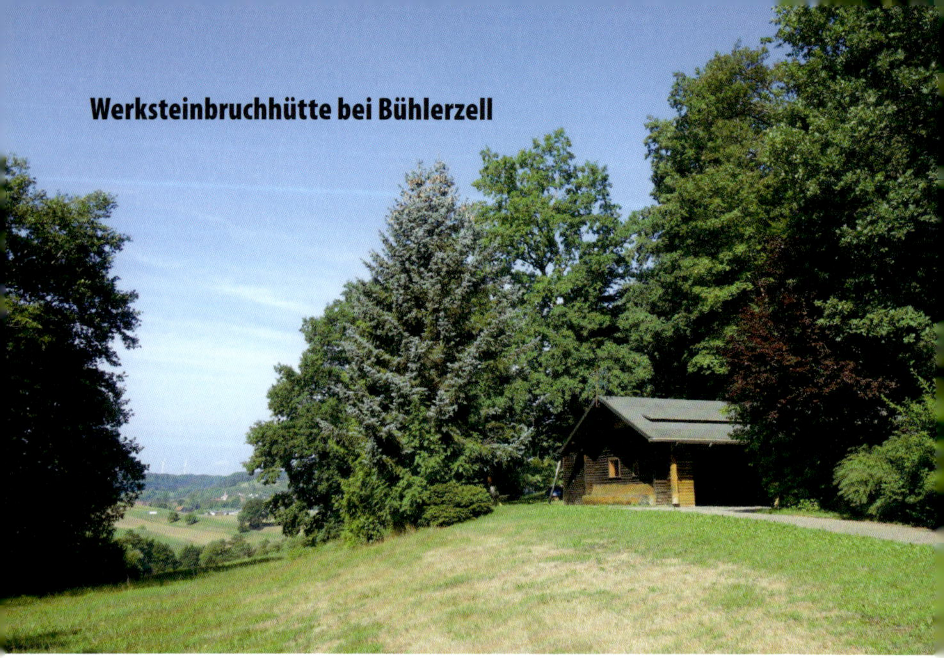

Werksteinbruchhütte bei Bühlerzell

bergauf. So gelangen wir zum Waldrand und zur schön gelegenen **Werksteinbruchhütte 1.** Hier war einst ein Steinbruch, der zur Gewinnung von Bausteinen diente. Doch durch die Erschließung neuer Märkte lag er bald brach und verkümmerte zur Müllkippe. In den 1980er-Jahren beschloss der Albverein, dort aufzuräumen, und so entstanden in den darauffolgenden Jahren zuerst ein Grill- und Spielplatz und später diese Hütte – in Eigenleistung des Vereins errichtet, sehr lobenswert!

Ein schönes Fleckchen für eine kurze Verschnaufpause, bevor wir uns wieder auf die Socken machen. Nun folgen wir der weichen Wiesenspur neben dem Wald und erleben pures Genusswandern. In bester Wanderlaune gelangen wir in den Wald und lauschen dem Gesang der Vögel. Beim Forstweg laufen wir links weiter, bleiben allerdings an der Gabelung auf dem oberen Pfad, von dem aus wir nun einen wunderschönen Waldabschnitt erleben dürfen. Nach dem Forst lenkt uns ein Wiesenpfad in eine herrliche Panoramalage, überaus schön blicken wir auf weite Felder. Links erkennen wir Geifertshofen und vor uns liegt Kottspiel. So reizvoll kann Wandern sein, vor allem in solch einer wunderschönen Umgebung. Unterhalb des Walds schwenken wir nach links, gehen bei einem Flurkreuz wieder nach links und gelangen so zur Landstraße. Dieser folgend erreichen wir bald schon **Kottspiel ②.** Der dörfliche Charakter ist faszinierend und mit etwas Glück können wir Ziegen und Hühner beobachten.

Für die Seele

Die Landschaft um Bühlerzell, Kottspiel und Geifertshofen wirkt so weich, heimelig und lieblich, dass man sich sofort in den Urlaubsmodus versetzt fühlt.

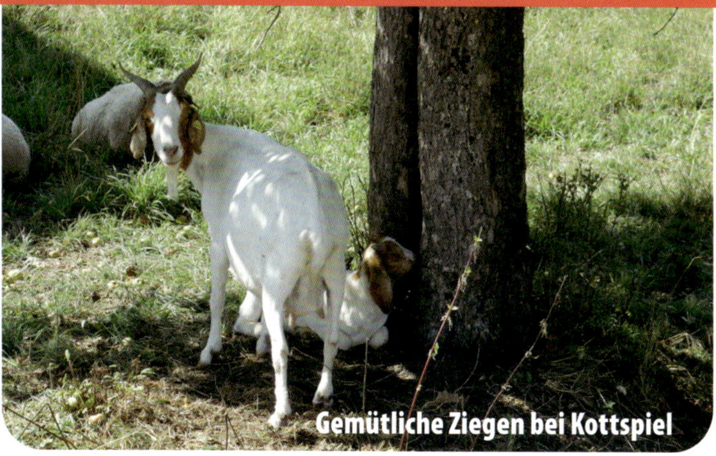

Gemütliche Ziegen bei Kottspiel

Übrigens, hier hat es um 1200 eine Wasserburg gegeben, von der leider nicht mehr viel erhalten ist.

Wir queren den **Avenbach** und folgen der Dorfstraße zur Bühler. Im **Gasthaus Zum Ochsen ③** können wir einkehren und schreiten an der **Kirche St. Leonhard** vorbei, dabei bemerken wir, dass der Ort vorwiegend von Landwirtschaft geprägt ist. Die Dorfbewohner grüßen freundlich und hier scheinen sich die Zeiger der Uhren noch langsam zu drehen, so unser Eindruck. Ganz klar, die Landwirtschaft hat sich sehr verändert: Wo früher noch viel Handarbeit geleistet wurde, übernehmen heute Maschinen die Arbeit. Einige Betriebe haben ihren Tierbestand radikal reduziert und kämpfen mit den Auswirkungen des Klima- und Lebenswandels des 21. Jahrhunderts.

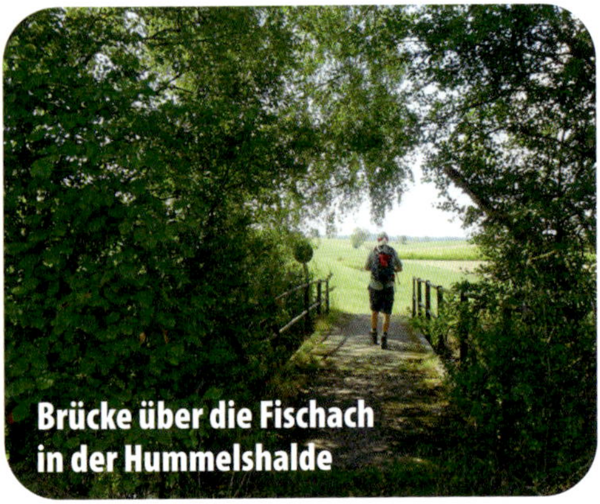

Brücke über die Fischach in der Hummelshalde

Gleich nach dem Ort folgen wir der Hauptstraße weiter und biegen hinter der **Fischachbrücke** links ab. Jetzt bleiben wir im Talgrund und durchwandern saftige grüne Wiesen. Eine wunderschöne Naturkulisse, die unser Herz beflügelt. Kurzweilig und entspannt schreiten wir auf dem Talweg dahin und genießen dabei immer wieder hervorragende Landschaftsblicke. Vor lauter Schwärmerei müssen wir aufpassen, dass wir den Linksabzweig hinab zu dem schmalen Wiesenweg nicht übersehen. Dieser bringt uns in der **Hummelshalde** erneut über die Fischach, wir befinden uns nun auf 382 Meter Höhe. Verwundert erblicken wir hier in der Einöde ein Verkehrsschild, das aussagt, dass die Durchfahrt verboten ist – witzig, wer sollte bei dieser Mini-

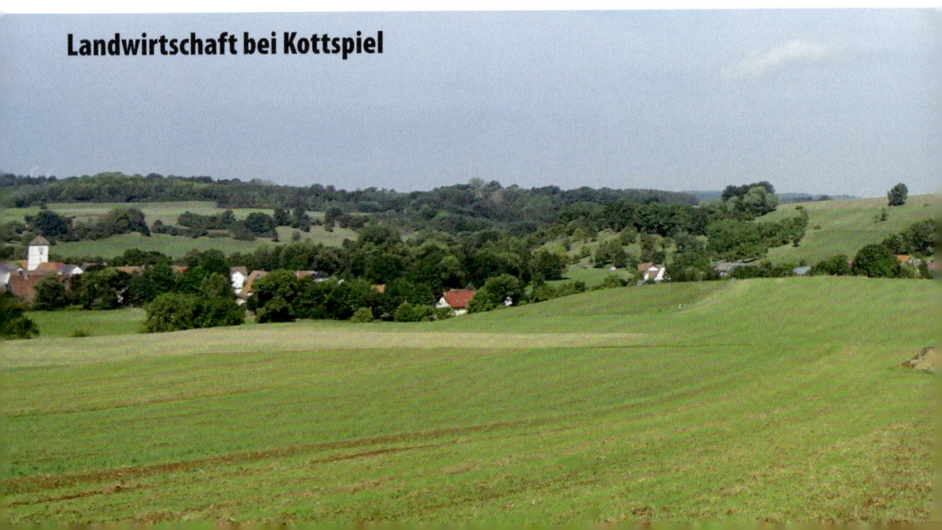

Landwirtschaft bei Kottspiel

brücke inmitten einer Wiesenschneise motorisiert übersetzen? Während wir den Wiesenfeldweg Richtung Wiesklinge emporsteigen, erfreuen wir uns an Kuhglockengeläut, das von einer Weide zu uns herüberbimmelt. Der würzige Duft von Landluft erinnert uns an unseren letzten Urlaub auf dem Bauernhof. Unter einer Birke finden wir eine schattige Sitzbank und legen eine kleine Auszeit ein. Wer weiß schon, dass Birke Zuversicht, Leichtigkeit und Lebensfreude fördert? Wer sich regelmäßig unter eine Birke setzt, kann diesen Effekt selbst austesten.

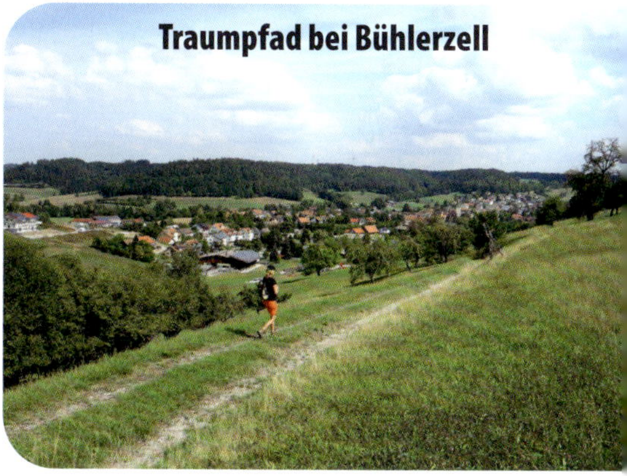
Traumpfad bei Bühlerzell

Frohen Mutes gehen wir weiter und wenden uns wenig später an einer großen Scheune nach links. Wir wandern inmitten von Feldern bergan. Links zieht die markante **Tannenburg** unsere Blicke auf sich. Am oberen Feldrand entdecken wir die ersten Häuser von Geifertshofen. Hier folgen wir der **Bühlerzeller Straße** und gelangen zur evangelischen Kirche St. Sebastian. Wir gehen am Kastenbrunnen vorbei und errei-

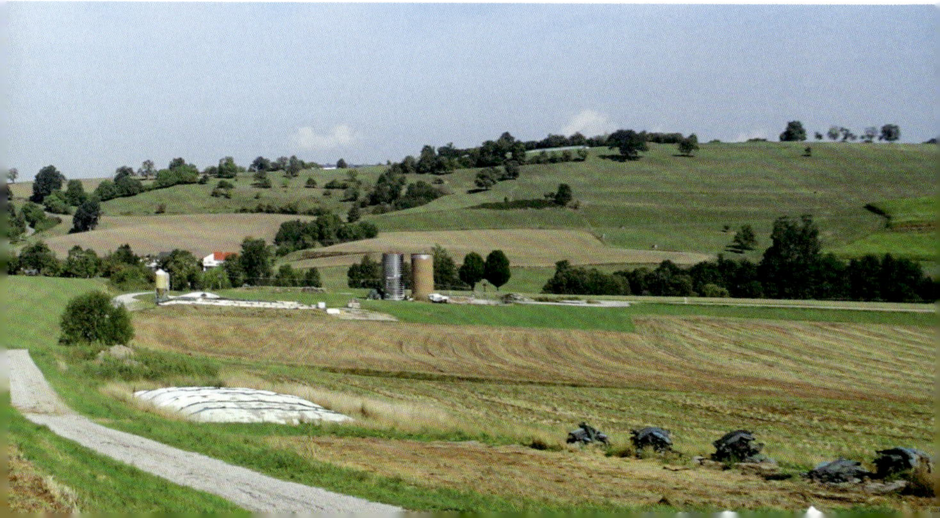

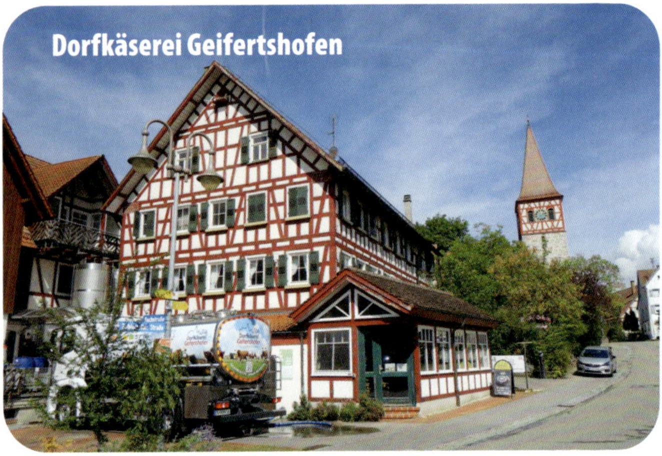
Dorfkäserei Geifertshofen

> *Aus der Region rund um Geifertshofen stammt rund 13 Prozent des Baden-Württembergischen Milchviehs. In der **Dorfkäserei** werden aus Biomilch feinste Käsespezialitäten hergestellt.*

chen bald den **Gasthof Ochsen ❹** und die **Dorfkäserei Geifertshofen ❺.**

Die Heumilchkäserei verarbeitet die gute Heumilch von 14 familiengeführten Höfen. Der Bühlertaler Dorfkäse und der Schwäbische Rahmkäse sind über die Grenzen hinaus bekannt, wir kaufen sie regelmäßig. Im Dorfladen kann man sich mit Proviant und leckeren Käsesorten versorgen. Den Einkauf planen wir allerdings heute bei der Sommerhitze für unseren Nach-

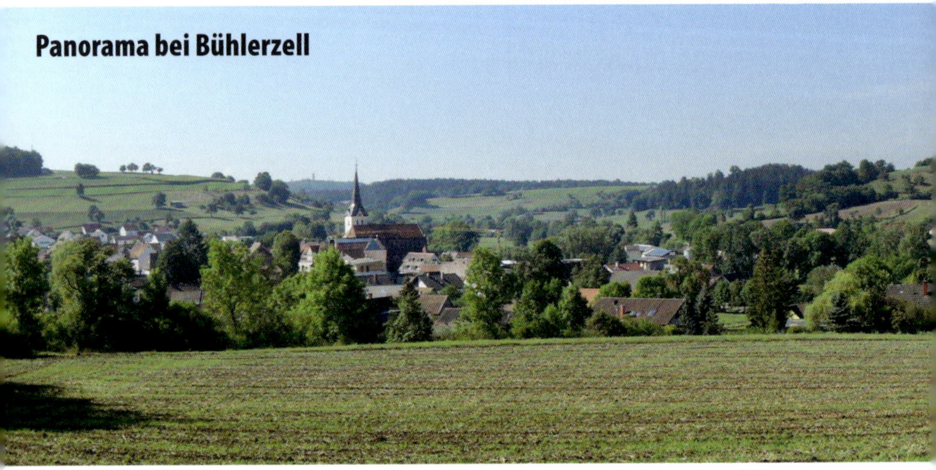
Panorama bei Bühlerzell

hauseweg ein. Jetzt biegen wir erst mal halb rechts zur **Sulzbacher Straße** ab. Hier gibt es noch einige alte Fachwerkhäuser zu bestaunen. An einer Kreuzung gehen wir links hoch und am Ortsende noch mal links, so gelangen wir auf einen Pfad. Hoch über Geifertshofen führt der mystisch wirkende Weg in ein kleines Wäldchen. Oben bei den Wiesen behalten wir unsere Richtung bei und erreichen in der Danzelhalde schnell den schönen **Wurzelhof.** Es handelt sich hierbei um einen reinen Gemüsebaubetrieb, der großen Wert auf eine gute Anbauweise legt, die weit über die Bio-Standards hinausgeht – überaus anerkennenswert.

Die Markierung leitet uns linker Hand in das **Höhendorf Imberg 6.** Gemütlich schlendern wir durch den anheimelnden Ort. Anschließend bezaubert uns ein weitläufiger Panoramablick. Bei einem Querweg gehen wir nun rechts und vor dem Wald links. Abermals wandern wir an Äckern und landwirtschaftlich genutzten Flächen vorbei. Sobald wir das Tal **Bühlerzell 7** vor uns auftauchen sehen, gehen wir erst rechts, dann links dem hübschen Ort entgegen. Apfel-, Zwetschgen- und Birnbäume säumen unseren Weg. Lecker, da könnte man glatt zugreifen. Am Ortsrand

*Ohne Landwirtschaft und ihre Erzeugnisse bricht unsere Nahrungskette in Krisenzeiten zusammen. Also tun wir gut daran, auf Qualität zu achten und **Hofläden** mit unserer Kaufkraft zu unterstützen.*

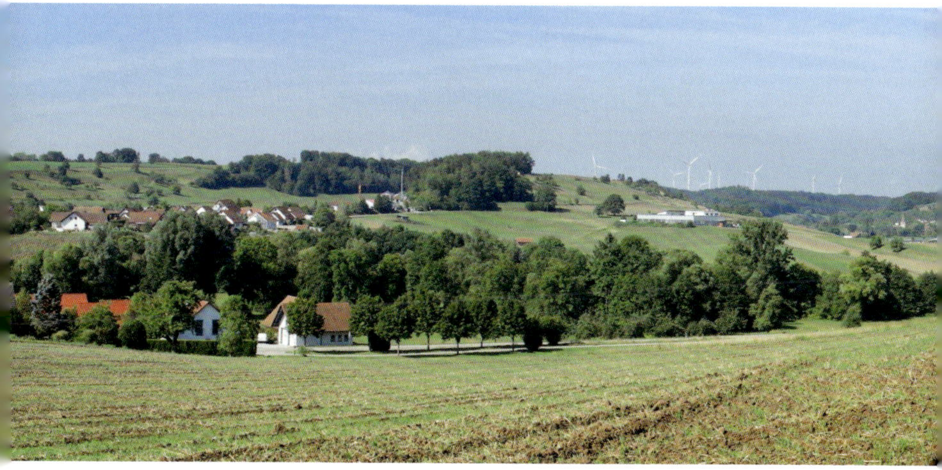

Panoramatour 8

geht es links und hinter einem Spielplatz rechts zum Imberger Weg. Dann folgen wir der Geifertshofer Straße mit Blick zur **Kirche St. Maria,** wo wir die Bühler überqueren. Beim Brunnen am **Fischerplatz** wenden wir uns links, folgen der Kottspieler Straße und biegen bald darauf rechts ab. So gelangen wir zum Sportplatz, an dem wir unser Auto abgestellt haben. Zuvor können wir im **Gasthaus Zur Frühmess** 8 noch eine Rast einlegen.

Ein schöner Wandertag geht zu Ende. Was nehmen wir mit? Auf jeden Fall pure Energie, die uns viel Inspiration für neue Projekte bietet. Und natürlich den guten Bühlertaler Dorfkäse. Eins ist klar, wir kommen wieder.

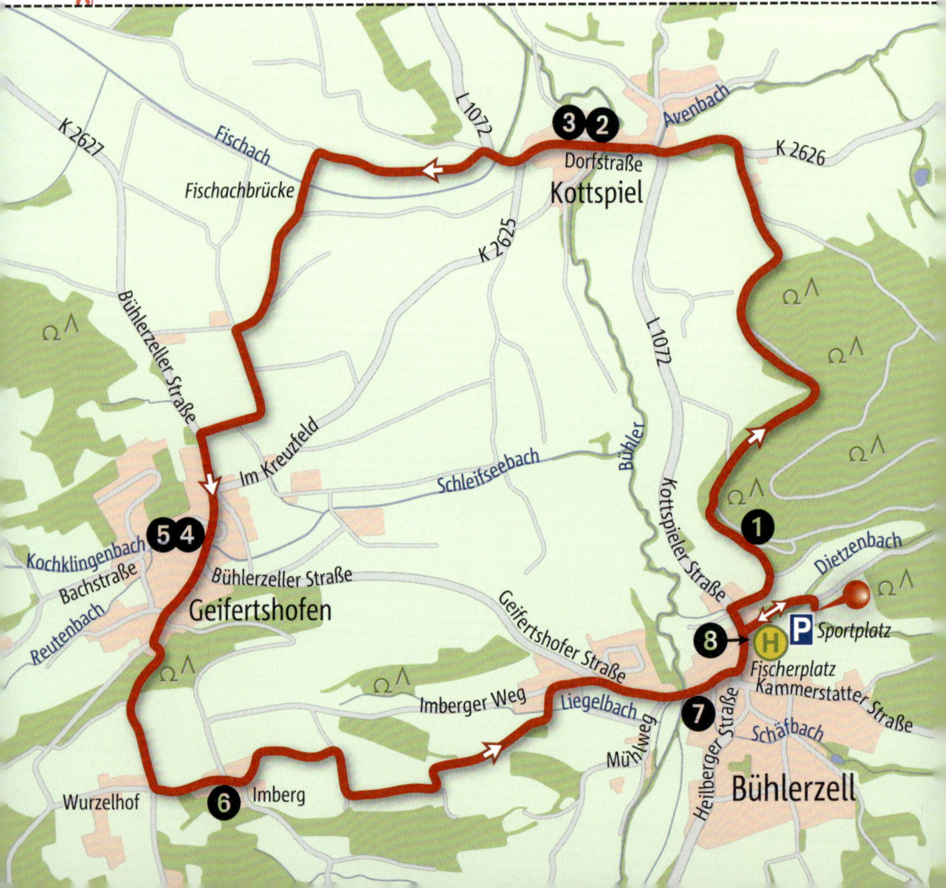

WIE & WANN:
Rundwanderweg auf weichen naturbelassenen Wegen, aber ab und an geht es auch über feste Wirtschaftswege. Beste Wanderzeit von März bis November.

Entspannung ✱✱✱✱✱
Genuss ✱✱✱✱✱
Romantik ✱✱✱✱✱

HIN & WEG:
Auto: Anfahrt über die A6, Abfahrt 42, dann B19, durch Schwäbisch Hall, Vellberg und Bühlertann nach Bühlerzell.
Parkplatz bei den Sportanlagen (gleich im Ort links in Richtung Eichberg), 74426 Bühlerzell (GPS: 49.00525, 9.922583)
ÖPNV: Bus 12, 12A, 17 von Schwäbisch Hall bis Haltestelle Bühlerzell Fischerplatz

ESSEN & ENTSPANNEN:
Gasthaus Zum Ochsen ❸ (Xaver Köder), Burggraben 5, 74424 Kottspiel, Tel. (0 79 74) 3 97
Gasthof Ochsen ❹ Bachstraße 2, 74426 Bühlerzell-Geifertshofen, Tel. (0 79 74) 9 69 98 76, www.dorfkaeserei.de
Gasthaus Zur Frühmess ❽ Kottspieler Straße 12, 74426 Bühlerzell, Tel. (0 79 74) 2 14

ENTDECKEN & ERLEBEN:
Werksteinbruchhütte ❶
Kottspiel ❷
Dorfkäserei Geifertshofen ❺ Bachstraße 2, 74424 Geifertshofen, Tel. (0 79 74) 9 69 98 73, www.dorfkaeserei.de
Höhendorf Imberg ❻
Bühlerzell ❼

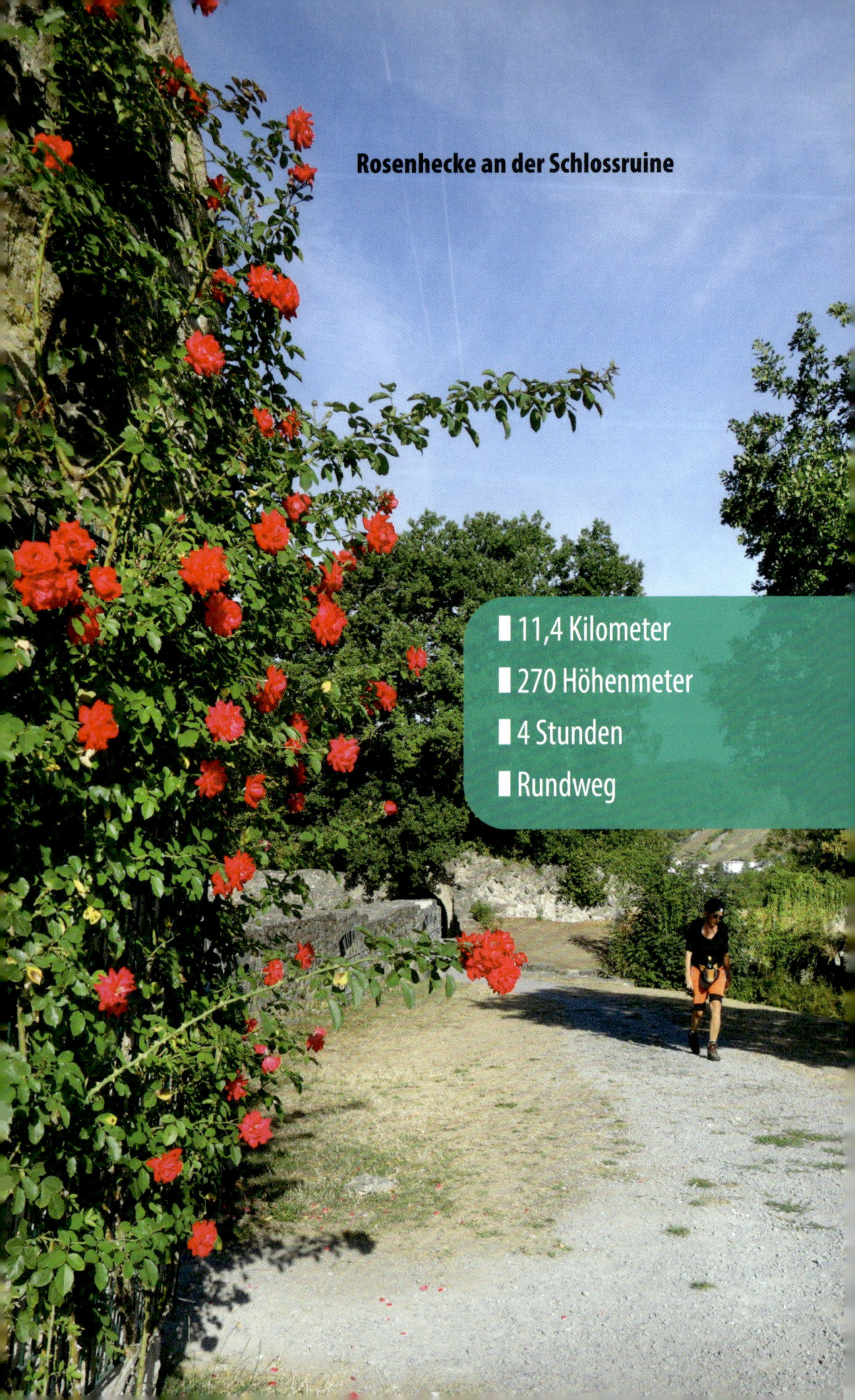
Rosenhecke an der Schlossruine

- 11,4 Kilometer
- 270 Höhenmeter
- 4 Stunden
- Rundweg

Heute geht es nach Forchtenberg. Die Wanderung führt uns von dem mittelalterlichen Städtchen ins wilde Kupferbachtal und ist wahrlich nicht nur eine spannende Zeitreise, sondern auch eine Tour, auf der wir durch schöne Landstriche streifen, romantische Pfade beschreiten und herrliche Wälder durchqueren. Sie bietet großartige Abwechslung und ist überaus reizvoll.

Neben der **Forchtenberger Kocherbrücke** am großen Parkplatz beim Busbahnhof brechen wir auf zu unserer historischen Tour. Zunächst gönnen wir uns in der **Ehmanns Backscheune** ❶ eine leckere Brezel auf die Hand, so fängt der Wandertag gleich richtig gut an. Vorbei an der **Winklers Weinstube** ❷ schreiten wir bei den Fahnenmasten hinauf und gelangen zum **Würzburger Tor** ❸.

*Das mittelalterliche **Forchtenberg** bietet viele Besucher-Highlights, darunter das Würzburger Stadttor, die gut erhaltene Stadtmauer, historische Türme, das alte Backhaus und die Schlossruine. Tipp: Genügend Zeit nach der Wandertour einplanen.*

Mittelalterflair

Forchtenberg und das Kupfertal

Errichtet wurde das Stadttor von Michael Kern II. um 1604. Es trägt den Spruch „Schwelle bin ich, Durchgang, Tor, Mensch bedenk's, stehst du davor: Wäg deine Schritte zu jeder Zeit, geh' ein und aus, doch geh bereit! Alles Werken, sagt dir Meister Kern, hat seine Zeit und seinen Herrn." Seit 2004 befindet sich hier die **Gedenkstätte von Sophie und Hans Scholl.**

Wir entdecken unser **gelbes Wegzeichen mit dem Symbol des Würzburger Tors** und wandern gemächlich vor dem Torbogen rechts an der alten Stadtmauer entlang in die Posaunengasse. Tief beeindruckt sind wir von den alten Fachwerkbauten, die oberhalb der Mauer zu sehen sind. Bald führt der Weg uns in die Altstadt und wir kommen zum alten Backhaus aus dem

*Sophie und Hans Scholl gehörten der Organisation **Weiße Rose** an, die gegen die Diktatur des Nationalsozialismus kämpfte. Dafür mussten die Geschwister mit ihrem Leben bezahlen.*

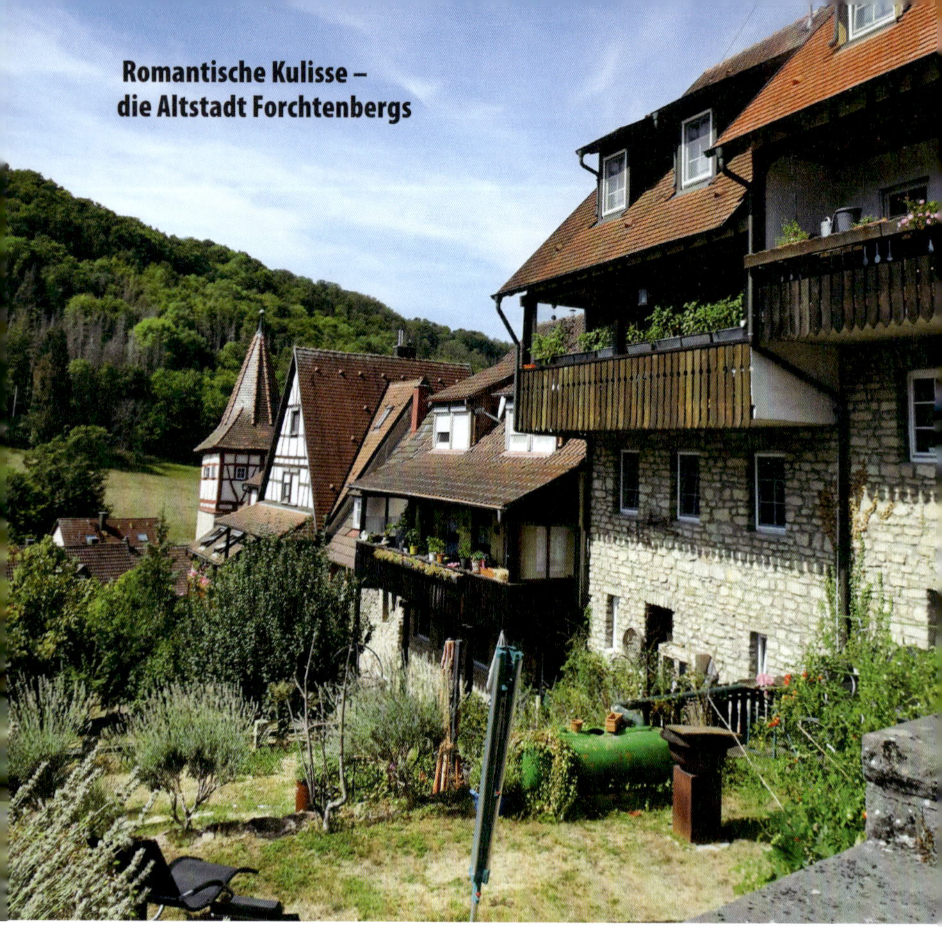

Romantische Kulisse – die Altstadt Forchtenbergs

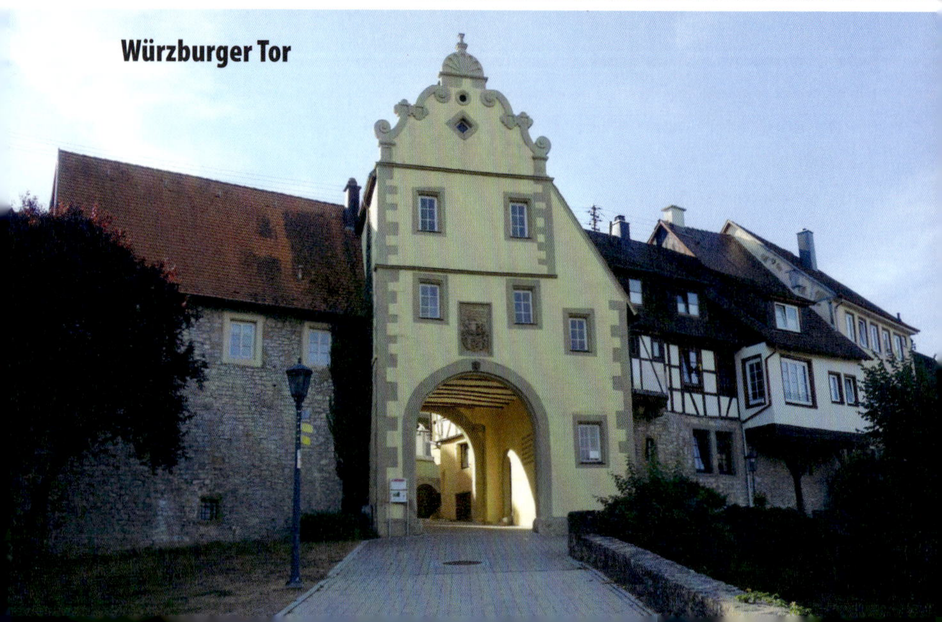

Würzburger Tor

Jahr 183, das an den Forchtenberger Uhrenturm angebaut wurde.

Nun gehen wir scharf links, vorbei am historischen **Stadtbrunnen,** der bis etwa 1899 die gesamte Stadt mit Wasser versorgte. Unsere Kamera läuft heiß, vor lauter Eindrücken wissen wir gar nicht, was wir zuerst fotografieren sollen. Jetzt gehen wir die Hauptstraße hinauf und sehen das arkadenverzierte Rathaus, das aus dem Jahr 1723 stammt. Gegenüber dem Prachtbau führen uns Stufen hinauf zur **evangelischen Michaelskirche,** sie wurde als Schenkung der Grafen von 1300 an dieser Stelle erbaut. Kunstwerke aus mehreren Jahrhunderten schmücken ihren Innenraum. Geografisch liegt sie gleich unterhalb der Burgruine, zu der wir als Nächstes

*Das ehemalige Backhaus in Forchtenberg hat oben eine **Turmuhr.** Sie ist wohl die Älteste ihrer Art, denn bereits 1463 ist ihr ältestes Reparaturdatum bekundet. In Forchtenbergs Gassen lässt sich bis heute pures Mittelalterfeeling erleben.*

Für die Seele

Wir wandeln auf den Spuren der Gerechtigkeit und der Geschwister Sophie und Hans Scholl, die in Forchtenberg aufgewachsen sind.

hinaufwandern. Wir sind schon mächtig gespannt auf das alte Gemäuer und steigen euphorisch Meter um Meter nach oben. Als wir die **Schlossruine** ④ erreichen, fasziniert uns die Größe der Anlage, die eigentlich als Burg um 1234 fertiggestellt wurde, von Konrad von Dürrn. Sie hat eine interessante Geschichte. Vor allem der imposante Gewölbekeller ist 40 Meter lang, dort wurde einst der Weinzehnte eingelagert. 46 Stahlstufen führen zum Aussichtsturm hoch. Von oben können wir herrlich auf Forchtenberg hinabblicken, ganz so wie einst die hohen Herren. Jetzt sollte man eine Zeitkugel besitzen, um

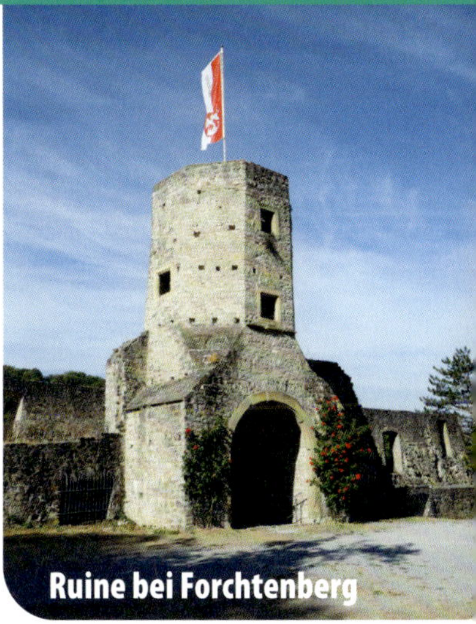

Ruine bei Forchtenberg

*Der gewaltige **Gewölbekeller** der Schlossruine beherbergte früher riesengroße Weinfässer.*

das bunte Treiben von damals in der Burganlage beobachten zu können, das wäre sicher sehr spannend.

Nach ausgiebiger Erkundung des Burggeländes verlassen wir diesen historischen Ort linksseitig und gehen den asphaltieren Weg hoch. Im Anstieg überqueren wir eine Straße und müssen erst einmal unsere ganzen kulturellen Eindrücke verarbeiten. Auf einem groben Schotterweg steigen wir weiter bergauf und gehen beim querenden Fahrweg rechts. Bald passieren wir die **Schiedhütte** mit ihrem Grillplatz, wo wir vor einem Wasserspeicher rechts abbiegen. Endlich lässt die Steigung nach und wir betreten den Wald. Uff, an heißen Tagen ein wahrer Segen. Wir genießen die friedliche Ruhe des Walds, die nur vom Singsang einiger Vögel durchtränkt ist. Beständig wandern wir jetzt geradeaus und genießen erst mal die naturnahe Waldatmosphäre, die uns hier umgibt. Kurz öffnet sich der Wald, nach einer Ackerlichtung und hinter einer Schranke betreten wir erneut den Forst. Der Bächbergweg leitet uns eben weiter und wir kommen schnellen Schrittes voran, bis wir am **Grill- und Rastplatz Kohlplattenwiese** ⑤ eine kurze Verschnaufpause einlegen können. Ein nettes Plätzchen.

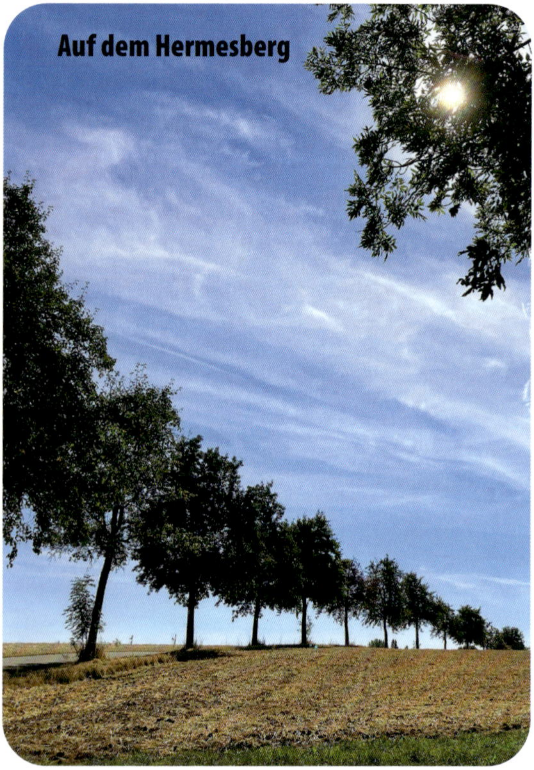

Auf dem Hermesberg

Frisch erholt biegen wir rechts ab, folgen dem Waldsträßchen und gehen kurz nach der Holzhütte (auf

365 Meter Höhe) halb rechts an der alten Eiche vorbei. Die sagenhafte Wanderung führt uns am Waldrand entlang und wir blicken immer wieder aussichtsreich nach links auf Hermersberg mit seinem ehemaligen Jagdschloss, das sich allerdings in Privatbesitz befindet und nicht besichtigt werden kann. An der Kreuzung schreiten wir den linken der beiden Wege hinab zu einer Mehrfachkreuzung, an der wir dann unsere Richtung beibehalten. Neben einer tiefen Waldschneise geht es nun ins urige **Zimmerbachtal.** Wildromantisch und urwüchsig kommen wir voran und genießen das Glucksen und Sprudeln des Wassers.

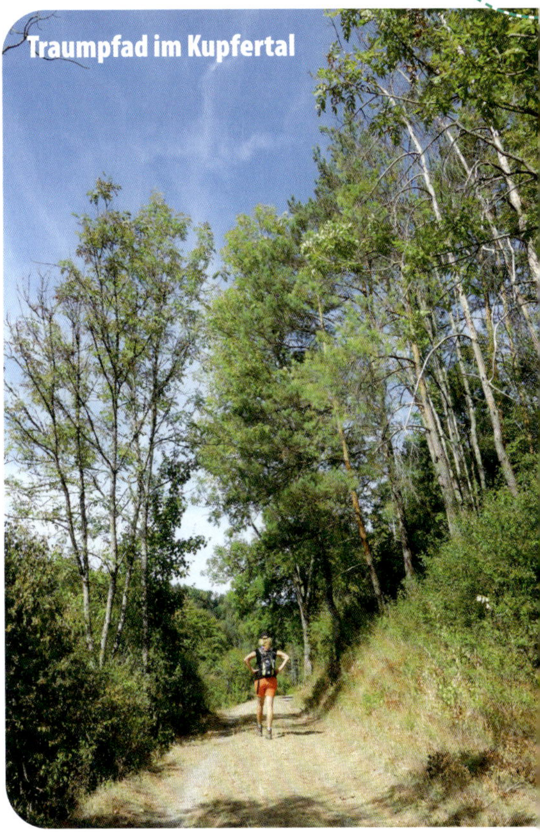
Traumpfad im Kupfertal

Beim **Rastplatz im Kupfertal** ❻ biegen wir rechts ab und gehen auf einem breiten Waldweg neben ein paar Felsen weiter. Ein wahres Naturerlebnis.

Gelöst und bester Stimmung geraten wir beinahe in einen meditativen Zustand, während sich unsere Füße fast wie von selbst bewegen. Der Alltag ist ganz weit weg, wir fühlen uns total gechillt. Hui, was raschelt denn da? Eine Eidechse huscht über den Weg, leider sieht man diese Reptilien immer seltener. Bei der Weggabelung bleiben wir auf dem unteren breiten Weg und halten uns wenig später rechts. Ein romantischer Pfad führt uns neben den **Herrenwiesen** im lichten Wald zu einem breiten Weg, dem wir weiter folgen. Gleich nach einem Taleinschnitt gehen wir halb rechts und genießen den Blick ins liebliche Kupfertal. Wie schön wäre es gewesen, jetzt direkt entlang der Kupfer zu wandern, doch auch der Weg an den Streuobstwiesen vorbei hat etwas Schönes. Bald schon tauchen die ersten Häuser von Forchtenberg auf. Dort nimmt uns die **Gradmannstraße** auf und nach 200 Metern wenden wir uns halb links der Michael-Kern-Straße zu. Oben auf dem Berg sehen wir abermals die Schlossruine aufragen.

Wieder in der Altstadt von Forchtenberg angelangt, gehen wir rechts zur **Schulstraße.** Über die Burgrain-Staffel geht es zur Hauptstraße hinunter und wir haben jetzt mehrere Einkehrmöglichkeiten, wie **Schwarzmannseder's Ochsengarten** ⑦. Vor dem **Stadt Café** ⑧ schreiten wir dann links auf den Ausgangspunkt unserer Tour zu, das Würzburger Tor.

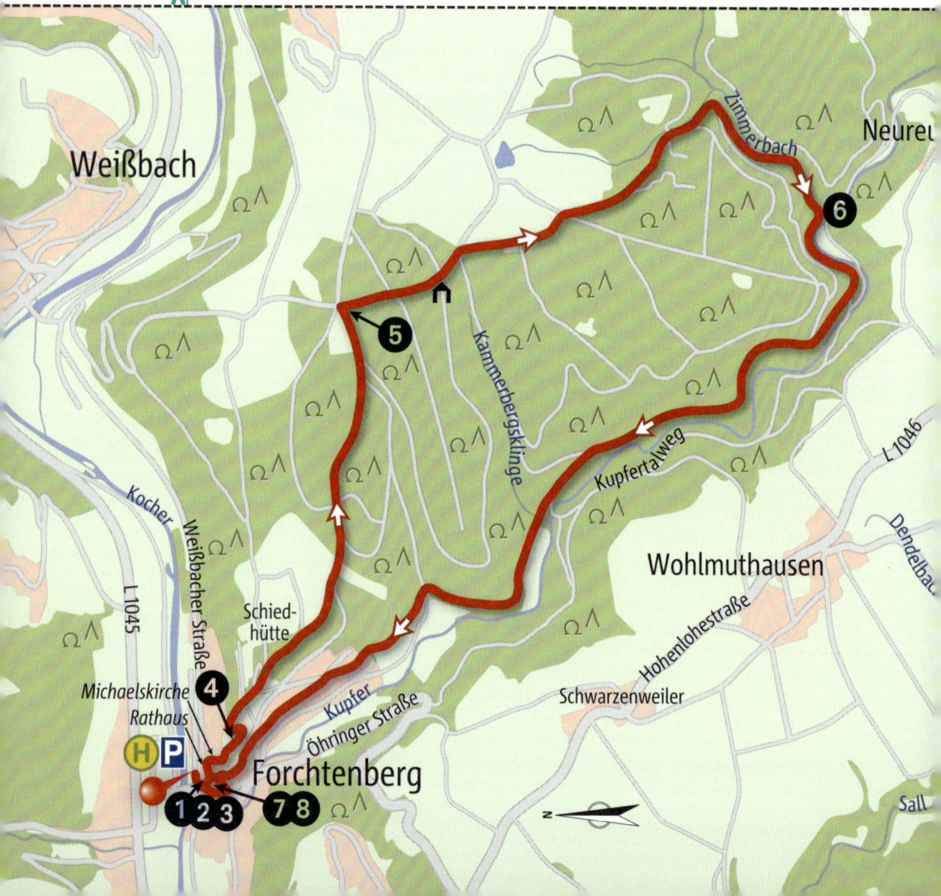

Alles auf einen Blick

WIE & WANN:
Die Wege sind durchweg sehr gut begehbar. Beste Wanderzeit von Ende März bis November.

HIN & WEG:
Auto: Anfahrt über die A81, Abfahrt 8, dann durch das Kochertal in Richtung Künzelsau und rechts über die Kocherbrücke nach Forchtenberg.
Parkplatz beim Busbahnhof, Bahnhofstraße, 74670 Forchtenberg
(GPS: 49.28975, 9.562583)
ÖPNV: Bus 4 von Öhringen, Bus 6 von Künzelsau oder Öhringen, Bus 8 von Bieringen bis Haltestelle Forchtenberg Brücke

Entspannung ✱✱✱✱✱
Genuss ✱✱✱✱✱
Romantik ✱✱✱✱✱

ESSEN & ENTSPANNEN:
Ehmanns Backscheune ❶ Bahnhofstraße 23, 74670 Forchtenberg, Tel. (0 79 47) 22 51
Winklers Weinstube ❷ Bahnhofstraße 25, 74670 Forchtenberg, Tel. (0 79 47) 3 66, www.winklers-weinstube.de
Schwarzmannseder's Ochsengarten ❼ Öhringer Straße 15, 74670 Forchtenberg, Tel. (0 79 47) 9 43 25 23, www.ochsengarten-restaurant.de
Stadt Café ❽ Hauptstraße 24, 74670 Forchtenberg, Tel. (0 79 47) 4 11 99 26

ENTDECKEN & ERLEBEN:
Würzburger Tor ❸
Schlossruine ❹
Grill- und Rastplatz Kohlplattenwiese ❺
Rastplatz im Kupfertal ❻

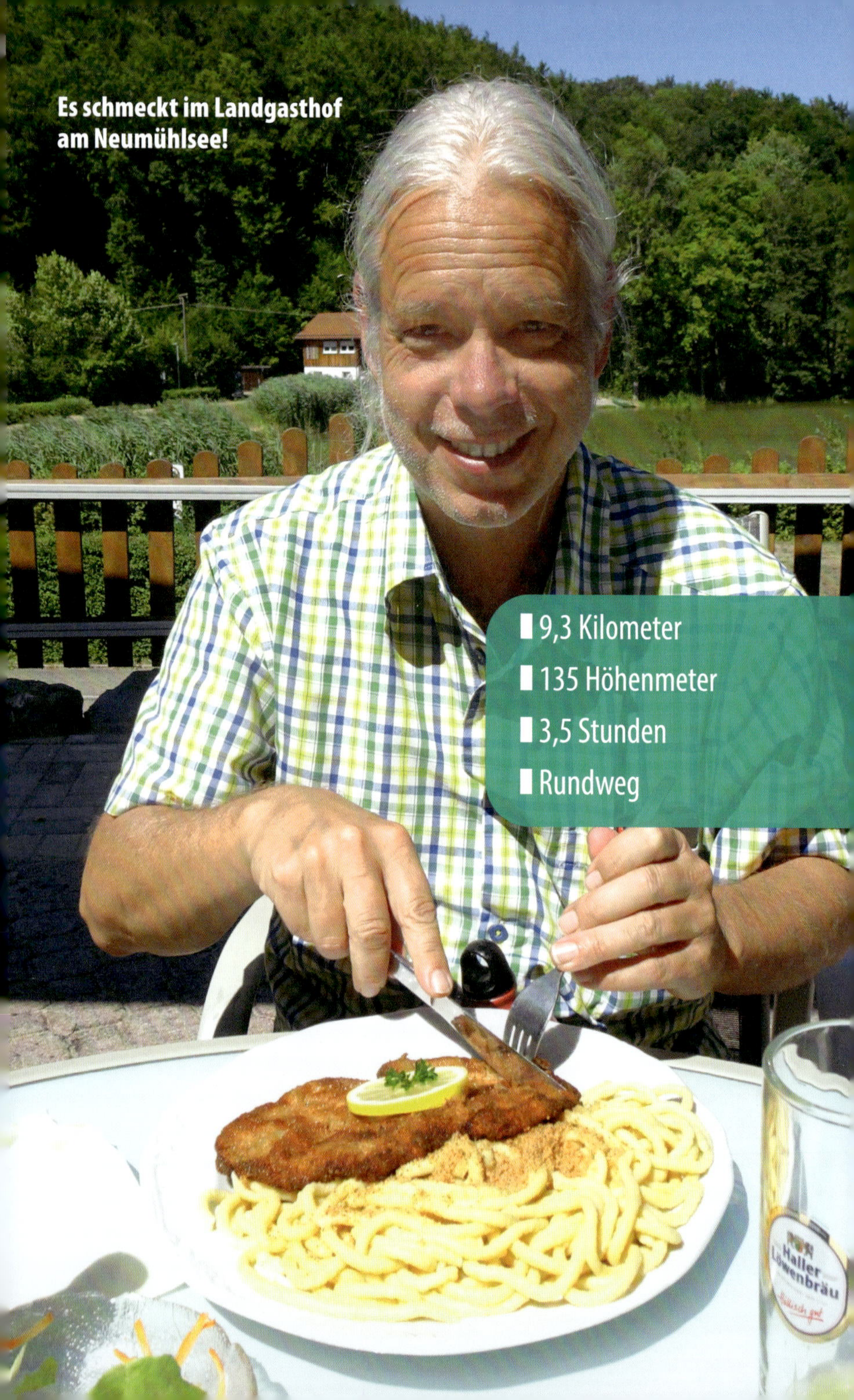

Es schmeckt im Landgasthof am Neumühlsee!

- 9,3 Kilometer
- 135 Höhenmeter
- 3,5 Stunden
- Rundweg

Wir sind schon voller Vorfreude, denn heute geht es nach Waldenburg. Nicht nur ein kultureller Hochgenuss steht auf dem Programm, sondern auch ein schöner Badesee. Vorsichtshalber haben wir schon einmal unsere Badesachen im Gepäck, denn vielleicht stürzen wir uns ja später noch in die Fluten oder kühlen zumindest unsere Füße.

Wir parken in Waldenburg am **Friedhof** und gehen über den Fußweg zur Hauptstraße. Dort führt uns die **eingekreiste 5** nach links und wir kommen an einer Bushaltestelle und einer Kapelle vorbei. Gegenüber von einem schmiedeeisernen Tor biegen wir rechts ab, verlassen bereits nach wenigen Schritten die Wohngegend und wandern in Richtung des stillen Biberstal bergab.

Mit Badespaß

Neumühlsee und Waldenburg

Der nette Weg schlängelt sich munter durch den Talgrund. Weite Wiesen und Weideflächen umgeben uns. Gemütlichen Schrittes erreichen wir bald den Wald und biegen dort rechts ab. Eine kühlende Brise weht uns sanft entgegen. Nach wenigen Schritten halten wir uns an der Abzweigung links und folgen dem schmalen Trampelpfad, der uns zwischen Wald und Weidezaun weiterführt.

Entspanntes Gehen ist ab jetzt angesagt und wir fühlen uns gleich schon eins mit dieser schönen Natur. Unsere Tour führt an einem kleinen **Privatweiher** vorbei, der verwunschen im ruhigen Wald liegt. Ein abenteuerlicher Waldpfad bringt uns auf einem erhabenen Erdwall bis zu einer Kreuzung, an der wir links abbie-

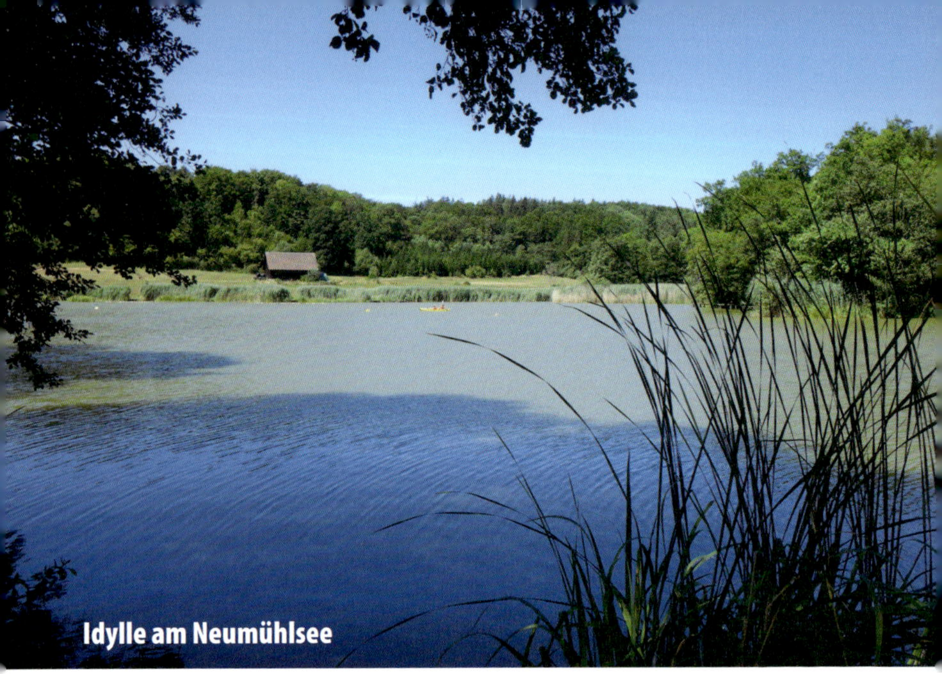

Idylle am Neumühlsee

An heißen Sommertagen lohnt es, Badekleidung und Handtuch in den Rucksack zu packen, denn der ***Neumühlsee*** *ist geradezu ideal für einen Badestopp. Es gibt einen hübschen Strand mit einer wunderschönen Liegewiese nebst Picknickplatz.*

gen. Bereits wenige Meter später wenden wir uns bei den kleinen Moosfelsen rechts. Pures Genusswandern können wir hier erleben, wir saugen die herrliche Naturenergie förmlich in uns auf, umgeben von Brombeerhecken, Brennnesseln, verschiedenen Heilkräutern, Mariendisteln und wildem Holunder, die hier alle unter optimalen Bedingungen gedeihen. Eine Oase der Ruhe und ein Paradies für Waldtiere umgibt uns. Es wird uns einmal mehr bewusst, wie gut Mutter Natur für ihre Bewohner sorgt. Wer jetzt aufmerksam ist, entdeckt linksseitig eine kleine **Waldschlucht.** Kurz danach erreichen wir einen dichten Nadelwald, der vor allem im Sommer angenehm nach Tannennadeln duftet. Links führt unsere Tour weiter und wir umwandern quasi das Nadelgehölz auf einem Grasweg. Das Schilf auf der linken Seite lässt erahnen, dass wir wasserreiches Gebiet erreicht haben. Bei der zweiten Möglichkeit biegen wir links ab und erkennen bald darauf den herrlich gelegenen **Neumühlsee** ❶**.**

Bei der Landstraße schwenken wir links und gehen dann an der **Fischerhütte** vorbei in Richtung der Uferpromenade. Spontan beschließen wir, uns auf der Aussichtsterrasse des **Landgasthofs am Neumühlsee** ② niederzulassen. Mit einzigartigem Blick auf den im Sonnenlicht glitzernden See genießen wir unser Mittagessen hier auf dem schönen Balkon und gönnen uns zum Abschluss noch einen Espresso, um uns nach ausgiebigem Mahl wieder in Schwung zu bringen. Anschließend schlendern wir mit Blick auf den Campingplatz am Uferweg entlang, streifen an einem Picknickplatz vorbei und verweilen noch etwas am See, um dieses einmalige Stimmungsbild genießen zu können. Die grüne Liegewiese bietet sich optimal für ein kurzes Sonnenbad und ein Mittagsschläfchen an.

Bevor wir uns wieder auf den Weg machen, kühlen wir uns im See ab, und dann geht es munter weiter.

Für die Seele

Ab in die Waldenburger Berge. Ein schöner See mitten in der Natur und Romantik auf dem „Balkon der Hohenlohe“ erfrischen die Seele.

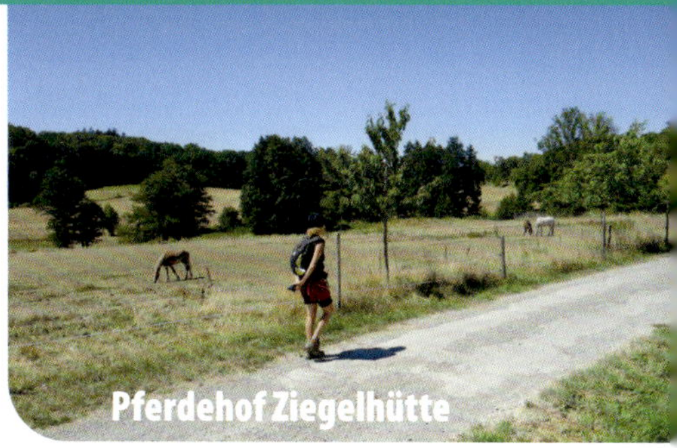

Pferdehof Ziegelhütte

Gleich nach dem See führt eine schmale Straße über den **Goldbach** und nach der S-Kurve biegen wir links in den Forstweg ab. Nochmals blicken wir zum Wasser, bleiben aber beständig auf dem breiten Weg, bis sich der Wald wieder öffnet. Am Waldrand haben wir noch einmal einen schönen Blick ins Biberstal, das wir vom Anfang dieser Wanderung bereits kennen. Neben einer Koppel führt unsere Tour entspannt zum **Pferdehof Ziegelhütte** ③. Hier verlassen wir die Markierung 5, gehen kurz rechts und folgen jetzt dem **blauen Punkt** links hinauf nach Waldenburg.

Waldenburg – *der aussichtsreiche „Balkon der Hohenlohe" – ist hoch auf den Berg gebaut, fast wie ein Adlerhorst. Das Zentrum steht ganz im Zeichen des Mittelalters. Auch für seinen Weihnachtsmarkt ist der Ort bis weit über die Region bekannt.*

Die Haller Straße führt uns zu einem schönen Aussichtsfenster und wir folgen jetzt beständig der Markierung mit dem **blauen Kreuz.** Nach einer Schule gelangen wir zur Hauptstraße, der wir nach rechts folgen. So erreichen wir die historische Altstadt sowie den Lindenplatz und gehen dann am 1490 erbauten **Nachtwächterturm** vorbei. Selbst der Blick neben dem Turm von der Brücke hinunter ist so faszinierend, dass man fast vermuten könnte, in Bella Italia an einem Aussichtsbalkon eines mittelalterlichen Dorfs zu stehen und zum Meer hinauszublicken. Vis-à-vis führt der weitere Weg am **Lachnersturm** vorbei. Er stammt aus dem 12 Jahrhundert und ragt nur einige Meter vom **Bergfried Hotel und Restaurant** ④ entfernt auf. Der 33 Meter hohe Hochwächterturm aus der Stauferzeit ist ein lohnenswerter Abstecher, denn er bietet die höchste Aussicht hier. Auf rund 100 schmalen Stufen kann man ihn erklimmen – und die tolle Aussicht, die weit in die Hohenlohe reicht, entschädigt für die Anstrengung. Bei gutem Wetter blickt man sogar bis in den Odenwald oder zur Frankenhöhe. Benannt ist der Turm nach einer Wächterfamilie aus der Zeit um 1750.

Unsere Tour führt weiter durch die Altstadt und wir kommen an der **evangelischen Stadtkirche St. Ägidien**

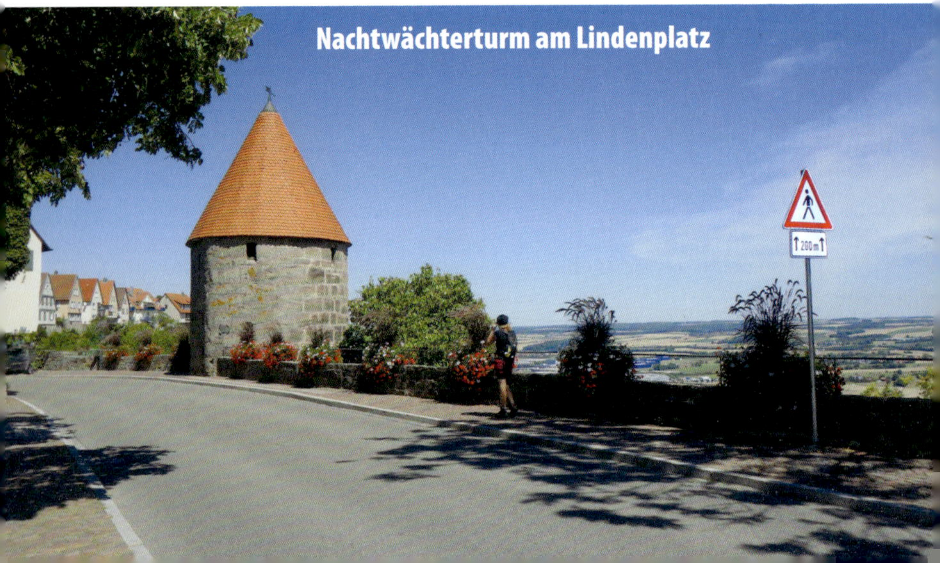

Nachtwächterturm am Lindenplatz

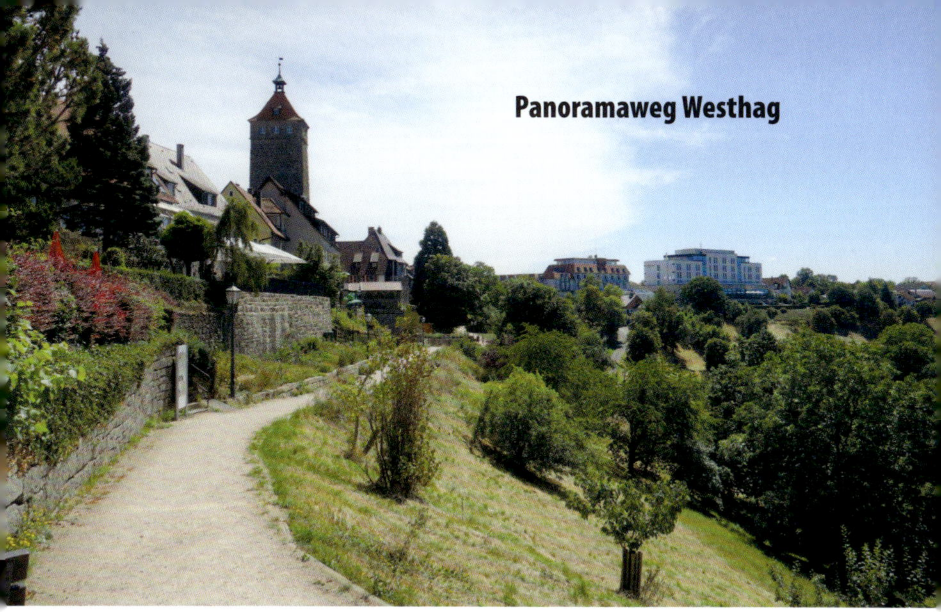

vorbei, die im Renaissancestil erbaut wurde. Am Marktplatz geht es in die Fußgängerzone der Schlossstraße, die uns auf direktem Weg zum **Waldenburger Schloss** ❺ bringt. Die herrliche Schlosskirche kann man besichtigen und im Schlosshof blicken wir hinab in den 65 Meter tiefen Brunnenschacht, der aus dem 15. Jahrhundert stammt. Um jetzt zum berühmt-berüchtigten **Aussichtsbalkon der Hohenlohe** ❻ zu gelangen, verlassen wir das Schloss wieder und gehen links zum **Zimmerplatz.** Auf Pflastersteinen gehen wir an einer Schneiderei vorbei und überqueren beim **Alte Bastei Restaurant** ❼ die Hauptstraße. Der Rundweg Westhag führt als Panoramaweg neben dem Stadtrand wieder zum Lindenplatz zurück.

Kurz schreiten wir rechts entlang der Hauptstraße, dann zweigt rechts der Höhenrandweg zum **Bistrorante Bergstüble** ❽ ab. Dort können wir einkehren. Unterhalb navigiert ein schöner Weg am **Panoramahotel** vorbei zum aussichtsreichen Fußweg. Immer wieder können wir atemberaubende Bilderbuch-Ausblicke genießen, wenn wir zurückschauen. Ein Foto jagt das andere. Tief beeindruckt von der herrlichen Lage führt uns der Weg jetzt an ein **Wildgehege.** Einmal noch erhaschen wir einen Blick auf die stattliche

Verwöhntour 10

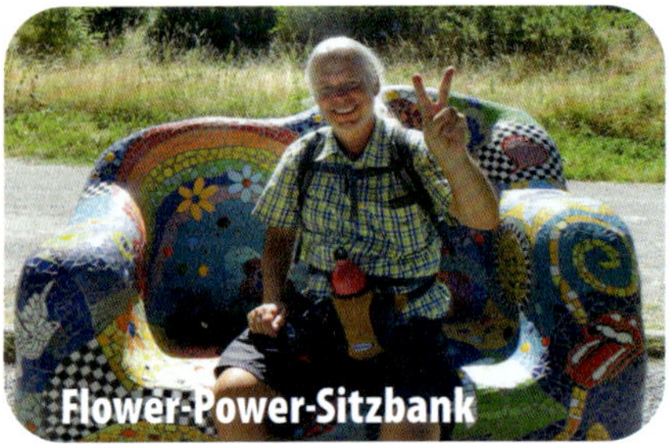
Flower-Power-Sitzbank

Fassade von Waldenburg, bis uns der Panoramaweg zum Parkplatzes leitet und wir kurz vor unserem Ziel auf der steinernen **Flower-Power-Sitzbank** ein verdientes Päuschen einlegen. Verrückt und überaus beachtlich – die Bank wurde aus Tausenden Mosaiksteinen liebevoll im Hippiestyle verziert, einfach gigantisch. Von hier aus geht es links und bald darauf erreichen wir unseren Ausgangspunkt.

Eine schöne Wanderung durch eine tolle Gegend mit sehr viel Charme, erfrischender Abwechslung am See und Wohlfühlflair vor der historischen Kulisse von Waldenburg!

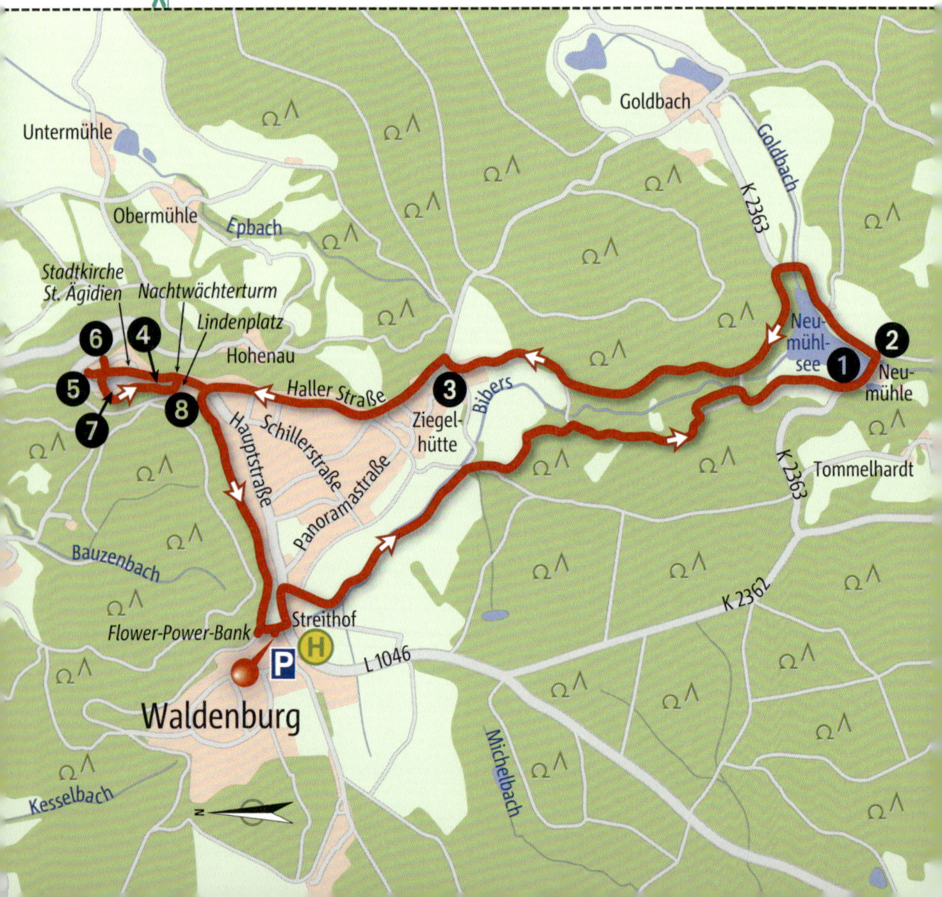

Alles auf einen Blick

WIE & WANN:
Leichte Genusswanderung auf Waldpfaden und Wegen, im Stadtgebiet auf Asphalt und Pflasterstein. Beste Wanderzeit von April bis November.

HIN & WEG:
Auto: A6 Abfahrt 42, dann B19 und die Landstraße hinauf nach Waldenburg.
Parkplatz gegenüber Streithof 15 (am Friedhof), 74638 Waldenburg
(GPS: 49.184167, 9.629333)
ÖPNV: Bus 7 von Künzelsau bis Haltestelle Waldenburg Friedhof

ESSEN & ENTSPANNEN:
Landgasthof am Neumühlsee ❷ Neumühle 3, 74638 Waldenburg,
www.neumuehlseecamping.de

Entspannung ✱✱✱✱✱
Genuss ✱✱✱✱✱
Romantik ✱✱✱✱✱

Bergfried Hotel und Restaurant ❹ Hauptstraße 30, 74638 Waldenburg,
Tel. (0 79 42) 9 14 00, www.hotel-bergfried.com
Alte Bastei Restaurant ❼ Hauptstraße 4, 74638 Waldenburg,
Tel. (0 79 42) 6 72 99 43, www.altebasteirestaurant.com
Bistrorante Bergstüble ❽ Roter Weg 3, 74638 Waldenburg,
Tel. (0 79 42) 34 50, www.bergstueble-waldenburg.de

ENTDECKEN & ERLEBEN:
Neumühlsee ❶
Pferdehof Ziegelhütte ❸
Waldenburger Schloss ❺
Aussichtsbalkon der Hohenlohe ❻

Angusrinder in Eschenau

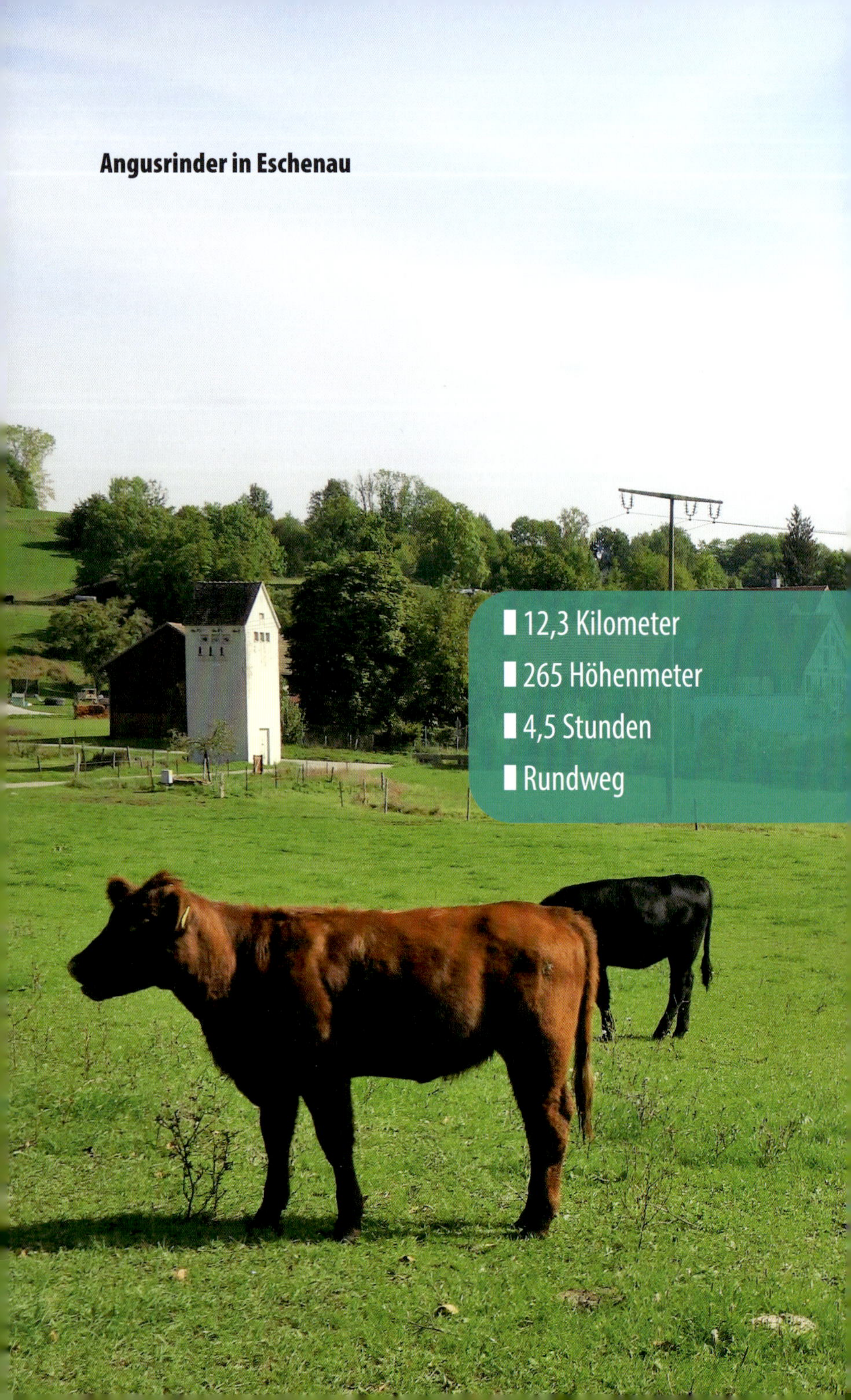

- 12,3 Kilometer
- 265 Höhenmeter
- 4,5 Stunden
- Rundweg

Wildromantisch

Rund um Vellberg

Die abwechslungsreiche Tour führt durch einen faszinierenden Landstrich: Nicht nur Kräuter und Beeren können wir entdecken, sondern wir wandern über einsame Pfade, durch heimatliche Dörfer, traumhafte Auenlandschaften, urwüchsige Täler und entlang weitläufiger Agrarfläche. Und damit nicht genug, denn das malerische Vellberg wartet mit seinem mittelalterlichen Charme auf uns: Es thront hoch oben und in einzigartiger Kulisse.

Los geht es im Vellberger Teilort **Talheim,** wir stellen unser Auto in der Straße **In den Sportanlagen** ab und gehen so, wie wir mit dem Auto angekommen sind, zurück bis zur Bushaltestelle. Dort durchqueren wir die Eisenbahnunterführung und folgen der **lila WK-Markierung,** die uns als Orientierung dient. Bald schon reicht der Blick weit in das überaus schöne ländliche Umland. „Kräuter und Beeren am Wegesrand" heißt dieser Bühlertal-Themenrundwanderweg, und das klingt vielversprechend. Gleich dürfen sich unsere Geruchsorgane davon überzeugen, denn Kräuterduft steigt aus den frisch gemähten Wiesen. Beim Schilderbaum am **Rappoldsgrund** folgen wir dem Schotterweg umgeben von Bäumen und Hecken hinab, dabei begleitet uns ein kleiner plätschernder Wasserlauf. Nicht nur Schlehen, sondern auch Hagebutten und Haselnusssträucher wachsen zuhauf am Wegesrand. Von einer Sitzbank erblicken wir einige Kühe, die im Talgrund auf einer gro-

***Vellberg** ist die einzig erhaltene Trutzveste im nördlichen Württemberg. Heute wohnen in der Kleinstadt und ihren dazugehörenden Teilorten etwa 4300 Menschen.*

ßen Weide mitten in herrlicher Natur ihr Dasein genießen.

Wir sind in allerbester Wanderlaune und erfreuen uns an dem gemütlichen Abstieg in das friedliche, malerische Tal. Hier erreichen wir den ehemaligen Weiler **Rappolden ①.** Eine alte Sägemühle und mehrere Gebäude sollen dort einst gestanden haben. 1986 stürzte das Baudenkmal zusammen, das ursprünglich von 1362 stammte. Heute steht nur noch eine alte Scheune als Zeuge der Vergangenheit an diesem lieblich schönen Platz, der fast wie aus einem Werbeprospekt wirkt.

Wir kreuzen die **Bühler** und steigen auf dem breiten Weg bergan. Dabei achten wir auf den abzweigenden Graspfad und wenden uns am Ackerrand scharf links. Wir streifen Holunder, Hagebutten und Eichen, die neben uns wild wachsen. Oberhalb der Bühler folgen wir dem schmalen Naturpfad, der uns alsbald wildromantisch durch ein urwüchsiges Wäldchen bringt. Beim Abzweig Grubenäcker gelangen wir auf einen breiten Weg. Hier gedeihen in chaotischer Ordnung Brennnessel, Löwenzahn, Spitzwegerich und Klee, um nur ein

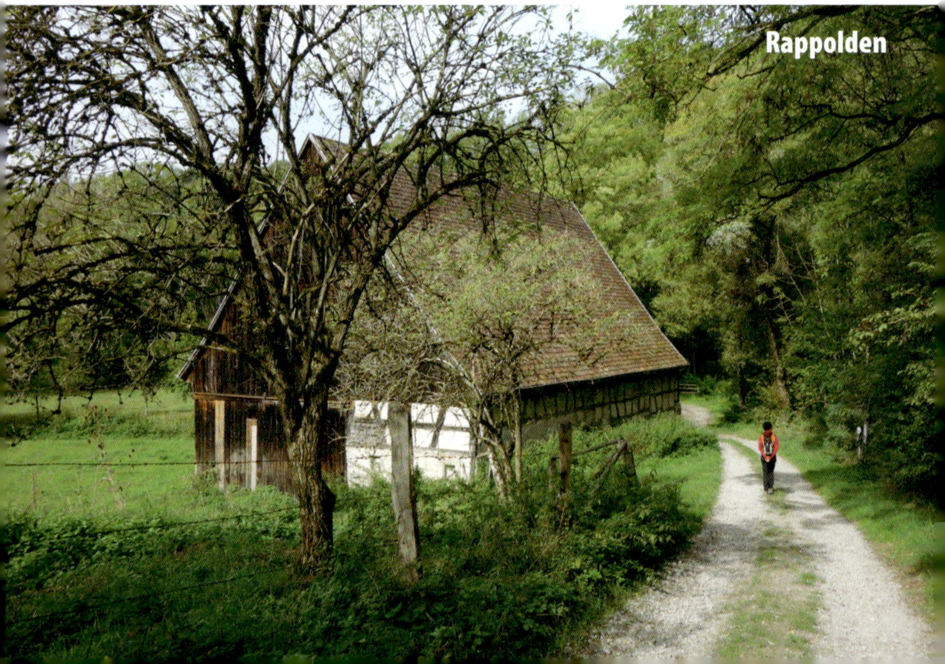
Rappolden

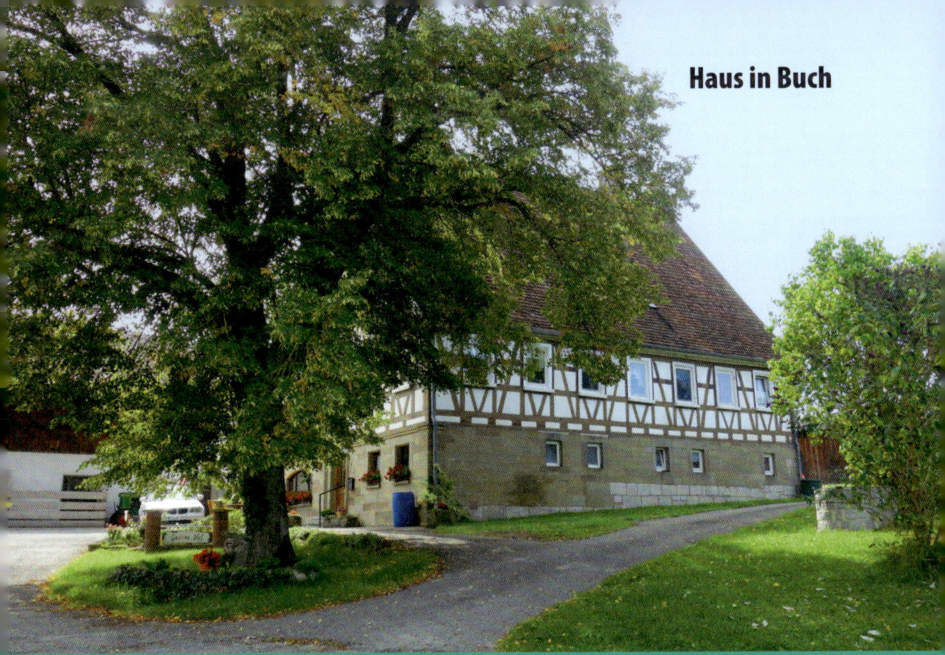

Haus in Buch

Für die Seele

Von duftenden Wiesenkräutern über Beeren bis hin zum Mittelalterflair von Vellberg – bei dieser Tour durch das Bühlertal klopft das Wanderherz vor Freude!

paar der Wiesenkräuter zu benennen. Weiter oben genießen wir einen weitläufigen Ausblick, der von einem **Steinbruch** dominiert wird. Im weiteren Verlauf queren wir eine Landstraße, die uns bald über eine Eisenbahnbrücke führt, und kurz darauf erreichen wir das schnuckelige, bäuerliche Dorf **Buch ②.** Dort passieren wir mehrere landwirtschaftliche Höfe und gelangen rechts zu einer **Sitzbank** mit dem schwäbischen Wort *dohoggadiadiaemmerdohogga,* was auf Hochdeutsch bedeutet: „Hier sitzen die, die immer hier sitzen."

Beim **Pferdehof** wenden wir uns links und verlassen den schönen Ort, der durchaus Heimatgefühle erwecken kann. Wir folgen der Markierung und weite Agrarflächen bestimmen das Landschaftsbild. Ein Feld-

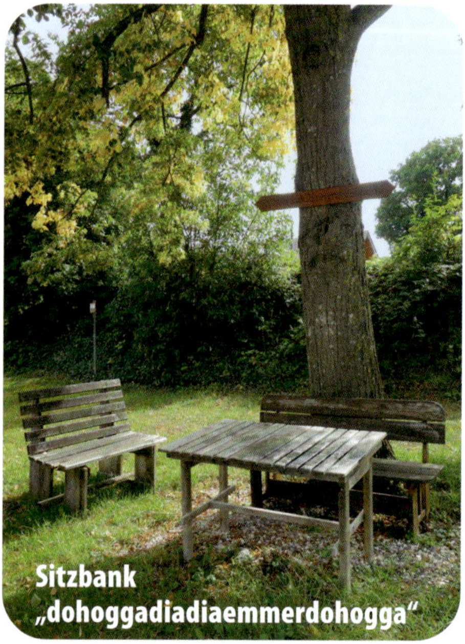
Sitzbank „dohoggadiadiaemmerdohogga“

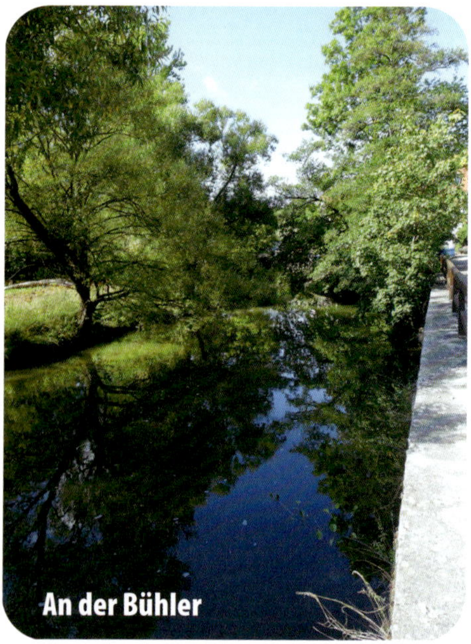
An der Bühler

weg leitet über eine Kuppe zu einer Landstraße bei den **Seewiesen,** wo wir die Straßenseite wechseln. Nun biegen wir links ab, entfernen uns flugs etwas von der Straße und wandern neben einem Graben zu einem Querweg. Kurze Zeit später gehen wir durch eine Unterführung und halten uns danach rechts. Bald schon zweigt links ein asphaltierter Weg in das idyllische Wiesental ab. Einfach nur schön, in solch einer Naturlandschaft macht das Wandern gleich doppelt Spaß. Wir bleiben im Steinbachtal, bis beim **Taubenloch** links ein Wiesenpfad abzweigt. Leider war jedoch der Taubenlochpfad wegen Sturmschäden gesperrt und wir folgen der Umleitung, die parallel zur Schlucht verläuft. Wir kommen an Gemüsegärten vorbei und der Weg leitet wunderschön in Richtung **Naturschutzgebiet,** das wir einige Zeit später erreichen.

Libellen schwirren umher. Wilde Waldromantik empfängt uns, einfach sagenhaft und unbeschreiblich schön queren wir die **Bühler ❸.** Im lauschigen Talgrund bietet sich an heißen Tagen ein idealer Platz für eine Auszeit. Ein himmlischer Flecken Erde. In einer Lichtung stehen Obstbäume und Trauerweiden. Eine Wiesenspur leitet

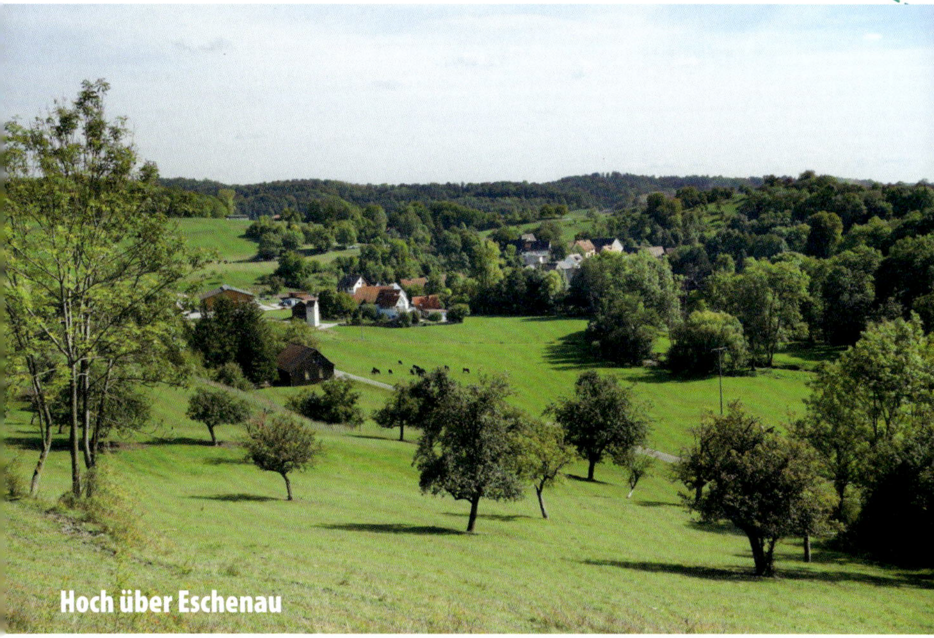

Hoch über Eschenau

uns zur nächsten Brücke. Wir kommen aus dem Staunen nicht heraus, während wir am Muschelkalkfelsabbruch entlanggehen. Eindrucksvoll und kurzweilig wandern wir durch den paradiesischen Taleinschnitt, der zwischen Bach und Kanal zu einer alten Sägemühle leitet. Natur in reinster Form erwartet uns. Vor dem plätschernden Bach grasen unterhalb des schroffen Muschelkalkfelsens ein paar Schafe und beobachten uns im Vorübergehen.

Dann erreichen wir das nette Dorf **Eschenau** ❹, gehen links und kommen an einem alten Brunnen und am **Restaurant Rose** ❺ vorbei. Vor der Bühlerbrücke biegen wir rechts ab zur **Vesperstube Zum Angus** ❻ und wandern anschließend an Rinderweiden vorbei. Ein wirklich schöner Ort! Wir achten darauf, den Fußweg nicht zu verpassen, der uns steil hinaufführt. Der grandiose Talblick auf Eschenau entschädigt für den mühevollen Aufstieg. Immer neue Perspektiven eröffnen sich und nicht nur wir, sondern auch unsere Kameras laufen auf Hochtouren. Ganz oben angekommen, bietet uns eine **Panoramasitzbank** die Möglichkeit einer kurzen Verschnaufpause und wir genießen den fantastischen Blick auf Vellberg. Erholt und voller Tatendrang laufen wir neben der Schönblickstraße auf dem Gehsteig in Richtung Talheim und passieren weitere Sitzbänke und einen kunstvollen **Bilderrahmen,** durch den wir ein Foto von der mittelalterlichen Stadt Vellberg mit ihrer gewaltigen Stadtmauer nebst Bastion, Türmen und Toren erhaschen können. Sehr eindrucksvoll und mächtig wirkt die Stadt schon von hier aus.

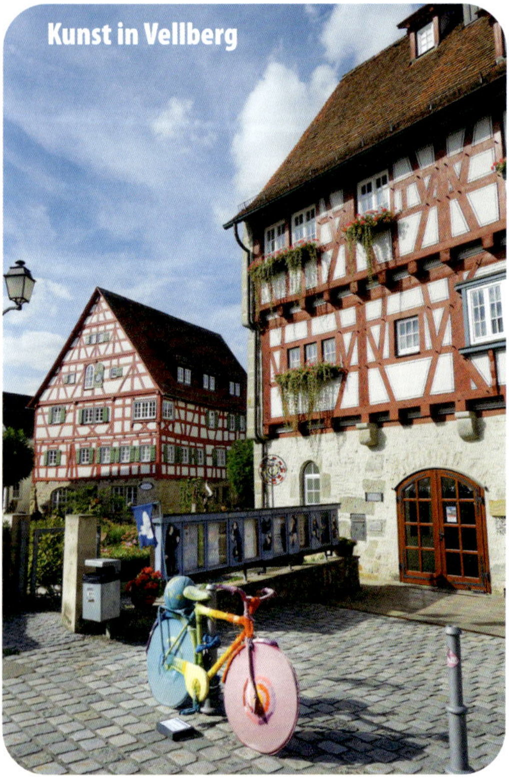

Kunst in Vellberg

Unser Weg biegt scharf links ab und bringt uns hinab in den Bühlergrund und am **Mineralfreibad 7** vorbei. Bevor wir den Treppenweg **Ins Städtle** hinaufgehen, queren wir erneut den Bach. Dann steigen wir weiter hoch und bekommen so langsam ein Bild von der mächtigen Stadtmauer – gewaltig. Die letzte Treppe bringt uns vollends nach **Vellberg 8** mit dem **Museumsgasthof Ochsen 9.**

Kunst und Kultur wird in der wunderschönen Kulisse der kleinen Stadt ***Vellberg*** *großgeschrieben. Hoch über dem Bühlertal, am Rand der Hohenloher Ebene zeigt sich das Mittelalter von seiner schönsten Seite.*

Ein tolles mittelalterliches Ambiente erwartet uns – mit gleich zwei Schlössern, alten Fachwerkhäusern, Türmen, Torbogen, dem historischen Marktplatz mit dem ehemaligen Weinbrunnen sowie einer Bastion und unterirdischen Wehrgängen, die aus dem 15./16. Jahrhundert stammen. Das Städtle hat einiges zu bieten und strahlt einen ganz besonderen Charme aus. Man spürt förmlich die Ruhe und Gelassenheit, die hier herrschen, ganz so, als wären die Uhren auf Entschleunigung gestellt. Beim alten Rathaus laufen wir vor der Tourist-Info rechts zum Treppenweg. Im **Hotel & Café Fachwerk ⑩** können wir bei leckerem hausgemachtem Kuchen eine Entspannungspause einlegen und das mittelalterliche Flair des Städtchens ausgiebig genießen.

Nach der süßen Rast geht es nach zwei Torbögen auf Treppenstufen hinab bis zur Fahrstraße. Dort setzen wir auf die andere Straßenseite über. Unsere Markierung leitet uns **Am Zwinger** hinab. Beim Wegepunkt Stöckenburg gehen wir dann links über die Brücke. Die Talstraße führt uns rechts, dann marschieren wir kurz hinauf zu einem Linksabzweig. Schon bald geht es talwärts und unten über den **Äulesbach,** dem wir entspannt folgen. Noch vor einem Zaun biegen wir nun rechts in einen schmalen Pfad ein und lassen bald die Zivilisation hinter uns. Entspannt plätschert die Bühler neben uns. Ach, wie schön es hier ist! Wir folgen dem ursprünglichen Pfad, während wir bewusst und mit allen Sinnen durch die urwüchsige Natur schlendern. Immer wieder staunen wir, wie fabelhaft unsere heutige Wanderung ist. Als wir das Tal verlassen, zweigt unser Weg noch zweimal rechts ab. Neben der Bahn führt uns der restliche Weg an einer Grillhütte und den Sportanlagen vor-

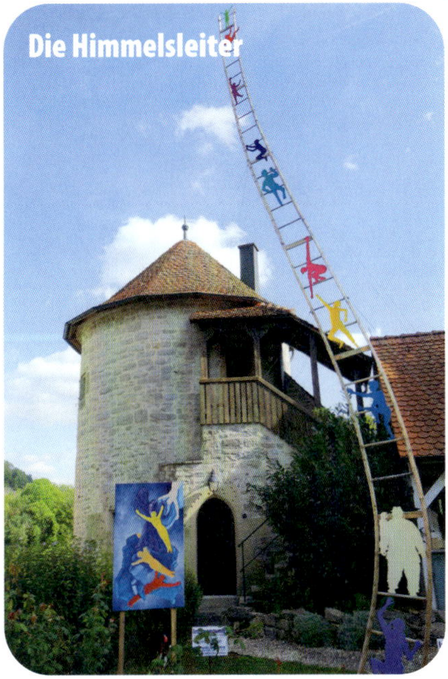
Die Himmelsleiter

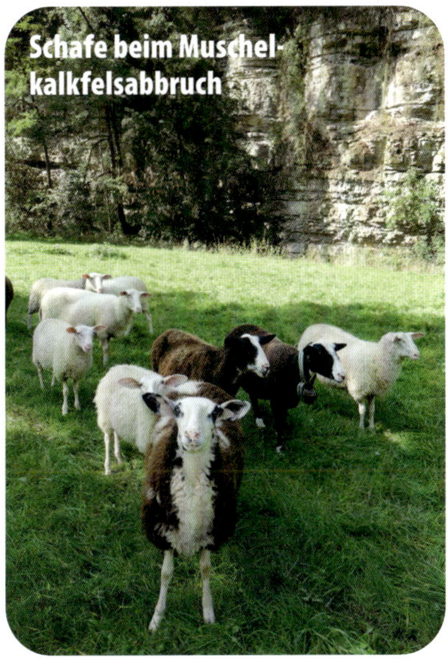
Schafe beim Muschelkalkfelsabbruch

Verwöhntour 11

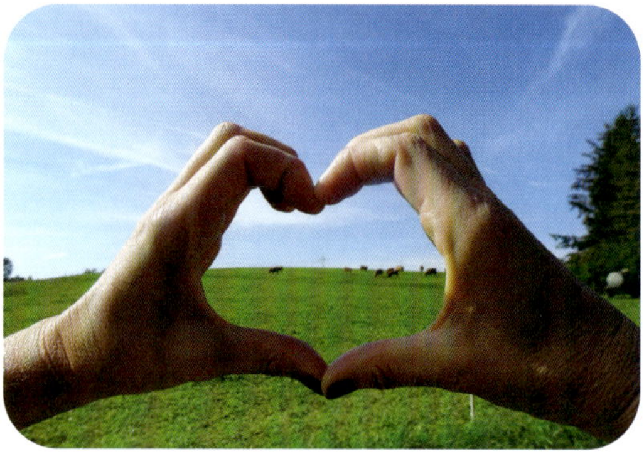

bei und so erreichen wir bald wieder unseren Parkplatz. Wer die griechische Küche schätzt, kann zuvor in der **Taverne Philippi** ⑪ einkehren.

Schön war's, eine überaus idyllische Wanderung, die alles vereint: himmlische und einzigartige Landschaft, Heimatgefühle, urige Dörfer und ganz viel Entschleunigung. Eine Tour die man durchaus mehrmals gehen kann.

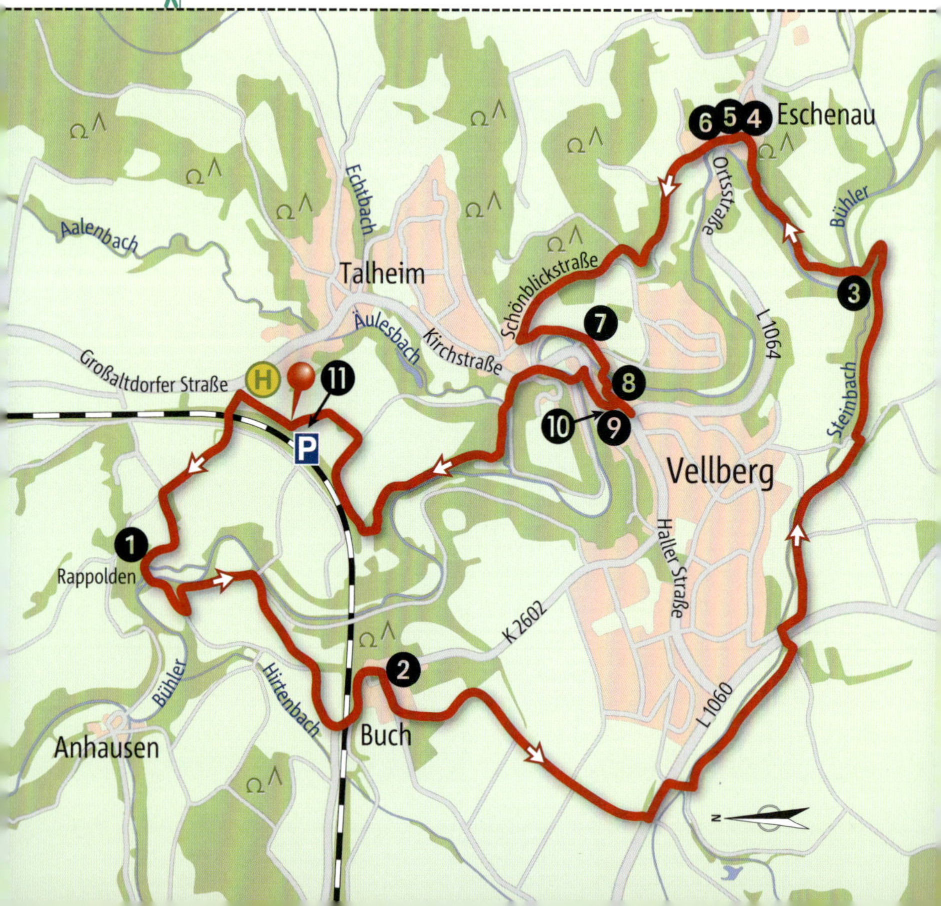

Alles auf einen Blick

WIE & WANN:
Der Taubenlochpfad war aufgrund Baumsturzgefahr gesperrt, aber eine parallel verlaufende Umleitung ausgeschildert. Der schmale Waldpfad vom Äulesbach zu den Sportanlagen erfordert konzentriertes Gehen. Beste Wanderzeit von März bis November.

HIN & WEG:
Auto: Anfahrt A6, Abfahrt 44 oder 45, Richtung Ilshofen und Vellberg.
Parkplatz, In den Sportanlagen 1, 74541 Vellberg (GPS: 49.098333, 9.8805)
ÖPNV: Bus 18 von Schwäbisch Hall oder Vellberg bis Haltestelle Talheim Sportplatz

ESSEN & ENTSPANNEN:
Restaurant Rose ❺ Ortsstraße 13, 74541 Vellberg-Eschenau,
Tel. (0 79 07) 22 94, www.eschenau-rose.de

Entspannung ✱✱✱✱✱
Genuss ✱✱✱✱✱
Romantik ✱✱✱✱✱

Vesperstube Zum Angus ❻ An der Bühler 8, 74541 Vellberg-Eschenau,
Tel. (0 79 07) 79 15, www.angus-buehlertal.de
Museumsgasthof Ochsen ❾ Im Städtle 3, 74541 Vellberg,
Tel. (01 60) 93 13 82 78, www.museumsgasthof.de
Hotel & Café Fachwerk ❿ Im Städtle 23, 74541 Vellberg,
Tel. (0 79 07) 5 88 01 74, www.hotel-cafe-fachwerk.de
Taverne Philippi ⓫ In den Sportanlagen 1, 74541 Vellberg-Talheim

ENTDECKEN & ERLEBEN:
Rappolden ❶
Buch ❷
Bühler ❸
Eschenau ❹
Mineralfreibad ❼
Vellberg ❽

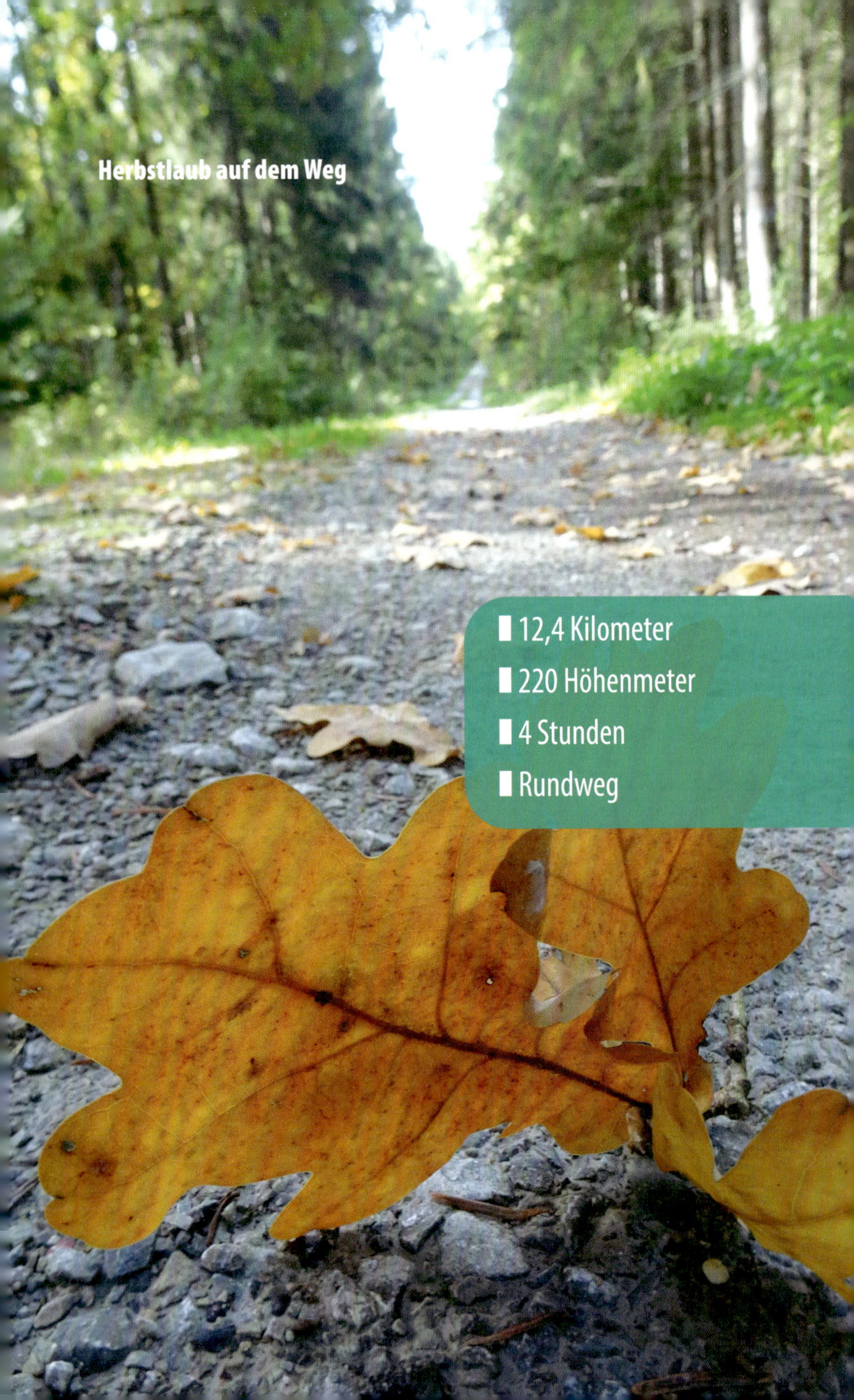

Herbstlaub auf dem Weg

- 12,4 Kilometer
- 220 Höhenmeter
- 4 Stunden
- Rundweg

Die heutige Tour ist eine attraktive Wanderung durch eine sagenhafte Naturlandschaft entlang der früheren Konfessionsgrenze zwischen Bühlertann (katholisch) und Obersontheim (evangelisch). Sie hat einen historischen Touch, der uns in die Vergangenheit der Schenken zu Limpurg führt. Ruhe, Stille sowie ganz viel Entspannung für Körper, Geist und Seele finden wir nicht nur in den Wäldern, sondern auch in der überaus schönen Landschaft dieser herrlichen Region.

In Bühlertann starten wir unsere Wanderung direkt neben dem Fluss Bühler, vom Pendlerparkplatz im **Lohmühlenweg.** Hier finden wir unsere heutige Orientierungsausschilderung, die **dunkelrote WG-Markierung,** die uns zur Kirchstraße sowie bei einem Treppenweg steil

Schon immer war Bühlertann durch die Katholische Kirche geprägt, 2022 haben sich die drei ***Kirchengemeinden*** *von Obersontheim, Untersontheim und Geifertshofen zur Evangelischen Kirchengemeinde Oberes Bühlertal zusammengeschlossen.*

Stimmungsvoll

Bühlertann und Obersontheim

hinaufleitet. Nach dem Kindergarten gehen wir links zur Schulstraße, die uns kurz darauf halb rechts in eine Sackgasse führt. Im Anstieg verlassen wir bald den Ort und wandern herrlich neben Wiesen und Weideflächen. Zurückblickend genießen wir den schönen Ausblick auf das Wohngebiet von Bühlertann. Dank toller Aussichten auf das weite Umland sind wir bester Stimmung, denn das ländliche Flair in dieser Gegend hat schon einen besonderen Reiz. Der asphaltierte Weg bringt uns auf eine landwirtschaftlich genutzte Hochfläche, die vor allem am frühen Morgen ein wunderschönes Stimmungsbild zeichnet, frei nach dem Motto: „Komm mit mir hinaus aufs Land, spür den Atem der Natur."

Bequem und kurzweilig geht es über die Ebene und wir genießen mit allen Sinnen die unterschiedlichen Farbschattierungen der Natur, die sich an spätsommerlichen Tagen besonders zeigen. Wir passieren den **Wasserhochbehälter Mahd ①.** Einige Minuten darauf biegen wir mit hübschem Blick auf die Vetterhöfe am Buchenschnab links in den Feldweg ab und wandern dem Wald entgegen. Dort nimmt uns ein breiter Forstweg auf und führt uns talwärts. Etwas weiter unten verlassen wir nun den Wald schon wieder und blicken dabei wunderschön über weite Wiesen mit Pferden. Am Himmel zieht ein Rotmilan seine weiten Kreise, einfach großartig dieser Anblick. Vor dem **Neuhof** mit seiner Koppel biegen wir nach links ab und kommen an eine Hecke voll mit roten Hagebutten, ein wahrer Augenschmaus. Im weiteren Verlauf geht es an einem **Hundesportplatz** vorbei und im nahen Talgrund kreuzen wir den idyllisch gelegenen **Nesselbach ②.** Bald schon passieren wir einige Holzscheunen in Richtung Obersontheim, das wirkt richtig urig. Total fasziniert von der schönen ländlichen Gegend kommen wir kurzweilig und schnell voran.

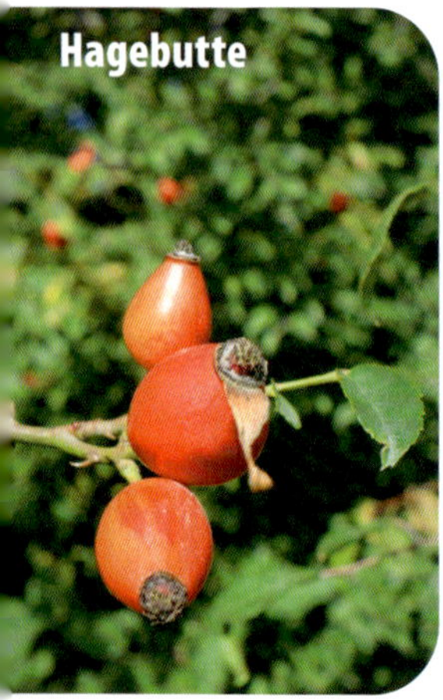
Hagebutte

Die **Färbersteige** leitet nun hinab ins Wohngebiet von Obersontheim und wir folgen der Straße beziehungsweise der Brücke über die Bühler. Dort erkennen wir im Fluss mehrere Entenfamilien, die wild herumschnattern, als wollten sie uns um Futter anbetteln. Nach der Brücke biegen wir rechts in die Hauptstraße

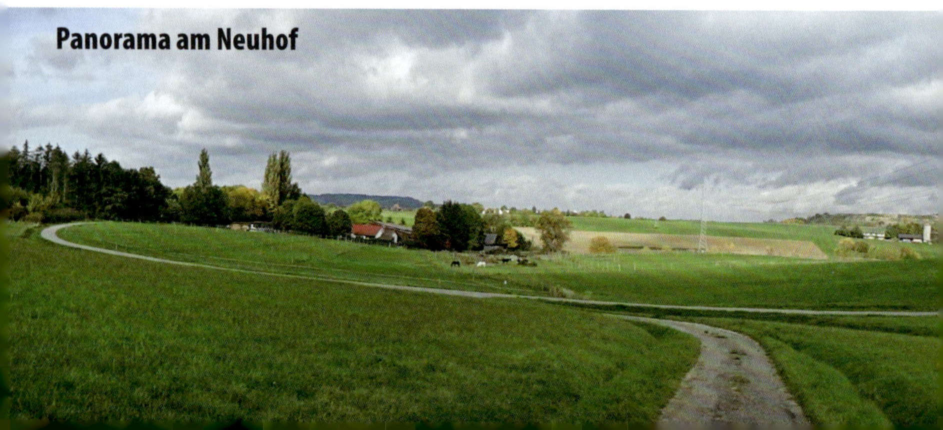
Panorama am Neuhof

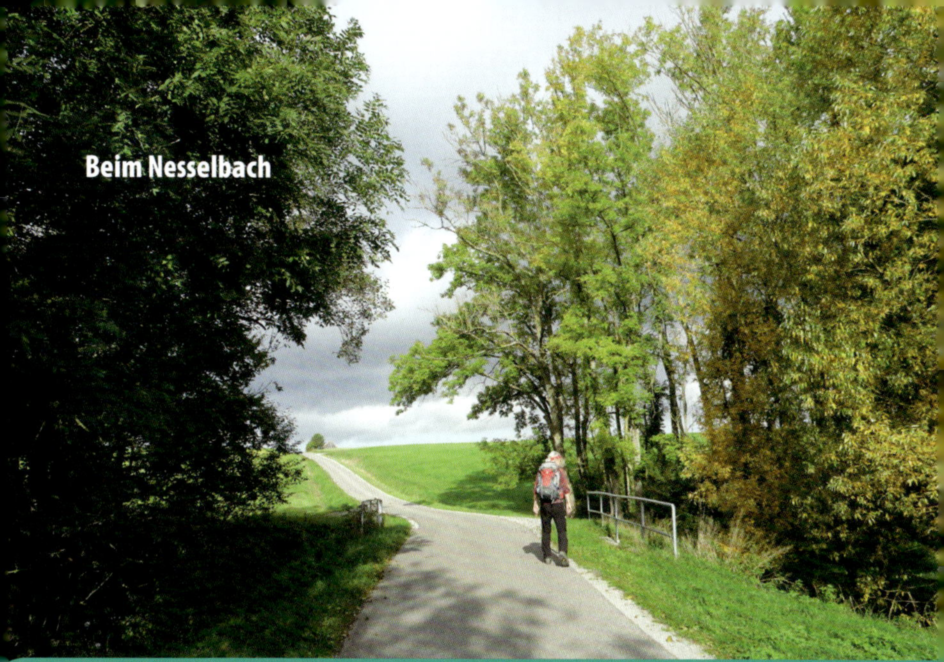

Beim Nesselbach

Für die Seele

Die schönsten Augenblicke dieser Wanderung um Bühlertann duften nach harzigem Wald und Wacholder. Die weiten Ausblicke behält man im Kopf und im Herzen.

ein, kommen am **Café Timeout** ❸ und am **Gasthaus Rössle** ❹ vorbei und erreichen kurz darauf den **Rathausplatz** ❺. Das imposante Rathausgebäude ist ein wahrer Blickfang und strahlt einen ganz besonderen Glanz aus. Auf jeden Fall lohnen sich der Besuch der **evangelischen**

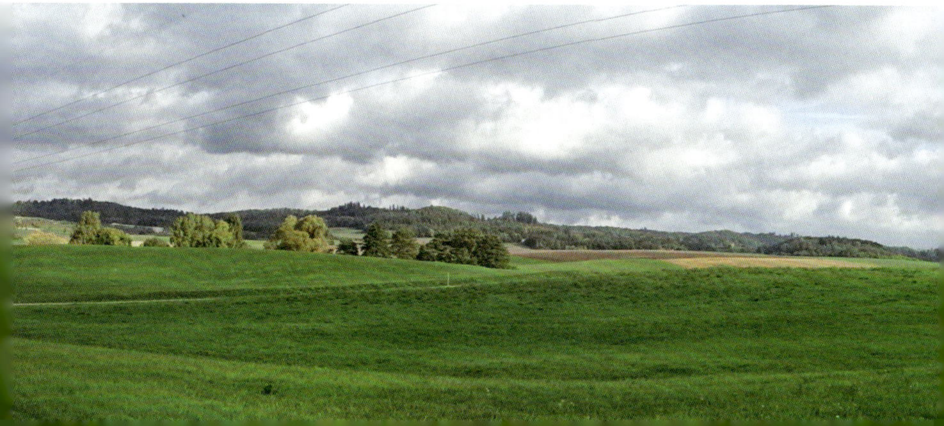

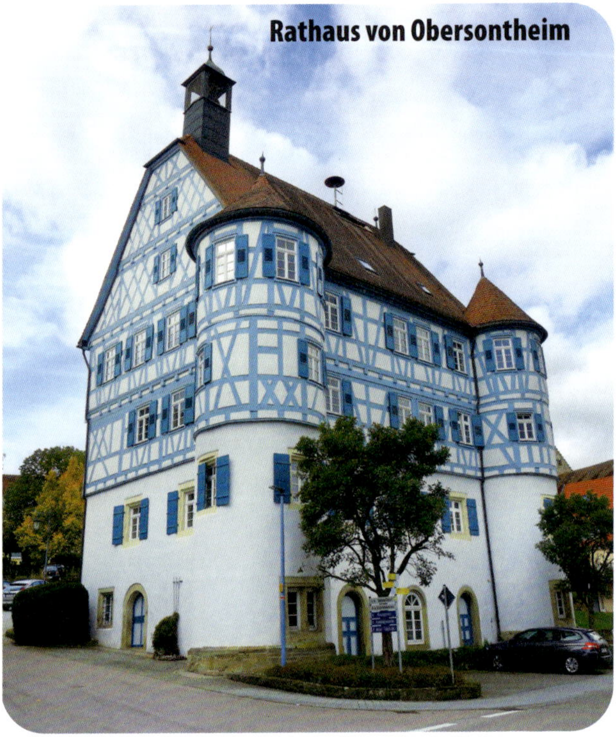

St. Cyriakus-Kirche und des **Schlosses.** Die Schenken von Limpurg, eine weitverzweigte schwäbisch-fränkische Adelsfamilie, bauten den historischen Ortskern auf. Sie waren maßgebend an den Amtshandlungen dieses Orts in der Zeit von 1541 bis 1713 beteiligt. Wunderschön, dieser Platz und eine großartige Kulisse für viele Bilder, die nun mit unserer Fotokamera entstehen.

Unterhalb des runden Schlossturms leitet uns die Markierung neben der Schlossmauer zum **Traditionsgasthaus Zum Ochsen ⑥.** Geradewegs folgen wir der Gaildorfer Straße bergan und biegen vor einem holzvertäfelten Haus halb rechts in den Ebbachweg ein. Schon bald lassen wir die Wohngegend hinter uns und gelangen durch ein Industriegebiet. Hier erkennen wir die Hallen der Firma Kärcher, die einen großen Anteil des

Industriegeländes in Anspruch nimmt. Beständig führt uns der Weg geradeaus an einer Landstraße vorbei, bis wir diese im Verlauf überqueren und erst links, dann rechts zur **Gipsmühle** weiterwandern. Dann genießen wir wieder die angenehme Ruhe sowie die ländliche Umgebung unterhalb eines Walds. Wir gehen am Hitzberg entlang und blicken über weite Wiesen. Hecken mit Schlehen, Hagebutten und Obstbäume säumen unseren Weg, der uns in den Wald bringt. Herrlich schimmert das Moos zwischen den Bäumen im güldenen Sonnenlicht. Es hat sich wie ein Teppich auf dem Waldboden ausgebreitet. Ab und an sprießen Pilze aus dem Boden und bereiten uns besondere Augenblicke.

An der **Frauenklinge** in 434 Meter Höhe verlassen wir den Forst und biegen an der T-Kreuzung links ab. Kurzweilig geht es an Wald und Hecken vorbei. Der Weg führt nun leicht bergan und wir dürfen kurz darauf den tollen Ausblick auf die sanfte Hügelkette am Horizont betrachten. So macht Wandern Laune! Über freies Feld geht es weiter mit wundervollem Blick auf Mittelfischach. In der Senke überqueren wir eine Landstraße und folgen unserer Markierung, die uns nach einem kleinen Anstieg zu einem Waldrand führt und an

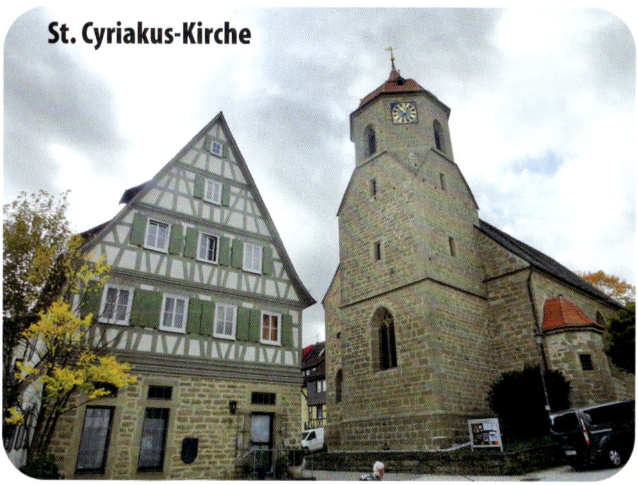
St. Cyriakus-Kirche

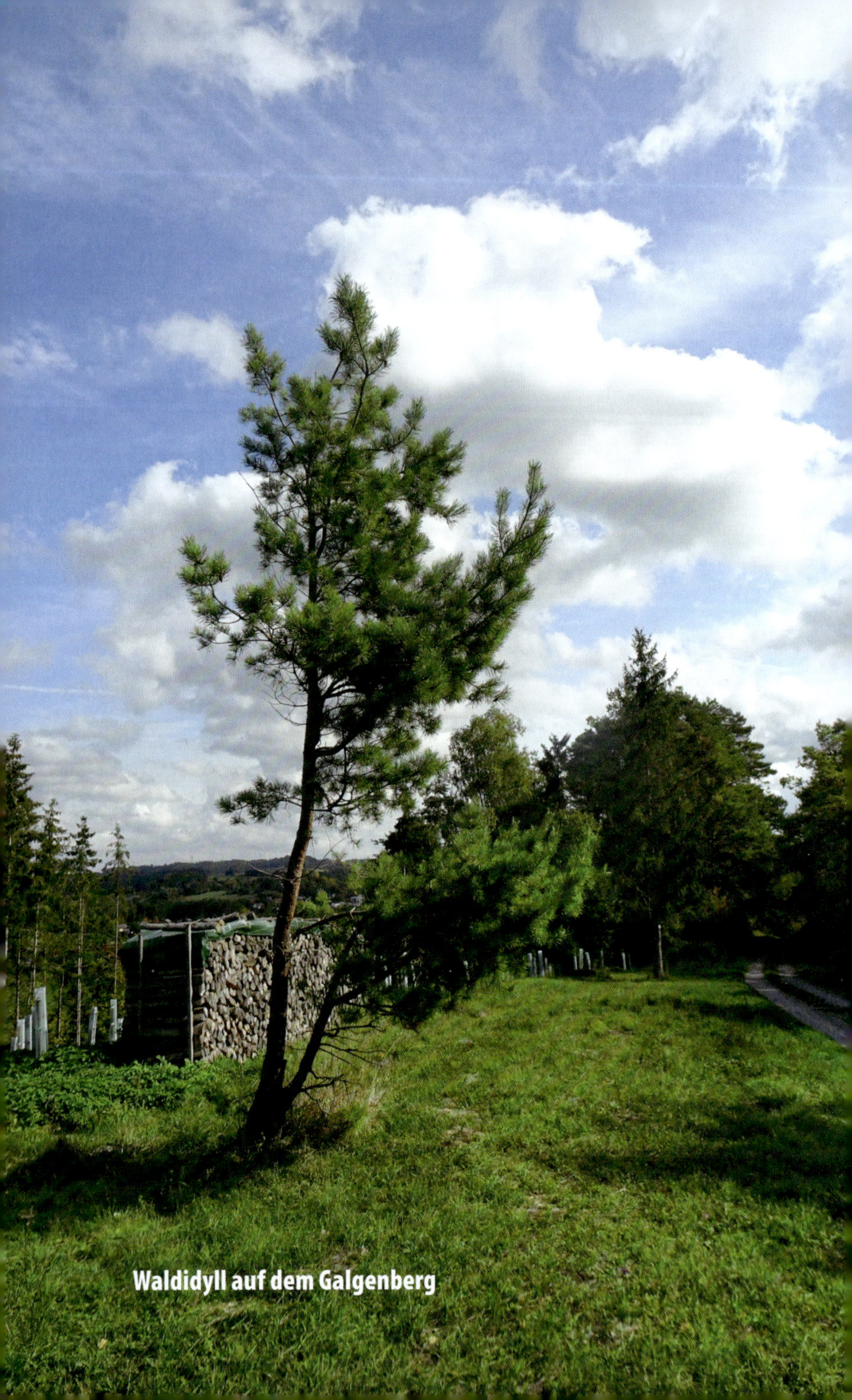

Waldidyll auf dem Galgenberg

landwirtschaftlich genutztem Ackerland vorbeileitet. Herzlich begrüßt uns ein Landwirt, der hier gerade Heu für sein Vieh drischt. Nun wandern wir über den **Tannenberg ⑦**, wo wir in den urigen Wald eintauchen. Das naturnahe Ökosystem bleibt größtenteils sich selbst überlassen. Einfach genial, welch einmalige Atmosphäre: Der Wald duftet nach erdig harziger Luft und versprüht nicht nur gesunde Botenstoffe, sondern auch seinen ganz individuellen Charme. Sobald wir den Wald verlassen, erhaschen wir immer wieder schöne Ausblicke von einem breiten Schotterweg aus, der uns gemütlichen Schritts Richtung Bühlertann leitet. Bald schon führt uns der Weg zu einer kleinen Heide mit einigen Wacholderbüschen.

__Wacholder__ wirkt antiviral und gegen Pilze sowie Bakterien. Die Beeren finden auch für Gin und Wacholderschnaps Verwendung.

Am **Naturdenkmal Galgenberg** soll sogar eine Gattung des Deutschen Enzians wachsen. Wir genießen den sagenhaften Blick, den wir von hier aus ins Tal haben. Dort unten erkennen wir eine große Rinderweidefläche, die fast schon das Ausmaß einer Ranch besitzt. Wir gehen weiter und passieren in Folge den schmucken Bauernhof. Ein paar Jungbullen stehen fast wie ein Begrüßungskomitee für uns bereit, jetzt sollte man sich in Tierkommunikation üben, dann könnte man in Erfahrung bringen, was die Tiere so über uns Menschen denken – vielleicht besser, man weiß es nicht. Der Galgenbergweg leitet uns kurzerhand nach Bühlertann. Wir biegen rechts in die Haller Straße und passieren die **katholische St. Gangolfskapelle.**

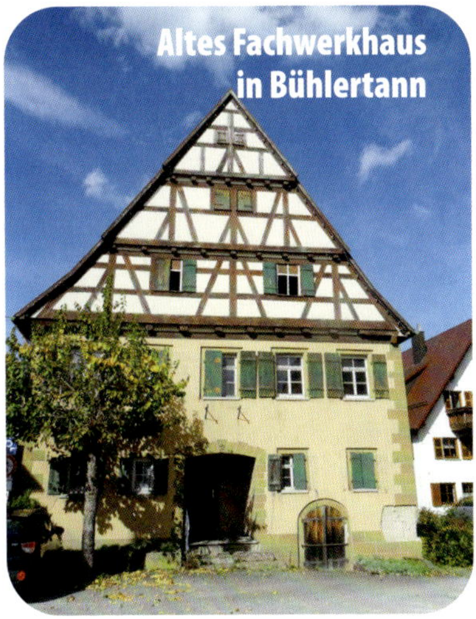
Altes Fachwerkhaus in Bühlertann

Weiter folgen wir unserer Ausschilderung und nähern uns dem **Zentrum von Bühlertann ⑧**. Nach dem **Gasthof zum Bären ⑨** gelangen wir zur zweiten katholischen Kirche des Orts, der **St. Georgs Kirche.** Gegenüber dem St. Georgplatz entdecken wir die **Handwerksbäckerei Mack ⑩** sowie den **Landgasthof zum Stern ⑪**. Hier ist

Die __St. Gangolfskapelle__ in Bühlertann ist eine ehemalige Wehrkirche der Fürstprobstei Ellwangen aus dem frühen 16. Jahrhundert. Sie besitzt eine historische Glocke von 1496. Der Turm mit Schießscharten stammt bereits aus dem 13. Jahrhundert.

Verwöhntour 12

man kulinarisch bestens versorgt und hat die Qual der Wahl.

*Im Bühlertanner **Landgasthof Stern** gibt es gleich mehrere vegetarische Gerichte zur Auswahl, vor allem der BLOOZ (Flammkuchen) ist besonders lecker!*

Zwischen Kirche und Rathaus wandern wir zur Pfarrstraße hinab, kommen am alten Schulhaus von 1906 vorbei und streifen das hiesige **Pfarramt.** Gleich neben dem Pfarrhaus folgen wir nun dem Fußweg zum Bühlersteg und gelangen jenseits des Wassers wieder zu unserem Ausgangspunkt zurück. Ein überaus schöner Wandertag geht zu Ende. Was nehmen wir mit? Ganz viel ländliche Eindrücke, schöne Ausblicke, ganz viel Erholung fernab von Hektik und Stress, die uns neue Kraft und viel Energie für kreative Projekte schenkt. Eins ist sicher, die herrliche Region um Bühlertann, werden wir sicher noch öfter besuchen!

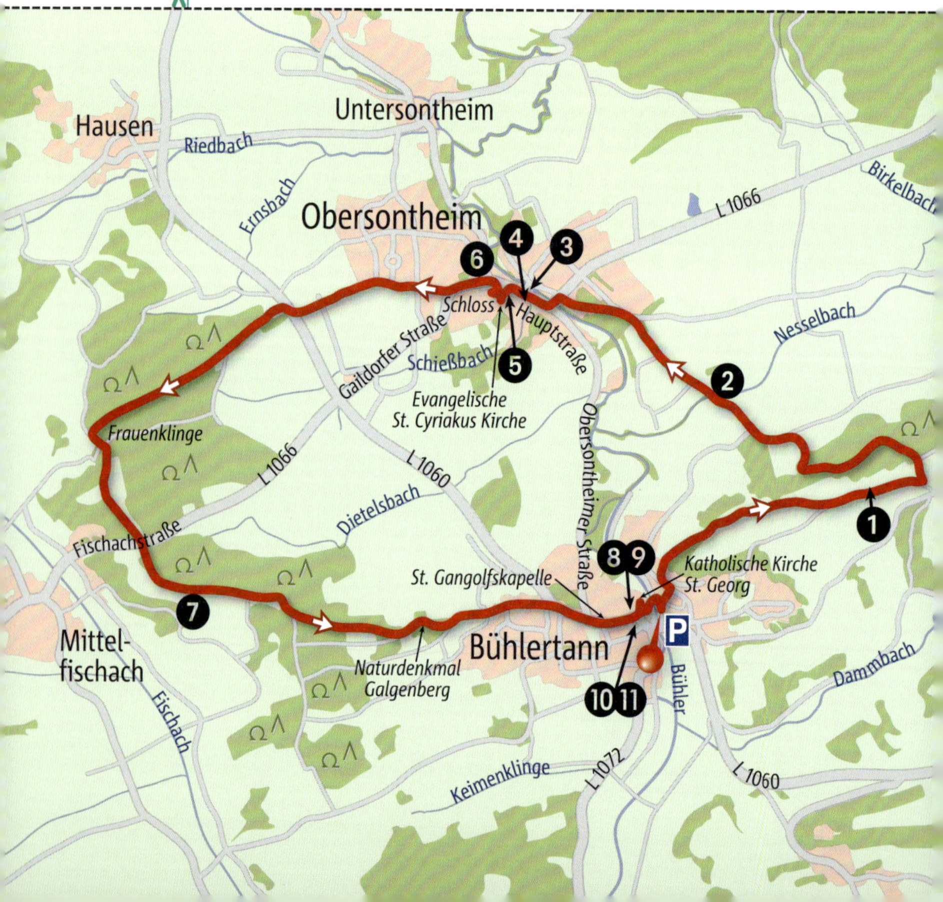

Alles auf einen Blick

WIE & WANN:

Die Wegbeschaffenheit ist durchweg sehr gut, aber man geht auch relativ viel auf festem Grund. Beste Wanderzeit von Februar bis Dezember, wenn schneefrei.

HIN & WEG

Auto: Anfahrt über die A6, Abfahrt 42, dann B19, über Schwäbisch Hall, Vellberg nach Bühlertann.
Pendlerparkplatz gleich nach der Bühlerbrücke links, Lohmühlenweg, 74424 Bühlertann (GPS: 49.041500, 9.910667)
ÖPNV: Bus 12, 13 von Schwäbisch Hall oder Vellberg, Bus 49 von Gaildorf bis Haltestelle Bühlertann Kirchplatz

ESSEN & ENTSPANNEN

Café Timeout ❸ Hauptstraße 27, 74423 Obersontheim, Tel. (0 79 73) 51 72

Entspannung ✱✱✱✱✱
Genuss ✱✱✱✱✱
Romantik ✱✱✱✱

Gasthaus Rössle ❹ Hauptstraße 18, 74423 Obersontheim, Tel. (0 79 73) 51 67
Gaststätte Zum Ochsen ❻ Haller Straße 1, 74423 Obersontheim, Tel. (0 79 73) 51 57
Gasthof zum Bären ❾ Hauptstraße 14, 74424 Bühlertann, Tel. (0 79 73) 61 21, www.gasthofzumbaeren.de
Handwerksbäckerei Mack ❿ Hauptstraße 11, 74424 Bühlertann, Tel. (0 79 73) 91 17 04, www.handwerksbaeckerei-mack.de
Landgasthof zum Stern ⓫ Hauptstraße 9, 74424 Bühlertann, Tel. (0 79 73) 7 26, www.stern-landgasthof.de

ENTDECKEN & ERLEBEN

Wasserhochbehälter Mahd ❶
Nesselbach ❷
Rathausplatz ❺
Tannenberg ❼
Zentrum von Bühlertann ❽

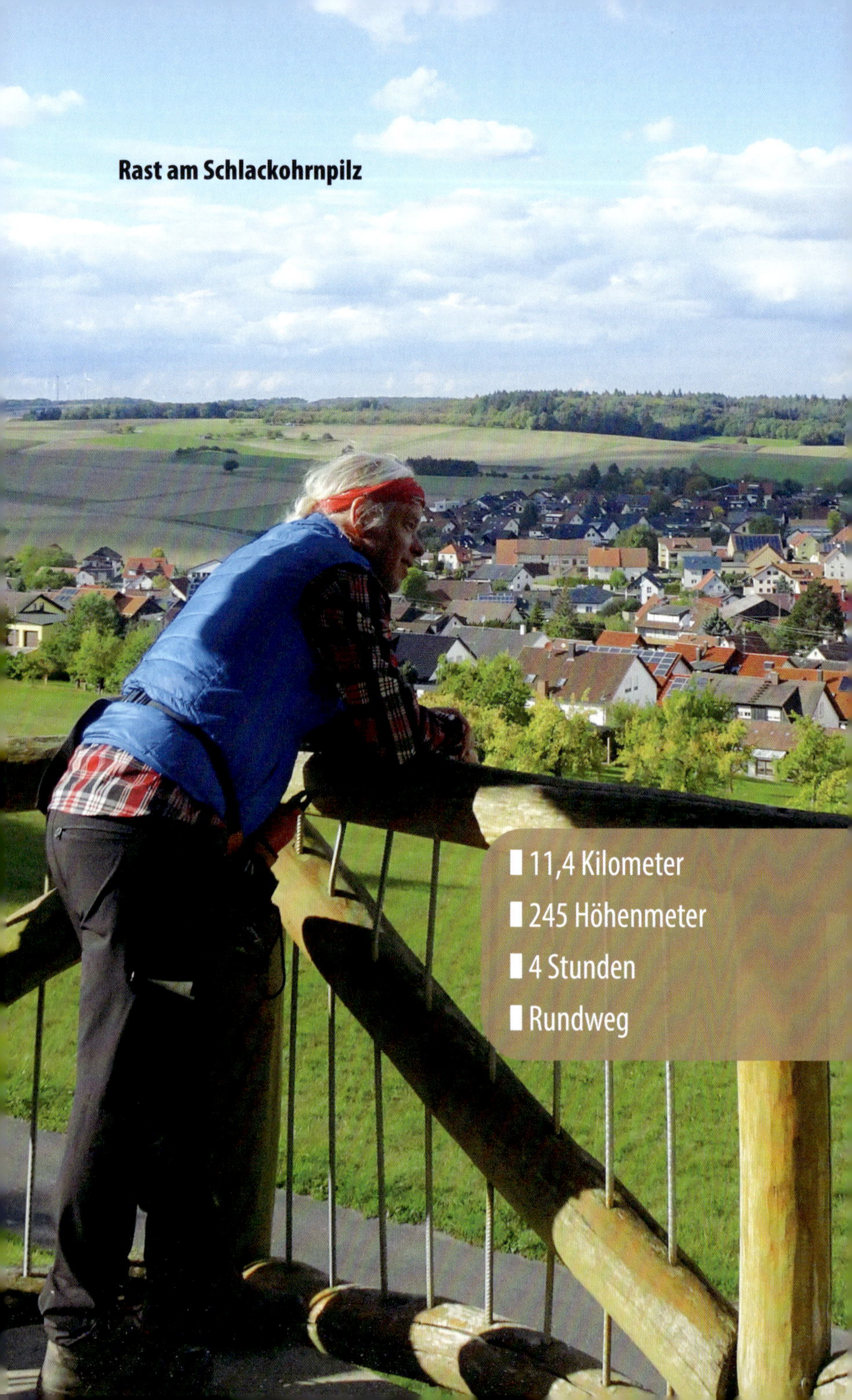

Rast am Schlackohrnpilz

- 11,4 Kilometer
- 245 Höhenmeter
- 4 Stunden
- Rundweg

Diese Tour beginnt in Assamstadt, einem überaus ländlichen 2000-Seelen-Dorf, das einiges zu bieten hat. Einsame Täler, Wälder, Wiesen und Felder prägen diesen Naturlandstrich und machen den Qualitätswanderweg zum Schlackohrnpilz zu einem tiefgründigen Erlebnis. Wir finden Ruhe und Entspannung und tanken gleichzeitig Kraft und neue Lebensenergie. Unterwegs passieren wir zahlreiche Bildstöcke, spüren in einer Waldkirche tiefen Frieden und können in der Mariengrotte für Gesundheit und den Weltfrieden beten.

Vom Wanderparkplatz am **Assamstädter Fußballplatz** gehen wir links am TSV-Sportheim vorbei und gelangen bald zum Spiel- und Rastplatz Schlackohrnpilz. Die Aussichtskanzel nehmen wir auf dem Rückweg in Augenschein. Der **Bildstockwanderweg 1, LT-M6,** führt links hinab. Während wir Richtung Assamstadt laufen, eröffnet sich uns ein schönes Panorama.

Auf einem ***Bildstock*** *am Wegesrand ist zu lesen: „Mein Freund, wo gehst du hin? Vergiss nicht, dass ich dein Erlöser bin. Hab viel gelitten, auch für dich, daher bleibe stehen und grüße mich!"*

Immer geradeaus wandern wir an vielen Obstbäumen vorbei und genießen den weitläufigen Ausblick. Bald folgen wir der Hafengasse zur Grundschule und

Lebenskraft tanken

Zum Weitblick Schlackohrnpilz

passieren die Asmundhalle und die 1971/72 erbaute **Neue Killianskirche.** Etwas weiter unten gehen wir kurz links zur Rengershäuser Straße, dann rechts in die **Krautheimer Straße.** Ein wahrlich nettes Dorf mit allem, was man für den täglichen Bedarf braucht. In der Ortsmitte entdecken wir das urgemütliche **Gasthaus zum**

Kreuz 1 sowie die **römisch-katholische Kilianskirche.** Sie stammt aus dem 12. Jahrhundert und dient heute als Gemeindezentrum. Hinter der Kirche folgen wir der Alten Mergentheimer Straße hinauf. Bald zweigt die Friedhofstraße links ab und wir behalten bis zum Sachsenweg die Richtung bei. Hinter einem Bildstock biegen wir zweimal rechts ab und wandern bald am Friedhof rechts versetzt weiter.

Auf dem Gaubrunnenweg verlassen wir das Wohngebiet und gehen in überaus schöner Ortsrandlage an Äckern vorbei. Gegenüber der Straße **Im Pfad** biegen wir links in den Wiesenpfad ein, der uns entspannt an Feldern und Agrarflächen entlangführt. Achtung, die Markierungen sind hier auf dem Boden angebracht, deshalb sollte man diesen Wegabschnitt achtsam begehen. Der weitflächige Rundumblick begeistert uns. Wir achten auf den Rechtsabzweig, der uns zu einem Grasweg hinab in die Senke mit Wassergraben führt und ge-

Bei den Feldern von Assamstadt

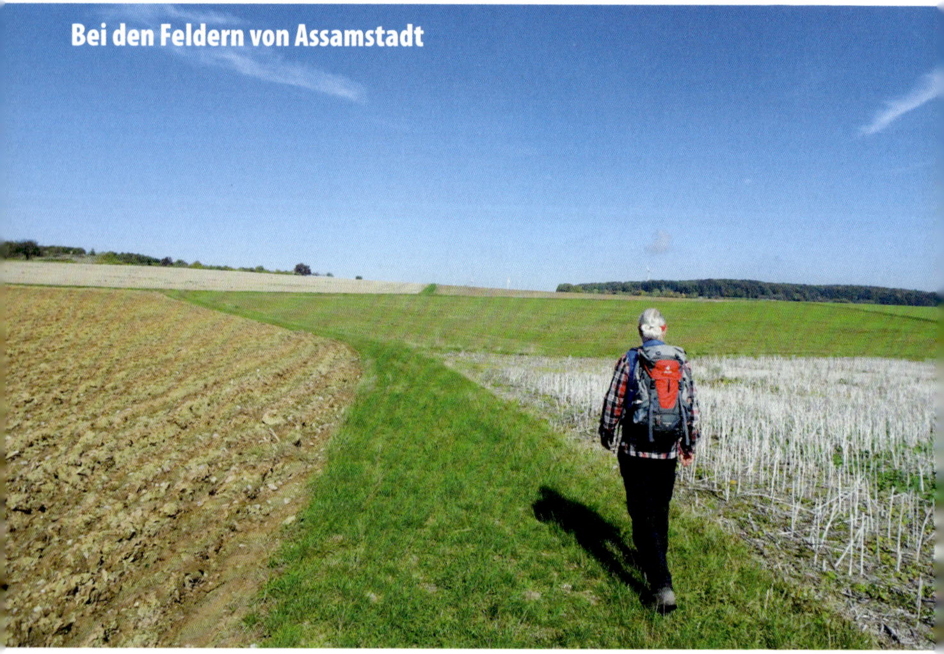

nießen dabei den reizvollen Landblick in dieser hübschen Naturlandschaft. Neben zahlreichen Obstbäumen gehen wir zu einer Kuppe hoch und biegen dort vor dem Birnbaum rechts in den Grasweg wieder in Richtung Assamstadt ab.

In allerbester Wanderlaune schwenken wir links ab und gelangen an einem Holzlager vorbei, bei dem wir talwärts gehen. In der Senke wandern wir links in den Rechenweg. Nun sind wir quasi wieder im Dorf angelangt und biegen links ab zur Mergentheimer Straße. Vor dem Ortsschild folgen wir nun kurz der Industriestraße, bis der Mergentheimer Pfad zur **Milchtankstelle des Hermannshofs** sowie zu einem Supermarkt leitet. Neben dem Fußweg mit angelegten Blumenbeeten dürfen wir uns an vielen Tafeln über regionale Einkaufsmöglichkeiten und ländliche Produkte informieren. Kurz darauf erreichen wir das Natur-

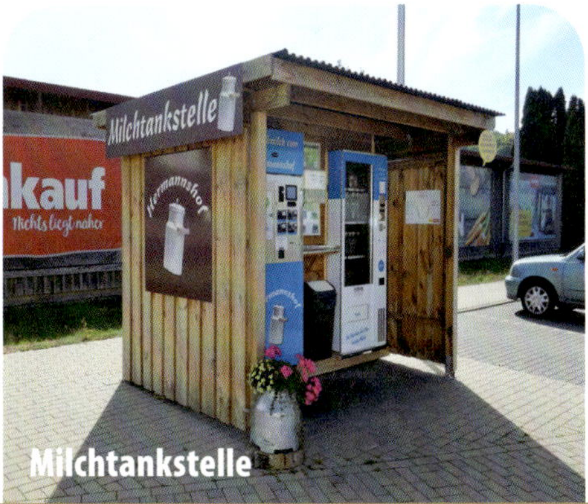

Milchtankstelle

Für die Seele

Religiöse Bildstöcke am Wegesrand machen den Bildstockwanderweg um Assamstadt zu einem Meditationsweg. Wir entschleunigen und besinnen uns in der Natur.

denkmal eines kleinen **Weihers** ❷. Hier legen wir eine kurze Pause unter einer Birke ein und verweilen einige Minuten. Dieser Tümpel dient als Kleinod für Frösche, Fische, Enten, Vögel, Libellen und weiteres Getier. Gegenüber, quasi hinter dem Supermarkt, wurde eine Art **Barfußpfad** sowie ein **Wildkräutergarten** angelegt, respektabel.

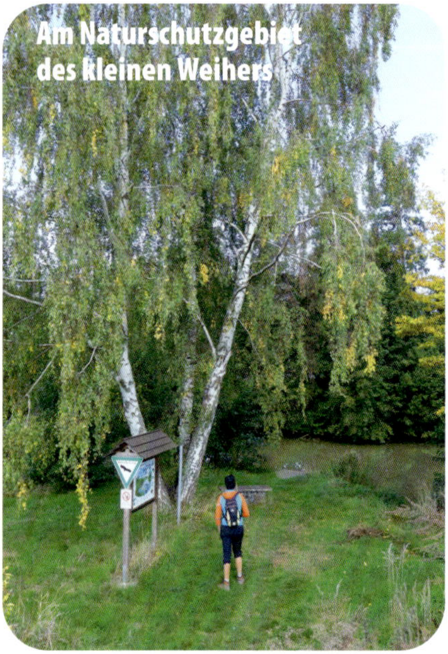
Am Naturschutzgebiet des kleinen Weihers

Wir gehen den Weg weiter, bis wir an dem Wohngebiet kurzweilig links hinauf schwenken. Es geht an schönen Häusern und Gärten vorbei. Danach durchwandern wir eine kleine Senke und schreiten auf den Wald zu. Am Forst führt uns ein Weg mit feinem Schotter nach rechts in den Wald. Sofort umgibt uns die frische Waldluft, die tiefe Ruhe wirkt sich positiv auf uns aus und bringt unseren Körper und Geist in Einklang. Wenn sich die Blätter langsam verfärben, ist die frühherbstliche Stimmung hier im Wald besonders schön. Überall liegen Kastanien, Bucheckern, Eicheln sowie Haselnüsse, und Pilze sprießen förmlich aus dem Boden.

Sobald der Wald sich öffnet, erfreuen wir uns am 377 Meter hohen **Aussichtsfenster** auf Assamstadt und biegen beim Waldparkplatz scharf zum sogenannten Kreuzweg mit seinen aufwendig re-

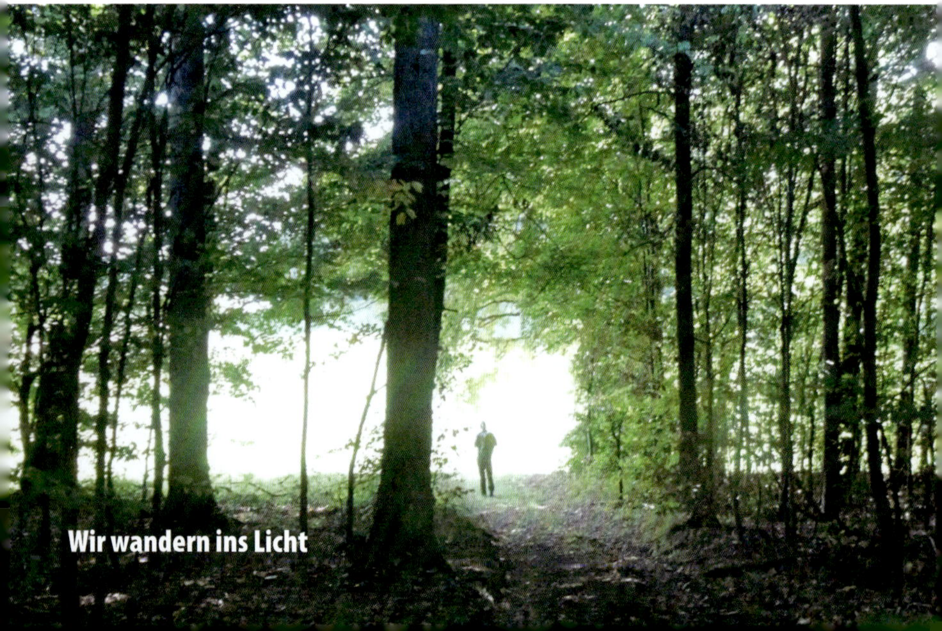
Wir wandern ins Licht

novierten Bildstöcken links ab. Er führt uns zur **Steffeskirchle ③,** einer Art Waldkirche. Angeblich wurde einst der alte Steffes mit seinem Hof von einer Tierseuche heimgesucht. Wegen der drohenden Ansteckung wurde er isoliert und gnadenlos von der Gesellschaft ausgeschlossen. Deshalb ging er zum Beten zu dieser alten Eiche, während die anderen im Gottesdienst waren. An der Eiche befestigte er Heiligenbilder und in der Höhlung des Baums eine Madonnenfigur aus Gips. Der hier entstandene kleine Wallfahrtsort entwickelte sich über die Jahrzehnte zur heutigen Waldkirche. Der Kreuzweg kam allerdings erst von 1946 bis 1949 dazu. An diesem herrlichen Ort der Besinnung tauchen wir ein in die Stille und den Frieden, die uns tief berühren, und sind uns klar darüber, dass wir an einem ganz besonderen Platz angekommen sind.

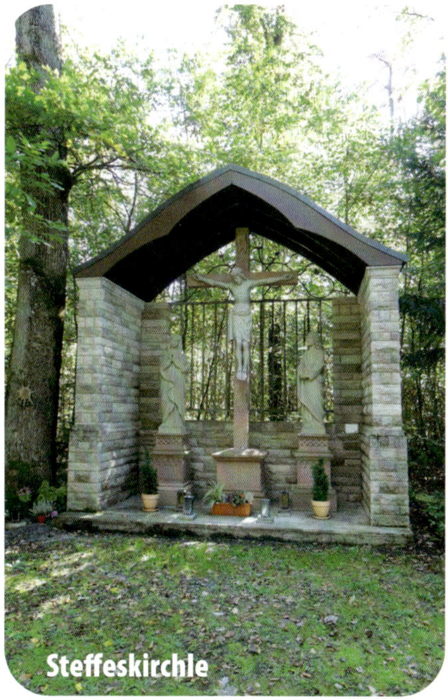
Steffeskirchle

Dankbar und bedächtig setzen wir unseren Weg fort. Er führt zuerst über einen breiten Weg durch den Wald und dann rechts einen wildromantischen Waldweg hinab zu einem großen Wiesental. Relaxt und völlig im Einklang mit uns selbst und der Natur gehen wir links zu einem **Bildstock** und gönnen uns an diesem hübschen Platz eine kurze Auszeit. Hier können wir nicht nur Weite erfahren, sondern auch die tolle Naturkulisse auf uns einwirken lassen. Anschließend wandern wir hinab in die **Tiefe Wanne.** Bald darauf biegen wir am Feldkreuz mit der Aufschrift „Herr schütze uns!“ rechts zum Wiesenweg ab. Am Waldeck angelangt, folgen wir dem unscheinbaren Pfad nach rechts. Auf weichem Waldboden, der Balsam für unsere Füße ist, gehen wir den

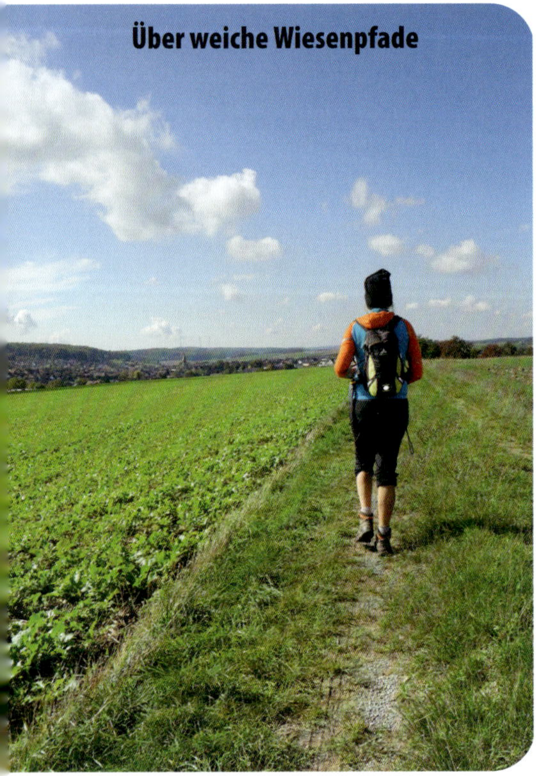

zauberhaften Weg entlang, der teilweise von alten Grenzsteinen gesäumt ist. Umgeben von urwüchsiger Natur durchwandern wir den herrlichen Buchenwald. Begleitet von Vogelgezwitscher und erdigen Waldgerüchen streifen wir durch den Forst. Nach einem sanften Anstieg behalten wir die Richtung bei und folgen der Markierung, die uns kurzweilig weiter durch den Wald leitet. Wir erreichen einen festen Weg, gehen erst links, dann rechts und verlassen den Forst. Überaus schön geht es an Wiesen bergab, vor dem Wald biegen wir rechts ab. Zahlreiche prächtige Apfel-, Quitten-, Birnen- und Pflaumenbäume wachsen hier. Bald schon gehen wir über eine Wiese rechts und entdecken links hinten am Waldrand einen steinigen Wurzelpfad, der uns in den Wald hineinlockt. Dieser bringt uns geradeaus nach kurzer Zeit zur **Mariengrotte** ④.

Herr Hügel und Herr Fischer, Bürger aus Assamstadt, gelobten einst, wenn sie den Ersten Weltkrieg heil überstehen, würden sie eine Mariengrotte für die Gemeinde errichten. Das Versprechen lösten sie selbstverständlich ein und so entstand dieser wunderschöne kraftspendende Wallfahrtsort, der bis heute nichts von seiner besonderen Atmosphäre verloren hat und von vielen Gläubigen und zahlreichen Wanderern regelmäßig besucht wird. Auch wir werden hier still und andächtig und bitten, dass es endlich Frieden auf Erden werde. Nach einigen Minuten verlassen wir dieses

Aus Dankbarkeit bauten zwei Assamstädter im Jahr 1920 Tuffstein von St. Wendel zum Stein bei Dörzbach im Jagsttal ab und erschufen damit die ***Assamstadter Mariengrotte.*** *Dafür brauchten sie 10 Jahre Zeit.*

Kleinod und gehen geradeaus weiter, am Steinkreuz geht es rechts versetzt vorbei zur **Fuchsbauhütte** 5. Die nette Hütte bietet Schutz vor Regen oder dient als Vesperplatz. Nun biegen wir links ab und treffen bald auf einen Fahrweg, dem wir kurz Richtung Assamstadt folgen. Bald schon schwenken wir links in einen Schotterweg, der uns durch den Wald leitet. Noch einmal genießen wir den moosig-erdigen Geruch hier im Wald, bevor wir den **Aussichtspavillon Schlackohrnpilz** 6 erreichen. Herrlich blicken wir von der Kanzel weit über den Ort mit seinen Kirchen und dem faszinierenden Umland.

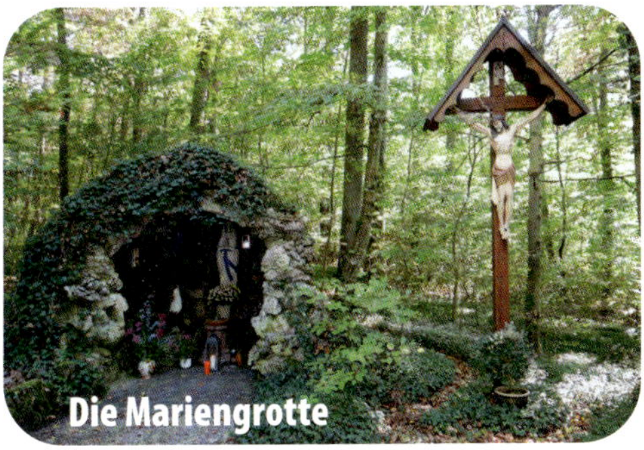

Die Mariengrotte

Die Fasnachtsgesellschaft ***Assamstadter Schlackohren*** *feierte 1985 ihr 25. Jubiläum und gestaltete die Aussichtsplattform Schlackohrnpilz.*

Aussichtskanzel Schlackohrnpilz

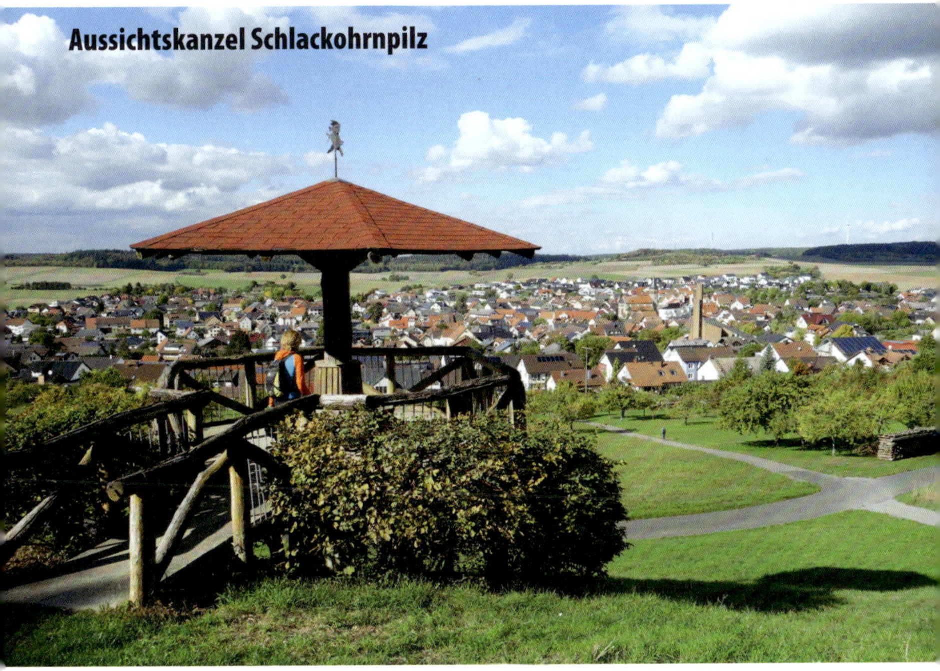

Entschleunigungstour 13

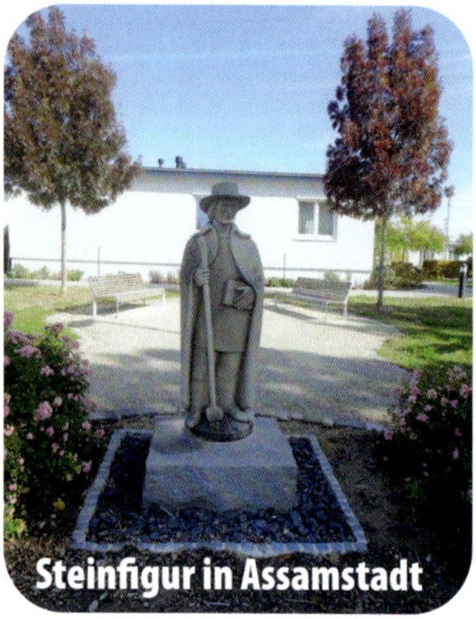

Steinfigur in Assamstadt

Jetzt haben wir uns unser Rucksackvesper redlich verdient, dieses Plätzchen ist geradezu prädestiniert für eine Rast, vor allem in so einer erhabenen Lage. Frisch gestärkt machen wir uns auf die letzten Meter, die uns hinter der rot-weißen Schranke zurück zu unserem Ausgangspunkt bringen. Im **Gasthaus des Sportheim TSV Assamstadt 7** können wir an Spieltagen den Tag ausklingen lassen. Nach so viel innerer Einkehr und Besinnlichkeit sind wir für die kommenden Tage gestärkt und können gelassen und voller Zuversicht den Heimweg antreten.

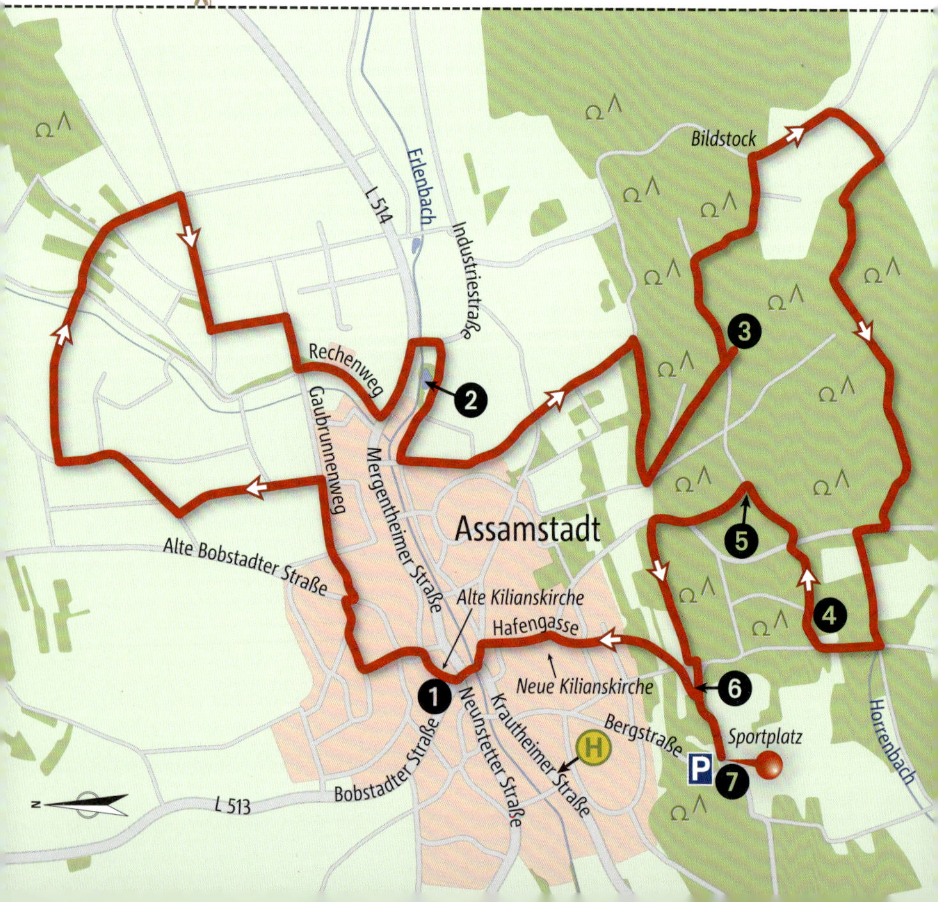

Alles auf einen Blick

WIE & WANN:
Weiche Wiesenwege und durchweg sehr gute Wald- und Forstwege.
Beste Wanderzeit von März bis November.

HIN & WEG:
Auto: Anfahrt A81, Ausfahrt 5 in Richtung Bad Mergentheim und der Ausschilderung nach Assamstadt folgen.
Parkplatz an den Sportplätzen, Bergstraße, 97959 Assamstadt (GPS: 49.420667, 9.684167)
ÖPNV: Bus 933 von Bad Mergentheim oder Krautheim bis Haltestelle Assamstadt Krautheimer Straße

ESSEN & ENTSPANNEN:
Gasthaus zum Kreuz ❶ Bobstadter Straße 2, 97959 Assamstadt, Tel. (0 62 94) 4 39 96 11
Gasthaus des Sportheims TSV Assamstadt ❼ Oberer Stutz 1, 97959 Assamstadt, Tel. (0 62 94) 5 41

ENTDECKEN & ERLEBEN:
Kleiner Weiher ❷
Steffeskirchle ❸
Mariengrotte ❹

Entspannung ★★★★★
Genuss ★★★★☆
Romantik ★★★☆☆

Fuchsbauhütte ❺
Aussichtspavillon Schlackohrnpilz ❻

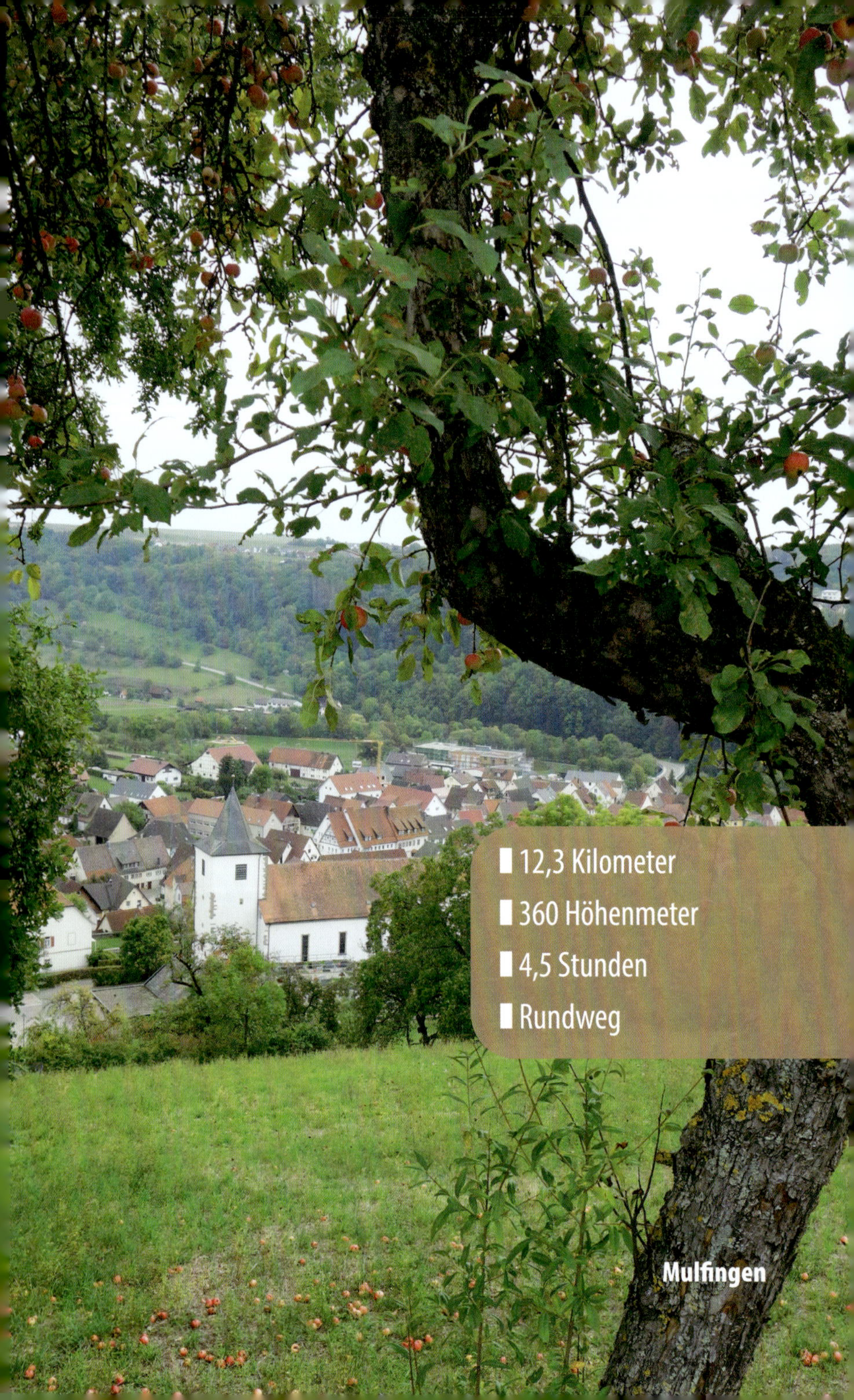

- 12,3 Kilometer
- 360 Höhenmeter
- 4,5 Stunden
- Rundweg

Mulfingen

Kraft tanken, raus aus dem Alltag, Entschleunigung oder einfach nur mal die Seele baumeln lassen, all das und noch viel mehr bietet diese **Ergänzungstour 5** mehrerer sogenannter Pfade der Stille im Jagsttal zwischen Langenburg und Schöntal. Der Rundweg führt von Mulfingen über Ochsental nach Zaisenhausen und über den Ottensee wieder nach Mulfingen zurück. Unterwegs genießen wir die tiefe Stille, die uns in den Waldabschnitten und auf den Pfaden begleitet.

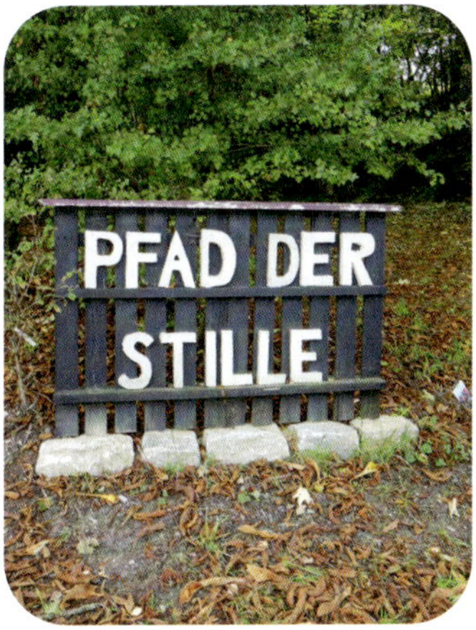

Oberhalb vom **Mulfinger Sportplatz** beginnen wir die heutige Tour und folgen der **grünen Markierung,** die uns auf diesem Pfad der Stille die Richtung weist. Zuerst wandern wir leicht bergan. Wald und Ackerland bestimmen das Landschaftsbild. Rechts unter uns liegt der Mulfinger Stausee, der mit 20.500 Hektar sehr groß ist. Normalerweise kann man dort baden, doch als wir hier vorbeikommen, ist aufgrund technischer Einschränkungen kein

Innere Einkehr

Zum Naturphänomen Ottensee

Wasser vorhanden. Schade. Ganz gemütlich schlendern wir in erhabener Aussichtslage weiter und können den Alltag gleich hinter uns lassen. Der breite Weg führt beständig in dieselbe Richtung und am Ende einer Wiesenlichtung gehen wir an der Gabel halb links zum Schotterweg. Der Weg steigt weiter an. Ein Pfad

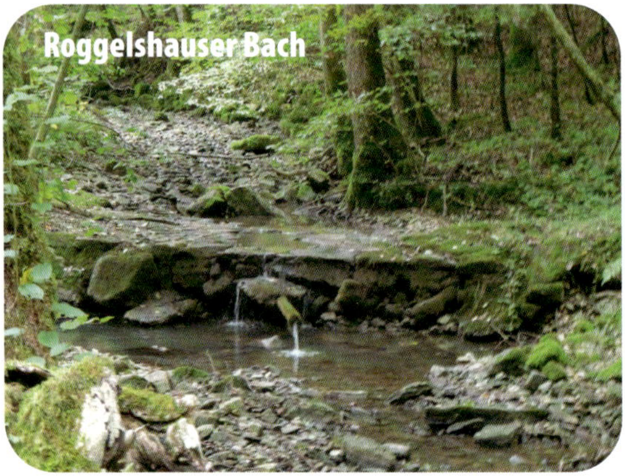
Roggelshauser Bach

der Stille ist prädestiniert für die innere Einkehr, um Körper, Geist und Seele in Balance zu bringen. Zudem bietet er die Möglichkeit, neue Kraft und Kreativität zu schöpfen und mit Mutter Natur in Einklang zu kommen.

Zuerst säumen viele Hecken unseren Weg und bald schon schließt uns der Wald vollkommen ein. Wir tauchen in ein Meer von Bäumen ein, die uns das Gefühl von tiefem Frieden schenken. Das Plätschern des **Roggelshauser Bachs** neben uns erweckt in uns eine Klarheit, während wir wildromantisch in einer lang gezogenen Kurve die Richtung ändern. Spielend bewältigen wir den Aufstieg zur baumfreien 430 Meter hohen Hochfläche **Tatzenäcker.** Ein asphaltierter Weg lässt uns gemütlich nach **Ochsental** ① gelangen.

Die Einheimischen von ***Ochsental*** *behaupten, dass es bei ihnen stets weniger regnet als drunten in Mulfingen oder drüben in Hollenbach.*

Am entfernten Horizont zeichnet sich eine Allee ab. Ein paar Obstbäume säumen unseren Weg. Ochsental ist ein echt heimeliges Dorf. Die Einheimischen grüßen uns freundlich und wir erfahren, dass es einen Selbstbedienungshofladen gibt, na, das ist doch mal was. Im Ort gehen wir bei der Bushaltestelle erst links, dann rechts in den **Zaisenhäuser Weg** und lassen das Dorf, das unsere Heimatgefühle geweckt hat, schon bald hinter

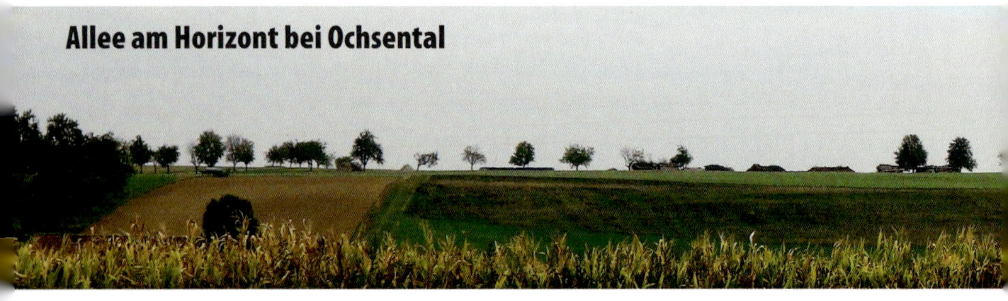
Allee am Horizont bei Ochsental

uns. Wir gehen an einer Pferdekoppel entlang und bestaunen den weiten Blick über die Hohenloher Ebene.

Nach einer Kuppe fällt der Blick in das stille Tal vor uns. Im sanften Abstieg folgen wir einer Rechts-Links-Kombination und nehmen dabei den Wiesenpfad. In wunderschöner Umgebung schreiten wir das Wiesental hinab und bestaunen die geologisch eindrucksvoll entstandene, bergige Naturlandschaft. Beim Teerweg lohnt ein Abstecher nach links zum **Honigbrunnen ②.** Wir verweilen ein paar Minuten auf der schönen Bank und genießen die wundervolle Landschaft. Dann kehren wir über den Stichweg wieder zu unserem Hauptweg zurück. Hier biegen wir am Steinkreuz rechts ab und gelangen bald zur **Sitzbank mit Zaisenhäuser-Blick ③.** So ein hübscher Platz, die Sitzbank ist mit einer

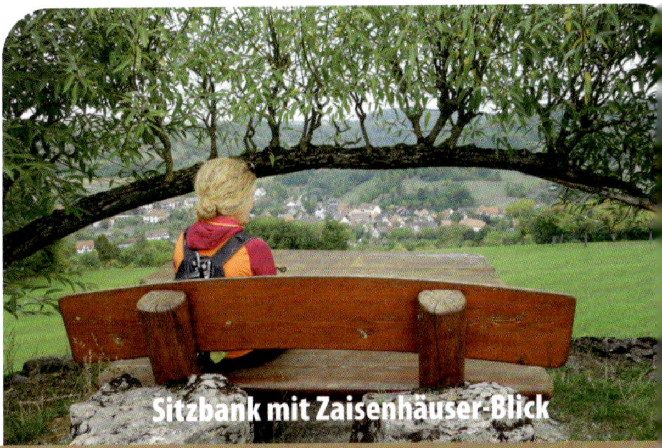

Sitzbank mit Zaisenhäuser-Blick

Für die Seele

Auf diesem Pfad der Stille ab Mulfingen lädt das Naturdenkmal Ottensee ebenso zum Meditieren ein wie der Meditationsweg in Zaisenhausen.

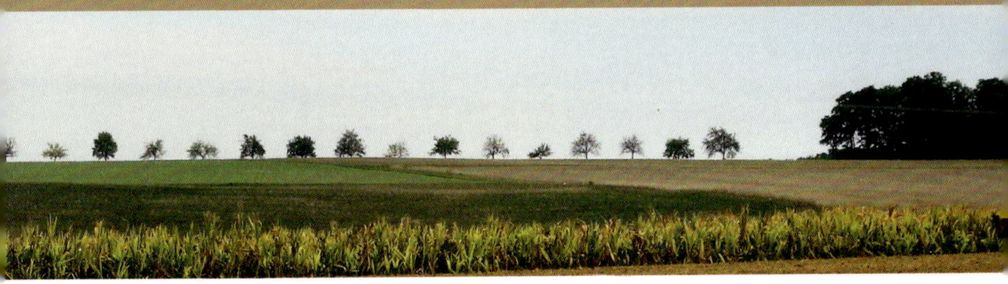

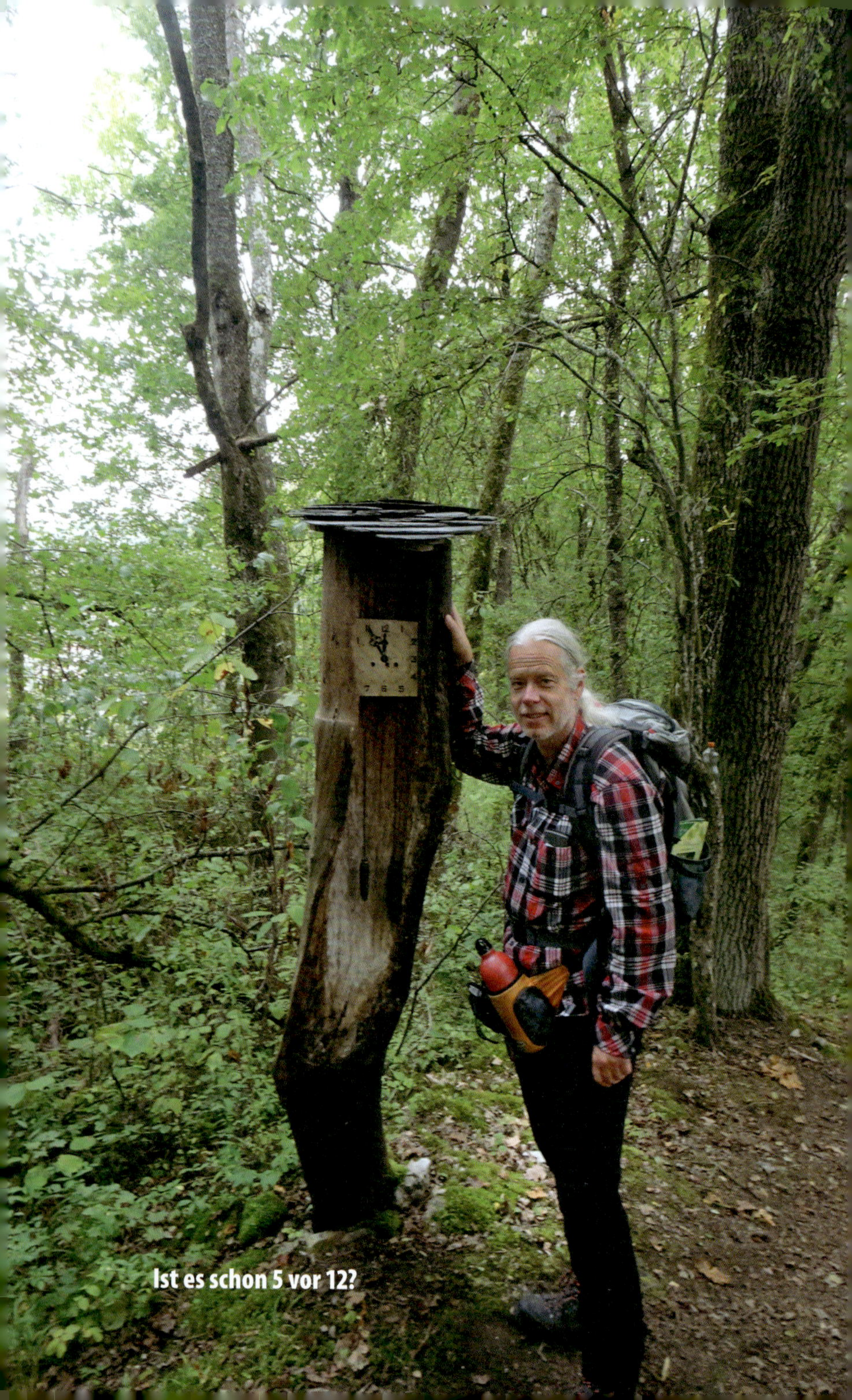

Ist es schon 5 vor 12?

Bogenweide überspannt, das muss man einfach gesehen haben. Sie ist perfekt für eine Verschnaufpause mit fantastischer Aussicht auf Zaisenhausen. Entspannt brechen wir wieder auf und biegen nach einem Kreuz links zur **Steigklinge** ab. Ein Meditationsweg mit originellen Stationen wartet auf uns, also Handy ausschalten und sich in Stille üben.

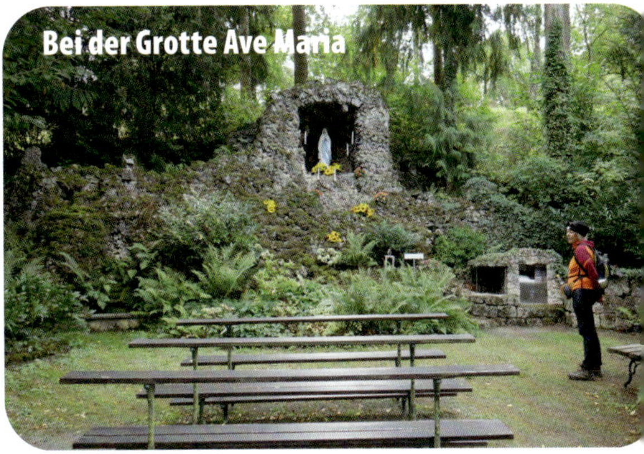

Bei der Grotte Ave Maria

Der Weg lädt uns ein, innezuhalten und das völlig ohne Eile und Hast. Wir sollen uns bewusst werden, uns vollkommen einzulassen auf unsere ureigene Seelenbotschaft. Was für eine sehr schöne und inspirierende Idee. Also folgen wir voll Klarheit dem Pfad nach Zaisenhausen hinunter und nehmen uns die Zeit für jede einzelne Station. Eine Uhr zeigt an, dass es 5 vor 12 ist, aber wir können trotzdem unsere Hoffnungen und Ängste auf Steine schreiben und sie dort ablegen und noch vieles, vieles mehr. Alles ist liebevoll hergerichtet und ausgeschildert, das sollte man selbst erlebt haben.

Als wir in Zaisenhausen im Talgrund der Ette die **St. Nepomuk-Brücke** erreichen, biegen wir zum Grottenweg ab, nach einigen Metern kommen wir dann zur **Grotte Ave Maria** ④, von den Zaisenhäusern auch Lourdesgrotte genannt. Welch andächtige Stille hier herrscht, wir setzen uns auf eine der Bänke und stellen wieder einmal fest, dass es im Leben vor allem auf Gesundheit, Familie und Freunde, Frieden in uns und auf der Welt ankommt. Alle sollten sich wieder mehr in Nächstenliebe und Verständnis üben. Die Grotte soll eine der größten im süddeutschen Raum sein. Angeblich hat ein Lehrer sie im Jahr 1893 aus thüringischem Tuffstein erbaut, zum Dank, dass während einer langen

!

*Der **Zaisenhauser-Meditationsweg** mit seinen vielen Stationen macht nachdenklich. Es lohnt, diesen Wegabschnitt bewusst zu gehen und zu erleben.*

Dürreperiode die Wasserversorgung in Zaisenhausen nicht zusammengebrochen ist.

In Gedanken versunken und bedächtig verlassen wir die Grotte, streifen die **Brechdarrhalle** sowie den Bouleplatz und kehren dem wunderschönen heimeligen Ort den Rücken. Ein steiler Weg leitet uns bergwärts. Viele nette Sprüche am Wegesrand sorgen für Kurzweil während des Aufstiegs. Ach, wie schön, wir erreichen eine **Klavier-Sitzbank 5.** Auf eine Parkbank wurden Klaviertasten aufgemalt und ein Notenschlüssel. Das Beste aber ist ein in Messing eingraviertes Notenblatt mit Liedtext, das uns dazu auffordert, das Zaisenhäuser Lied zu singen: „Wir lieben das ländliche Leben, ein Häuschen in grüner Natur. Von schattigen Bäumen umgeben, wir lieben die schöne Natur." In exponierter Aussichtslage singen wir nun so laut, dass man es wahrscheinlich auf der anderen Talseite hören kann. Kurz setzen wir den Anstieg weiter fort und können am Waldrand links einen Abstecher zum **Aussichtspunkt Alter Ofen und Himmelsblick** machen. Er gehört zum Meditationsweg und ist überaus lohnenswert.

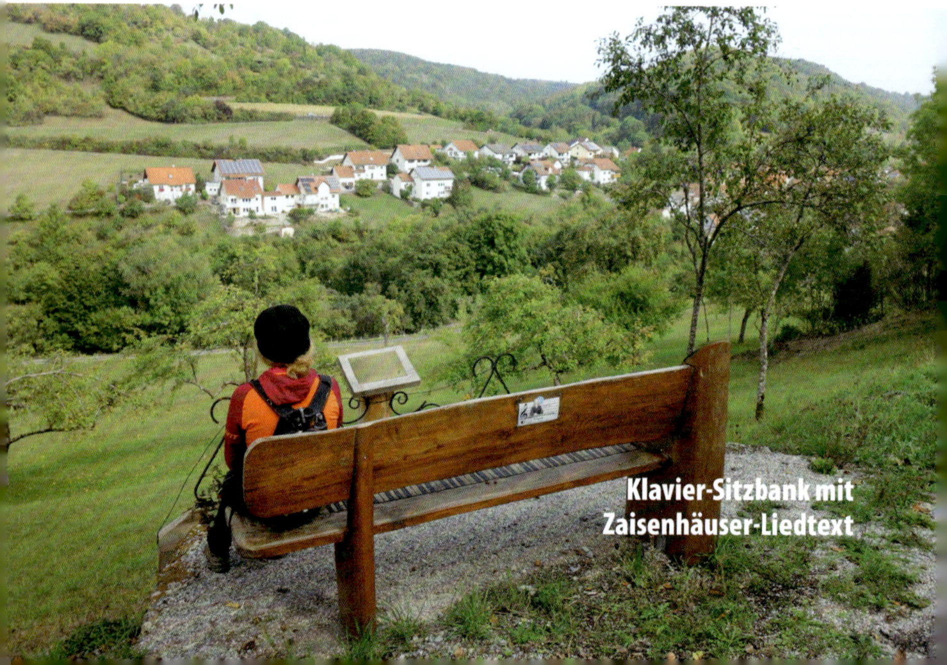

Klavier-Sitzbank mit Zaisenhäuser-Liedtext

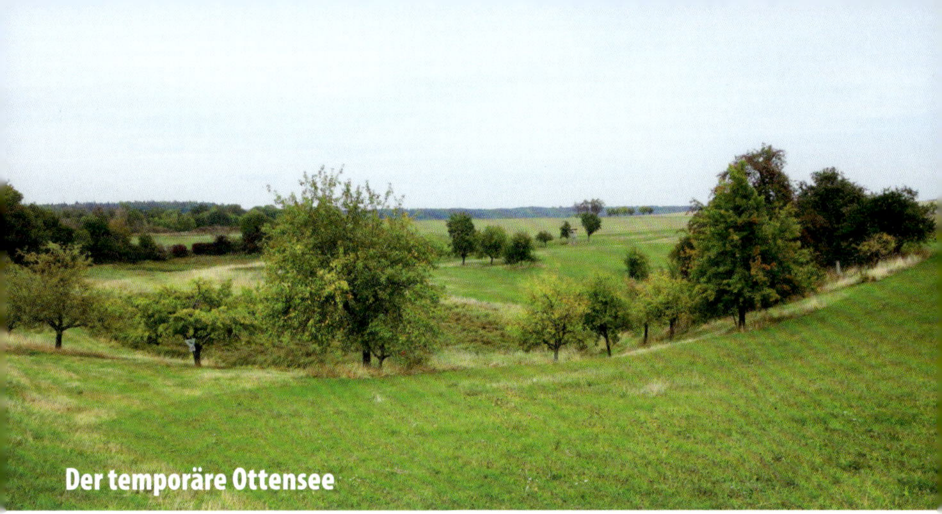

Der temporäre Ottensee

Wieder zurück, steigen wir nun im Wald hinauf. Auf der Bergeshöhe angekommen, wenden wir uns rechts und wandern mit allen Sinnen zwischen Wald und Flur. Den herrlichen Waldduft saugen wir gänzlich in uns auf, atmen tief die frische Luft ein und aus, das tut gut. Nachdem wir ein kleines Wäldchen durchquert haben, gehen wir links hinauf zum **Ottensee 6.**

Es handelt sich um einen temporären Karst-See, in dem nur an manchen Tagen Wasser ist – ein Naturphänomen. Das Wasser erscheint oft innerhalb weniger Stunden und bleibt nur für wenige Tage. Der See ist aber auch während der Trockenzeit überaus sehenswert. Das Geotop ist ein einzigartiges und geheimnisvolles Naturdenkmal hier im Hohenloher Karst. Oberhalb des Sees wenden wir uns rechts versetzt wieder in den Forst. Nach dem Waldabschnitt gehen wir rechts an Feldern vorbei und blicken in überaus schöner Panoramalage weit über das Jagsttal. Beständig wandern wir am Wald entlang und passieren dabei einen **Marienbildstock.** Auf freiem Feld zieren vereinzelt Sträucher und Obstbäume unseren Weg, der sich jetzt immer mehr zu einem weitläufigen Panoramafenster entwickelt. Es ergeben sich stets neue Fotoperspektiven, während wir dem abwechslungsreichen Weg Richtung Jagstberg und Mulfingen folgen. Kurz vor dem **Holzkreuz** bei der S-Kurve ist der Blick ins Tal besonders schön.

Die ***Quelle des Ottensees*** *(Speiloch) führt nur zeitweise Wasser, aber ein Besuch des seltenen Ereignis-Sees lohnt zu jeder Jahreszeit.*

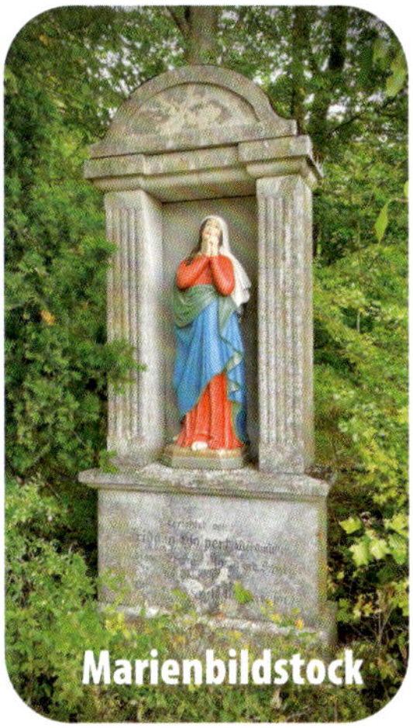

Marienbildstock

Entschleunigungstour 14

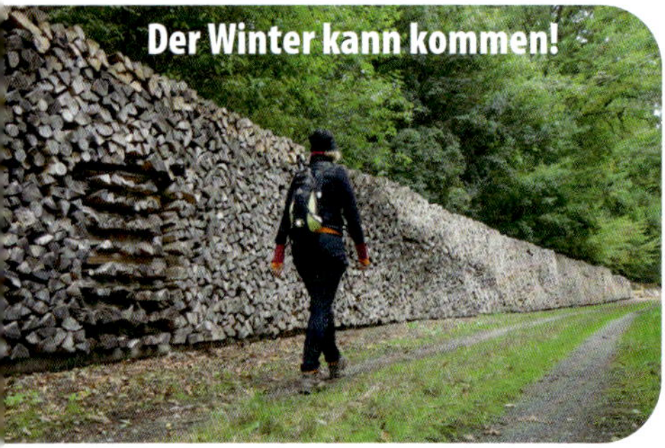

Der Winter kann kommen!

Beständig an Höhe verlierend, wandern wir hinunter und überqueren dort die Landstraße nach Ochsental. Der Markierung folgend, schreiten wir nun durch das Neubaugebiet von Mulfingen und erreichen so in den Steigenäckern unseren Parkplatz. In der **Gaststätte Sportheim** ⑦ kehren wir für eine leckere Pizza ein. Wow, was für eine schöne Wanderung, die vielen bleibenden Eindrücke werden uns sicherlich noch einige Tage begleiten. Was nehmen wir mit? Auf jeden Fall ganz viel Entschleunigung, ganz klare tiefsinnige Einsichten und viel Dankbarkeit.

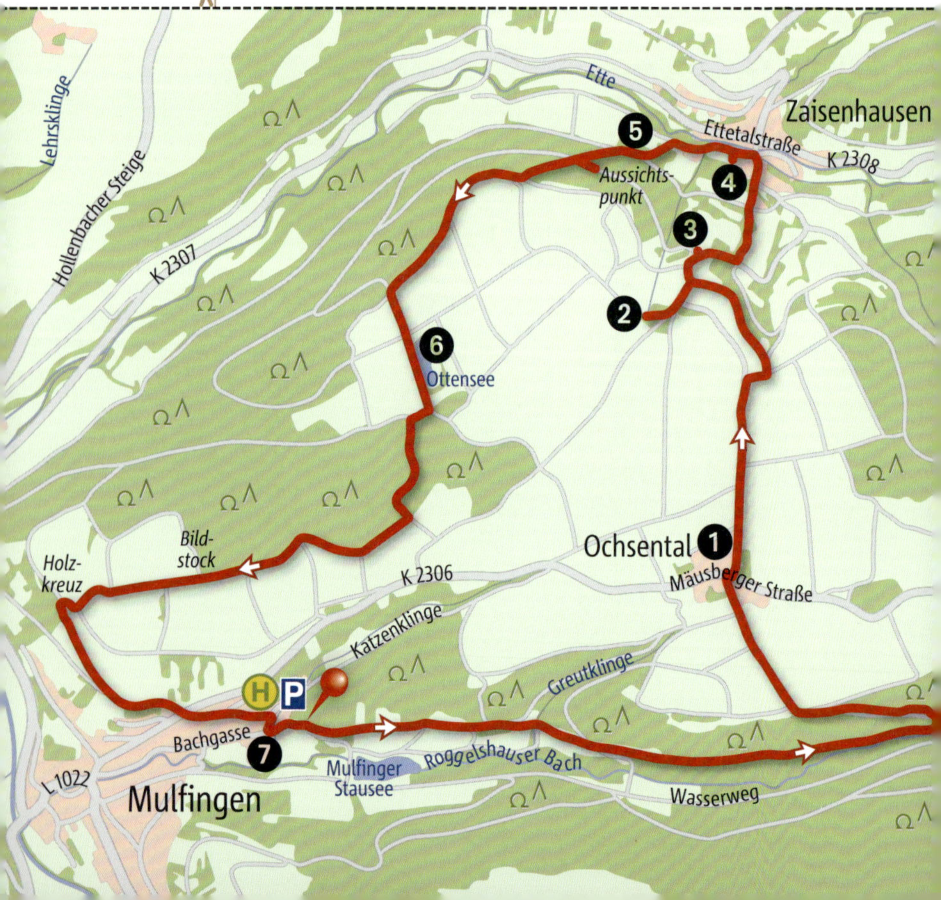

Alles auf einen Blick

WIE & WANN:
Die Wege sind alle sehr gut zu begehen, auf dem Meditationsweg sind griffige Wanderschuhe vorteilhaft. Beste Wanderzeit von März bis November.

HIN & WEG:
Auto: Anfahrt A6, Ausfahrt 42, dann B19 in Richtung Künzelsau und ab dort der Ausschilderung nach Mulfingen folgen.
Parkplatz oberhalb des Kunstrasen-Sportplatzes (an der Schule und der Gerhard Sturm-Halle vorbei), Bachgasse, 74673 Mulfingen (GPS: 49.342500, 9.812333)
ÖPNV: Bus 10 von Dörzbach, Bus 22 von Ailringen bis Haltestelle Mulfingen Schule; Bus 21, 24 von Künzelau bis Haltestelle Mulfingen Post

ESSEN & ENTSPANNEN:
Gaststätte Sportheim ❼ (Pizzeria Da Salvatore), Bachgasse 94, 74673 Mulfingen, Tel. (0 79 38) 73 07, www.sv-mulfingen.de

ENTDECKEN & ERLEBEN:
Ochsental ❶
Honigbrunnen ❷
Sitzbank mit Zaisenhäuser-Blick ❸
Grotte Ave Maria ❹

Entspannung ✱✱✱✱✱
Genuss ✱✱✱✱
Romantik ✱✱✱✱✱

Klavier-Sitzbank ❺
Ottensee ❻

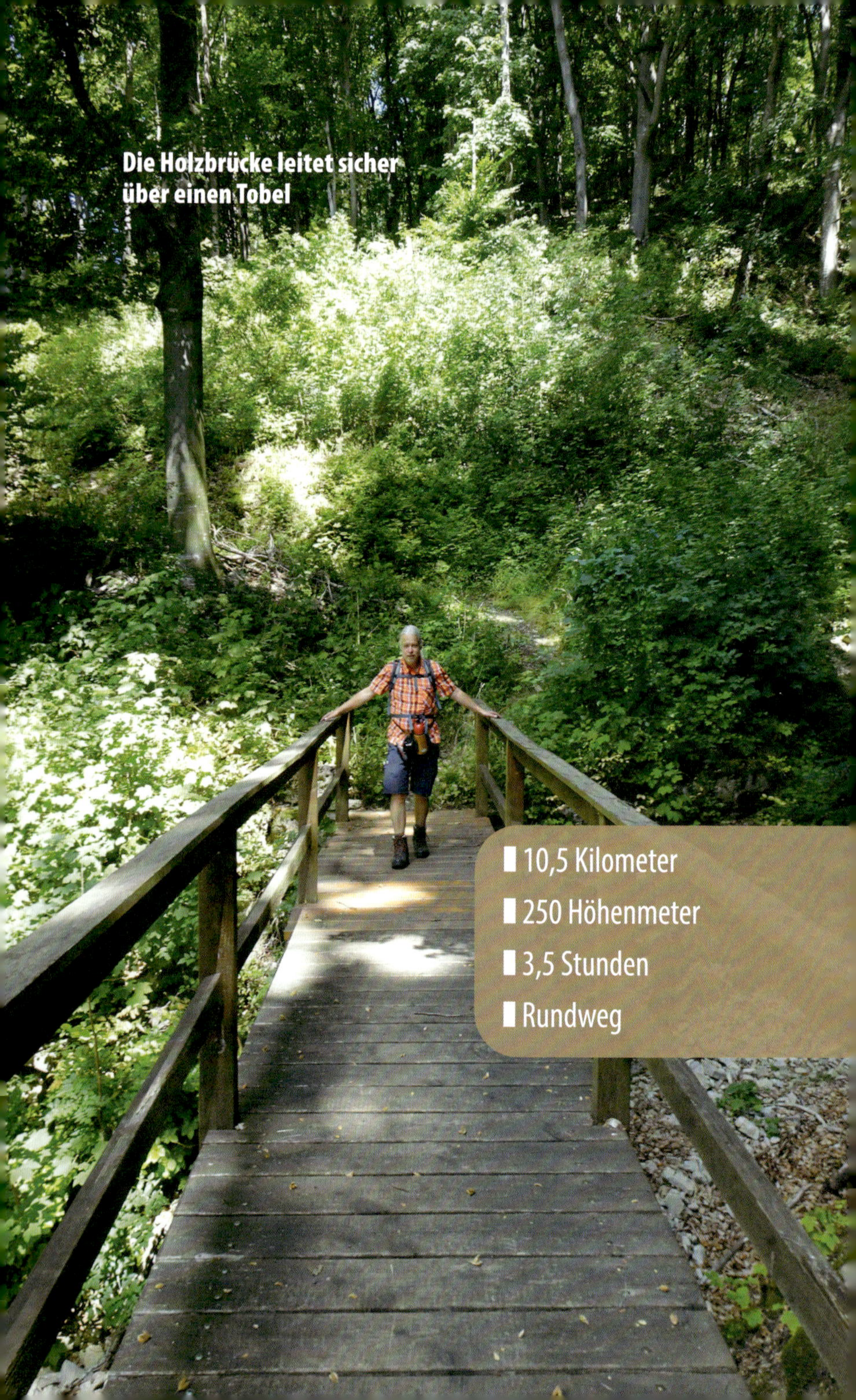

Die Holzbrücke leitet sicher über einen Tobel

- 10,5 Kilometer
- 250 Höhenmeter
- 3,5 Stunden
- Rundweg

Wandern im Herzen der Hohenlohe, darauf haben wir uns schon lange gefreut. Heute ist es nun endlich so weit, es geht nach Langenburg, um dort einen Pfad der Stille zu erwandern. Hört sich ja schon richtig interessant an! Das Wetter spielt mit und wir sind auf der Deutschen Burgenstraße bis Langenburg hochgefahren. Unsere Fahrt führte durch die Orte Bächlingen und Langenburg, die wir auf jeden Fall später noch erkunden wollen.

Vom Parkplatz im **Brauereiweg** in Langenburg gehen wir die Treppen empor und schreiten durch das **Albert-Munz-Törle.** Entlang der Hauptstraße entdecken wir viele schöne Fachwerkhäuser und biegen vor dem Rathaus links zum Kronenbuck ab. Ab hier beginnt auch unsere heutige Markierung, ein **grüner „Pfad der Stille"-Wegweiser.** Bald erreichen wir an der Stadtmauer die Straße nach Bächlingen und wandern direkt am Amtsgericht vorbei, halten uns aber vor dem Ortsschild halb links auf dem **Naturlehrpfad.** Kurz führt der Grasweg bergab und gleich schon werden wir auf den Pfad der Stille richtig schön eingestimmt. Pure Natur

Alles im Fluss

Durch das Tal der Jagst

umgibt uns auf dem heckenumsäumten Weg. Wir erreichen einen fast meditativen Zustand und spüren die Leichtigkeit des Seins, während wir vor uns hin wandeln. Mit jedem weiteren Schritt mehr aus unserem Alltagstrott heraus. Die **Kirche von Bächlingen** stimmt uns mit ihrem Kirchengeläut aus dem Tal auf eine be-

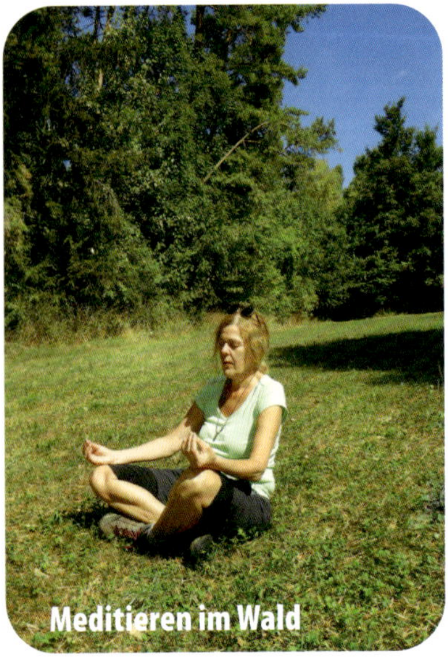
Meditieren im Wald

sondere Ruhe ein, die uns hier auf dem Pfad der Stille ankommen lässt.

Wir wandern an einem Aussichtspunkt vorbei und erhaschen einen eindrucksvollen Blick auf Bächlingen hinunter. Der Weg leitet angenehm durch den Wald, wir durchqueren ein Bachbett und entdecken währenddessen viele Heilkräuter am Wegesrand. Ein Anstieg bringt uns zu einem Querweg, bei dem wir den **Ziegelbach** kreuzen. Dort biegen wir in den zweiten Weg rechts ein. Links erspähen wir die Wellness-Hotelanlage **Mawell Resort.** Zwischen Feld und Wald geht es jetzt gemächlich weiter, gleich nach dem Waldeck halten wir uns rechts und gehen in einen schmalen Wiesenweg. Ziemlich entspannt genießen wir einmal mehr die wunderschöne Gegend. Nach einem kleinen Waldstück treffen wir auf eine herrliche **Lichtung 1,** auf der

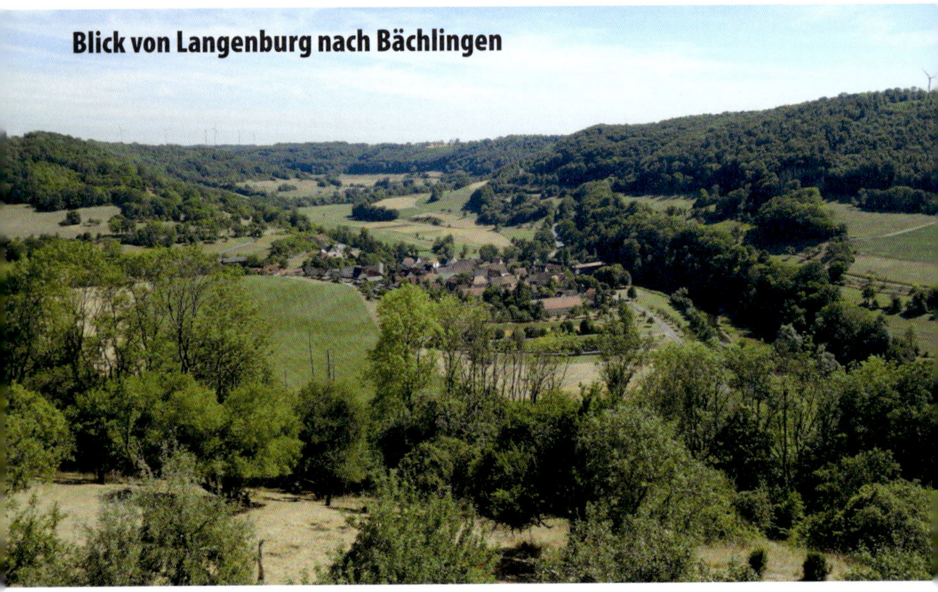
Blick von Langenburg nach Bächlingen

sich abends bestimmt Fuchs und Hase Gute Nacht sagen. Spontan entscheiden wir uns für eine Kurzmeditation, setzen uns gelockert auf die Wiese, überkreuzen unsere Beine, schließen die Augen, atmen ein paarmal tief in den Bauchraum und kommen ganz im Hier und Jetzt an. So verharren wir ein paar Minuten lang und lassen unsere Gedanken vollkommen still werden – wir verschmelzen quasi mit Mutter Natur. Wer es wirklich schafft, seine Gedanken vollkommen herunterzufahren, erfährt ein einzigartiges Erlebnis der Tiefe.

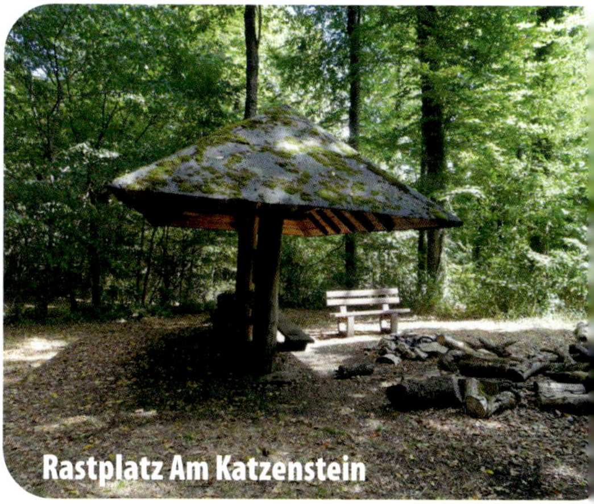

Rastplatz Am Katzenstein

Nach dieser kleinen inneren Einkehr schreiten wir völlig energetisiert wildromantisch wieder in den Forst hinein. In Form einer S-Kurve geht es auf etwas steinigem Grund bergab. Bald wenden wir uns links dem Waldweg zu.

Für die Seele

Das langsame Dahinfließen der Jagst in Langenburg fördert Entspannung und Gelassenheit. In Bächlingen gibt es eine im Sommer erfrischende Badestelle.

Am Mühlberg queren wir auf einer Holzbrücke einen Tobel und gelangen so kurz darauf zum **Rastplatz Am Katzenstein ❷**. Leider ist von der ehemaligen Hochburg außer einer Infotafel nichts mehr übrig. Nun gehen wir links und der Abstieg wird steil, er führt uns dafür einen traumhaften Pfad hinab. Uns umgibt unendliche Stille und wir wandern achtsam neben einer

Schlucht zu dem überaus ländlich anmutenden Ort **Großhürden** ③ hinunter. Neben einem Wasserwehr entdecken wir ein altes Mühlrad, das hier wahrscheinlich früher in Betrieb war.

Nach dem Wasserwerk überqueren wir einen Kanal und schreiten quasi quer durch das Jagsttal. Wir blicken zurück und können mit unserer Kamera wundervolle Perspektiven auf Großhürden einfangen. Ein Querweg leitet nun über die Jagst nach **Kleinhürden** ④. Gleich nach einer Scheune wenden wir uns nach rechts und werden von gackernden Hennen nett begrüßt. Nach dem kleinen, beschaulichen Dorf folgen wir dem landwirtschaftlichen Weg, der auch als Radweg ausgeschildert ist und sich durch das prachtvolle Tal schlängelt. Überaus paradiesisch, hier kann man wahrlich so richtig herunterkommen und auftanken.

Umso weiter wir dem Talweg folgen, desto deutlicher taucht in der Ferne der Ort Langenburg mit sei-

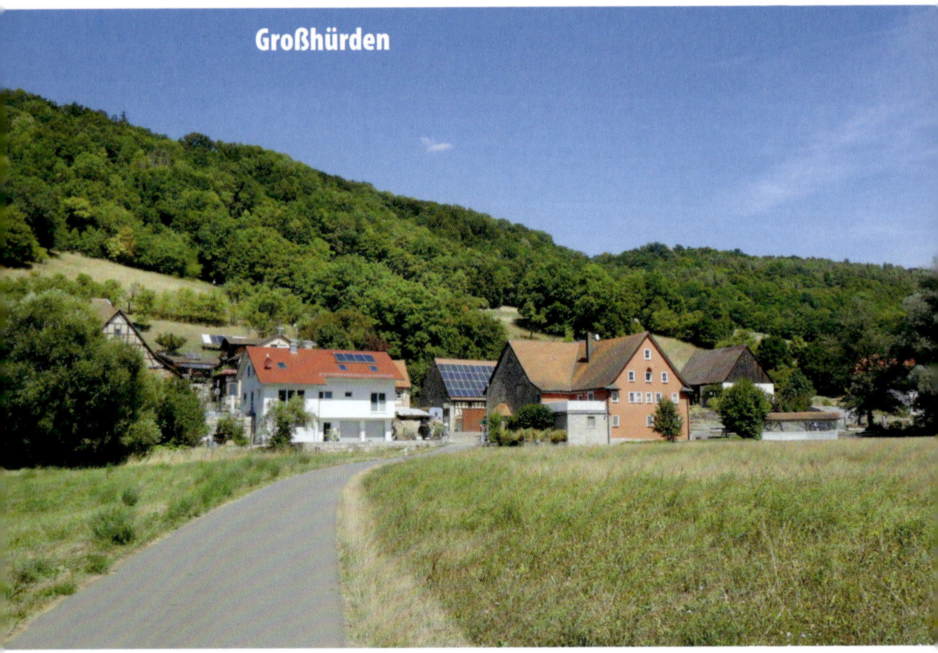

Großhürden

Altes Mühlrad in Großhürden

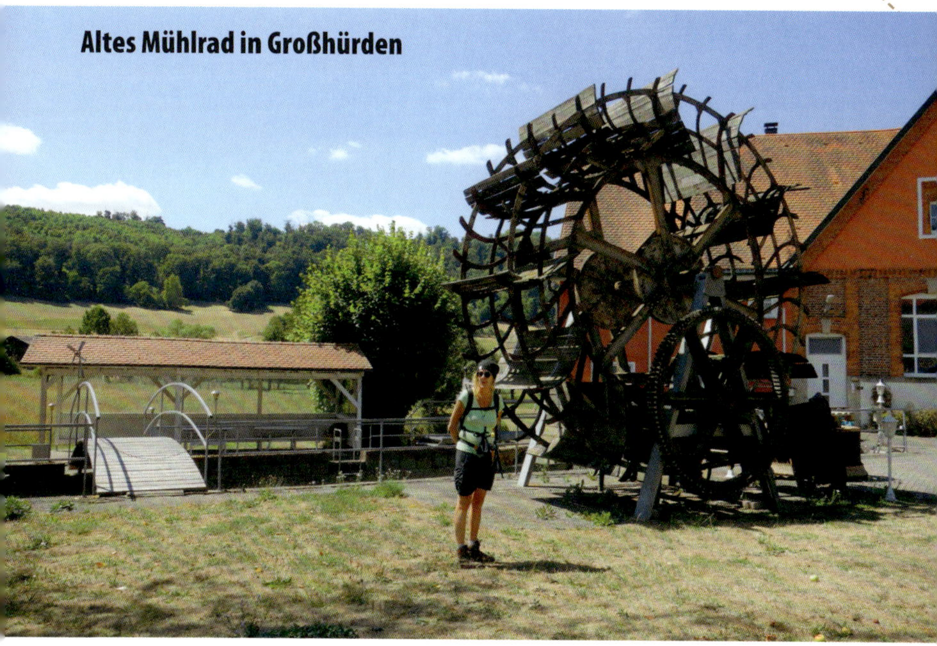

nem prächtigen Schloss am Horizont auf. Ein eindrucksvolles Bild bietet sich uns, stellenweise führt unser Weg ganz nah an der Jagst vorbei. Die wahrlich urwüchsige Natur am teils mit Schilf bewachsenen Flussufer ist ein echtes Paradies und ein Schutzraum für Wassertiere, Vögel und Insekten. Bei den Klebwiesen zweigt der Radweg links ab, wir jedoch gehen geradewegs zu dem Feldweg, der nach Bächlingen führt. Jetzt wäre der ideale Zeitpunkt für eine kleine Auszeit, also setzen wir uns ans Ufer und beobachten einfach nur die Enten.

Huch, was war denn das? Eine Libelle summt an uns vorbei. Libellen können ihren Flug auf bis zu 50 Kilometer pro Stunde beschleunigen. Das ist doch verblüffend. Während wir das süße Nichtstun genießen, hören wir auf einmal seltsame Geräusche im Wasser. Wir blicken umher, bis wir einen Schwimmer im Fluss erkennen, verrückt. In Bächlingen ist ein **Naturfreibad,**

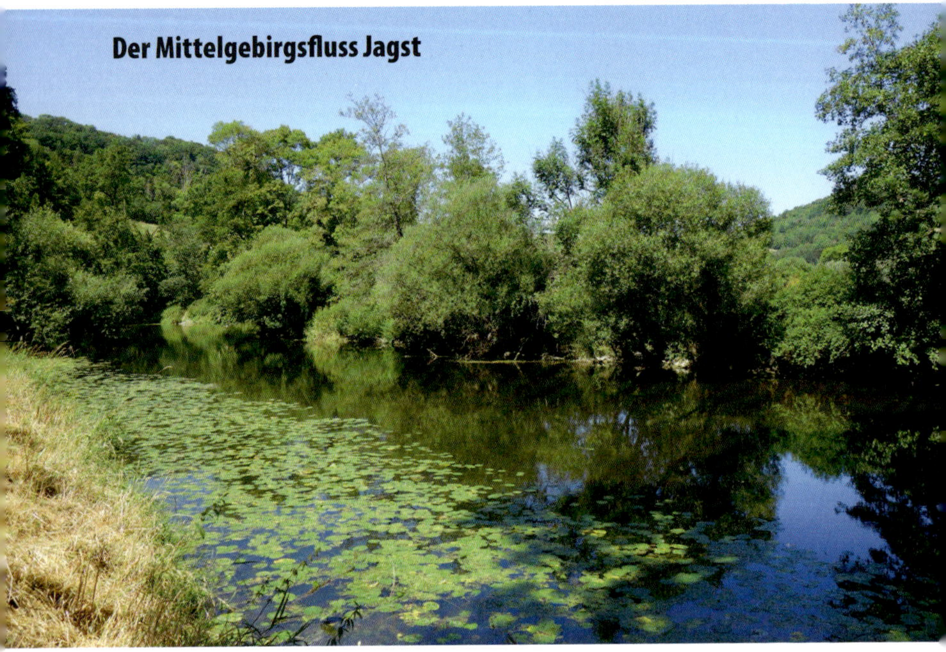

Der Mittelgebirgsfluss Jagst

an dem wir später noch vorbeilaufen, von dort kommt der Schwimmer wohl. Relaxt wandern wir mit Leichtigkeit nach Bächlingen weiter, denn es ist ja nicht mehr weit bis zu dem Parkplatz bei den **Lachenwiesen** am Jagstwehr. Auf dem schönen Wiesengrund und an der Badestelle könnten wir uns jetzt erfrischen, wenn wir unser Badeoutfit dabeihätten, schade, vielleicht beim nächsten Mal.

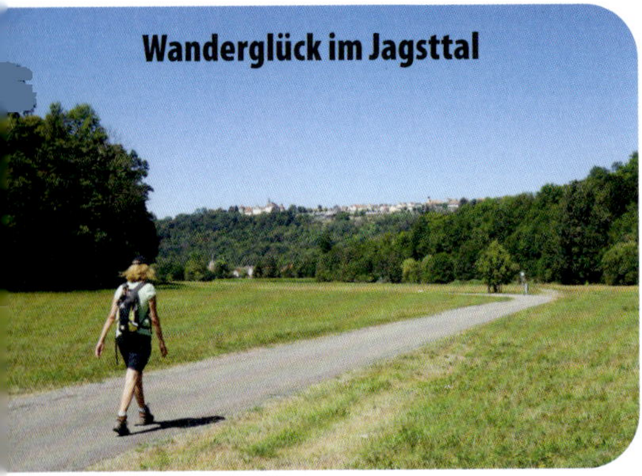

Wanderglück im Jagsttal

Unser Weg führt unter der Straßenbrücke her zur historischen **Archenbrücke** aus Holz, die über die Jagst leitet. Leider fiel das Original von 1785 dem Zweiten Weltkrieg zum Opfer. Von 1989 bis 1991 wurde die Brücke dann originalgetreu rekonstruiert. Gleich nach dem

Bauwerk biegen wir links in die Jagsttalstraße ein. Am Kelterplatz gehen wir rechts, umrunden die Kelter und erreichen die **evangelische Johanneskirche.** Sie soll angeblich die älteste Kirche der Region sein und stammt aus dem Jahr 1245. Es handelt sich um eine einschiffige Saalkirche. Das spätgotische Bauwerk ist nach seinem Schutzpatron, dem heiligen Johannes, benannt.

Wenn in Bächlingen die Glocken der ***evangelischen Johanneskirche*** *läuten, dann schallt ihr lauter Klang durch den ganzen Ort und ist bis nach Langenburg zu hören.*

Gleich nach dem Kirchhof folgen wir in **Bächlingen** 5 der Kirchstraße hinauf und wenden uns dann am Dorfbrunnen links der **Alten Steige** zu. Hoch über uns thront Langenburg mit seinem herrschaftlichen Schloss. Der mächtige Anstieg Richtung Langenburg bringt uns ordentlich ins Schwitzen. Fast oben angelangt, passieren wir den **Agnes-Günther-Platz** 6. Die Autorin des Romans „Die Heilige und ihr Narr" (1863–1911) hat hier an

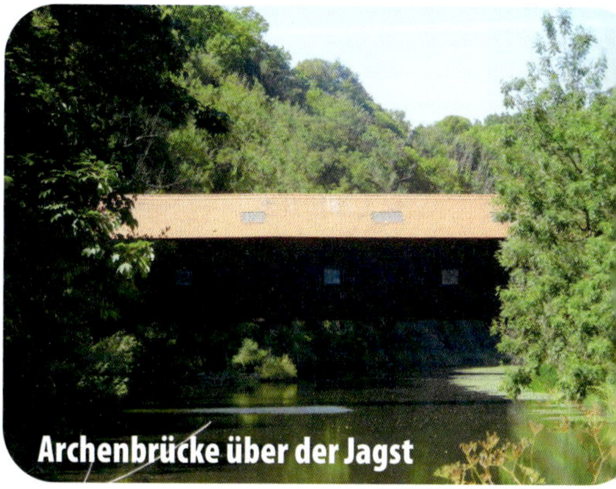

Archenbrücke über der Jagst

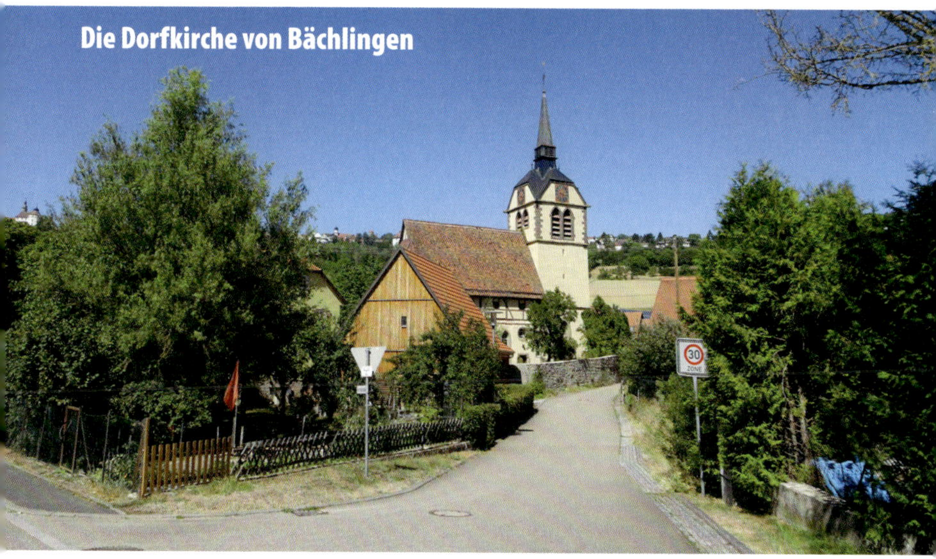

Die Dorfkirche von Bächlingen

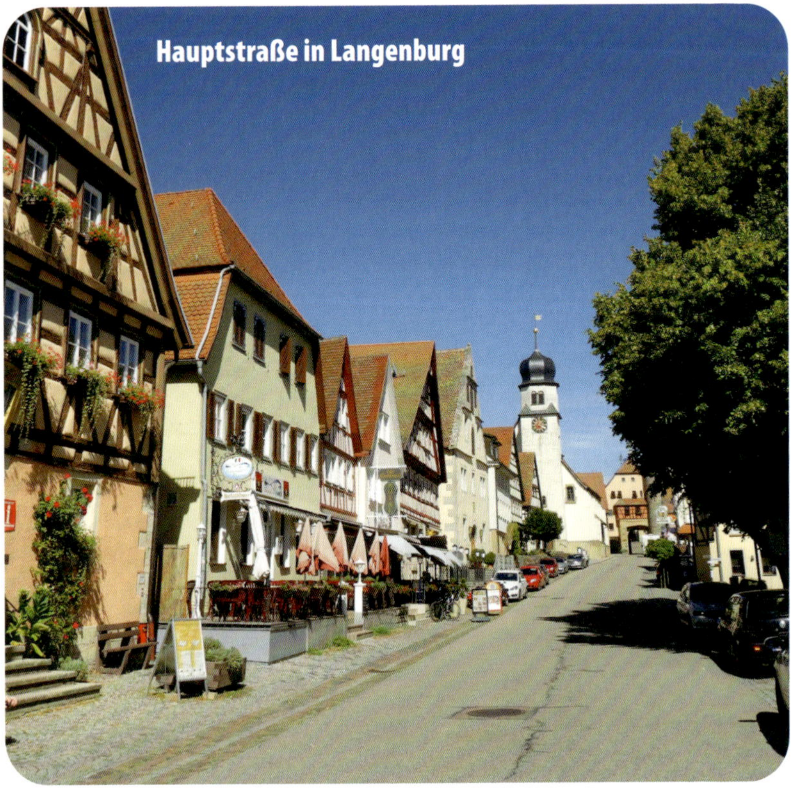
Hauptstraße in Langenburg

diesem Ort wohl einige Stunden der Muße verbracht, um Kreativität für ihr Werk zu erlangen. Dieser Platz wurde ihr zu Ehren errichtet. Einige Stufen bringen uns vollends hinauf zur Stadtmauer, an der wir mit Ausblick entlanglaufen, bis wir schließlich den Luftkurort Langenburg erreichen. Der schöne Ort hat ein südliches Flair und einen ganz besonderen Charme. Am **Philosophenkeller** geht es links zum Deutschen Automuseum, **Wibelehäusle** ⑦ und **Schloss** ⑧ mit **Schlosscafé** ab.

Wer sich für Autos interessiert, sollte unbedingt das **Automuseum** besuchen, das bereits 1970 in der Remise des Schlosses eröffnete. Kulturbegeisterte kommen bei einer Führung durch das Schloss auf ihre Kosten. Die Ursprünge des Schlosses gehen auf die Stauferzeit zu-

! ***Schloss Langenburg,*** *Wohnsitz der Fürstenfamilie von Hohenlohe-Langenburg, ist stündlich zu besichtigen (www.schloss-langenburg.de).*

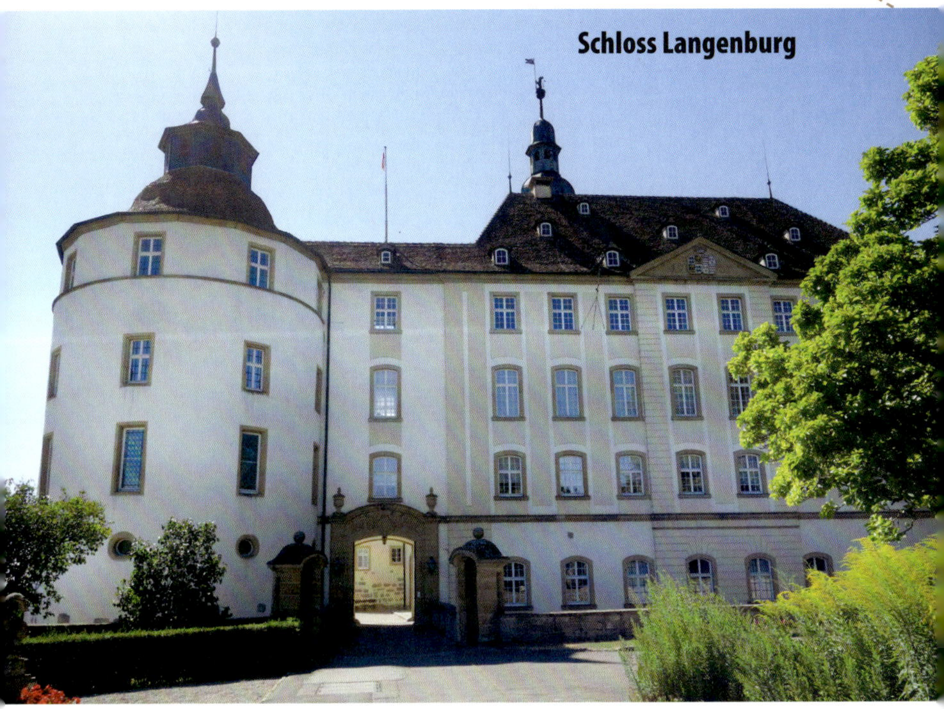

Schloss Langenburg

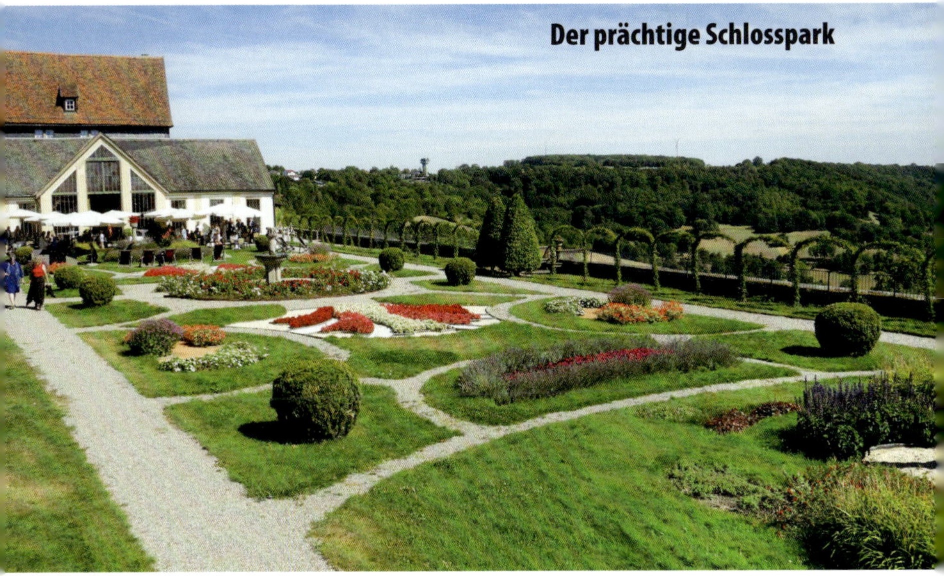

Der prächtige Schlosspark

rück, bereits im 13. Jahrhundert wurde es zum Stammsitz des bedeutendsten Hauses Hohenlohe, das bis heute enge verwandtschaftliche Beziehungen bis ins britische Königshaus besitzt und mit dem europäischen Hochadel Kontakte pflegt. Voller Input und mit genügend Fotos im Kasten folgen wir nun der Hauptstraße zum Rathausplatz und zur Kirche. Der Tor-Fußweg und die **Brauereistaffel** bringen uns zurück zum Parkplatz.

Unser Fazit: Auf diesem empfehlenswerten Pfad der Stille findet man innere Einkehr und Ruhe, denn er führt durch eine faszinierende Naturlandschaft. Eine rundum gelungene Wanderung für Körper und Seele und für Bade- und Kulturbegeisterte.

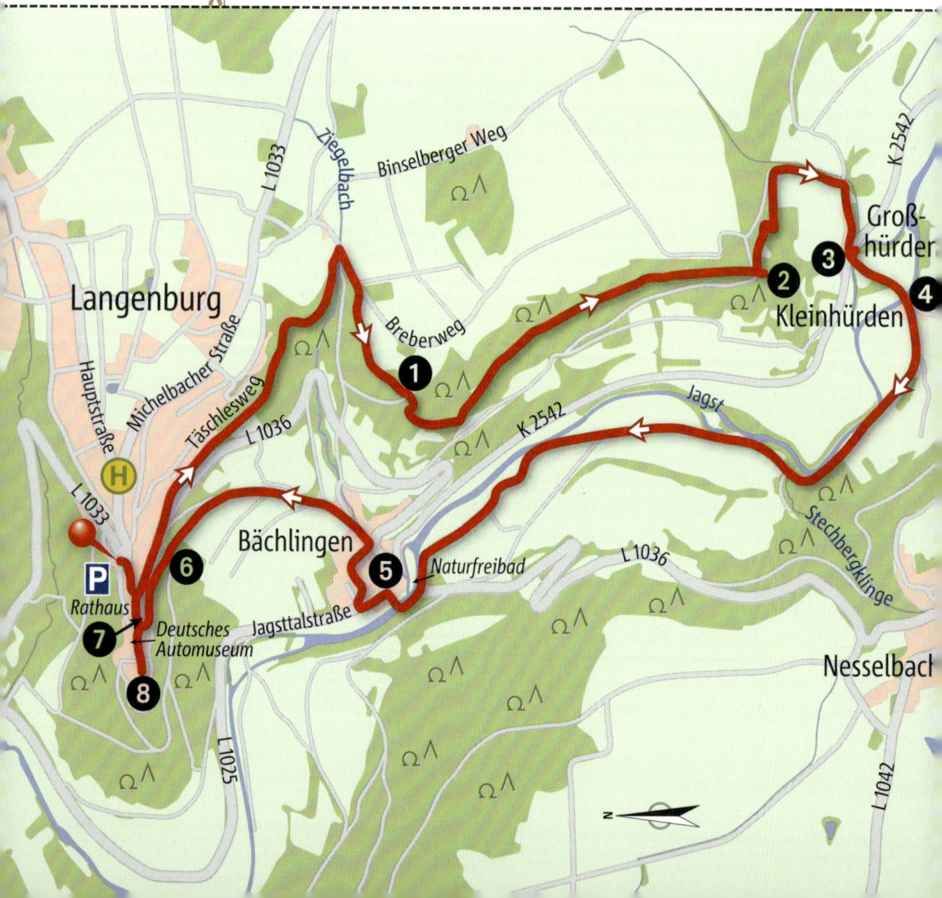

Alles auf einen Blick

WIE & WANN:
Häufig naturbelassene Wege, außer auf dem Radweg im Jagsttal.
Beste Wanderzeit von März bis November.

HIN & WEG:
Auto: A6 Abfahrt 44, durch Hörlebach, Obersteinach, Söllbot, Nesselbach und Bächlingen nach Langenburg, nach dem Stadttor zweimal links.
Parkplatz im Brauereiweg, 74595 Langenburg (GPS: 49.253667, 9.84925)
ÖPNV: Bus 25 von Blaufelden oder Künzelsau, Bus 71 von Schwäbisch Hall bis Haltestelle Langenburg Alte Schule

ESSEN & ENTSPANNEN:
Wibelehäusle ❼ Hauptstraße 2, 74595 Langenburg, Tel. (01 59) 05 27 00 22
Schlosscafé beim Schloss Langenburg ❽ Hauptstraße 96, 74595 Langenburg, Tel. (0 79 05) 94 05 40, www.schloss-langenburg.de

ENTDECKEN & ERLEBEN:
Lichtung ❶
Rastplatz Am Katzenstein ❷
Großhürden ❸
Kleinhürden ❹

Entspannung ✱✱✱✱✱
Genuss ✱✱✱✱✱
Romantik ✱✱✱✱✱

Bächlingen ❺
Agnes-Günther-Platz ❻
Schloss Langenburg ❽ siehe ESSEN & ENTSPANNEN

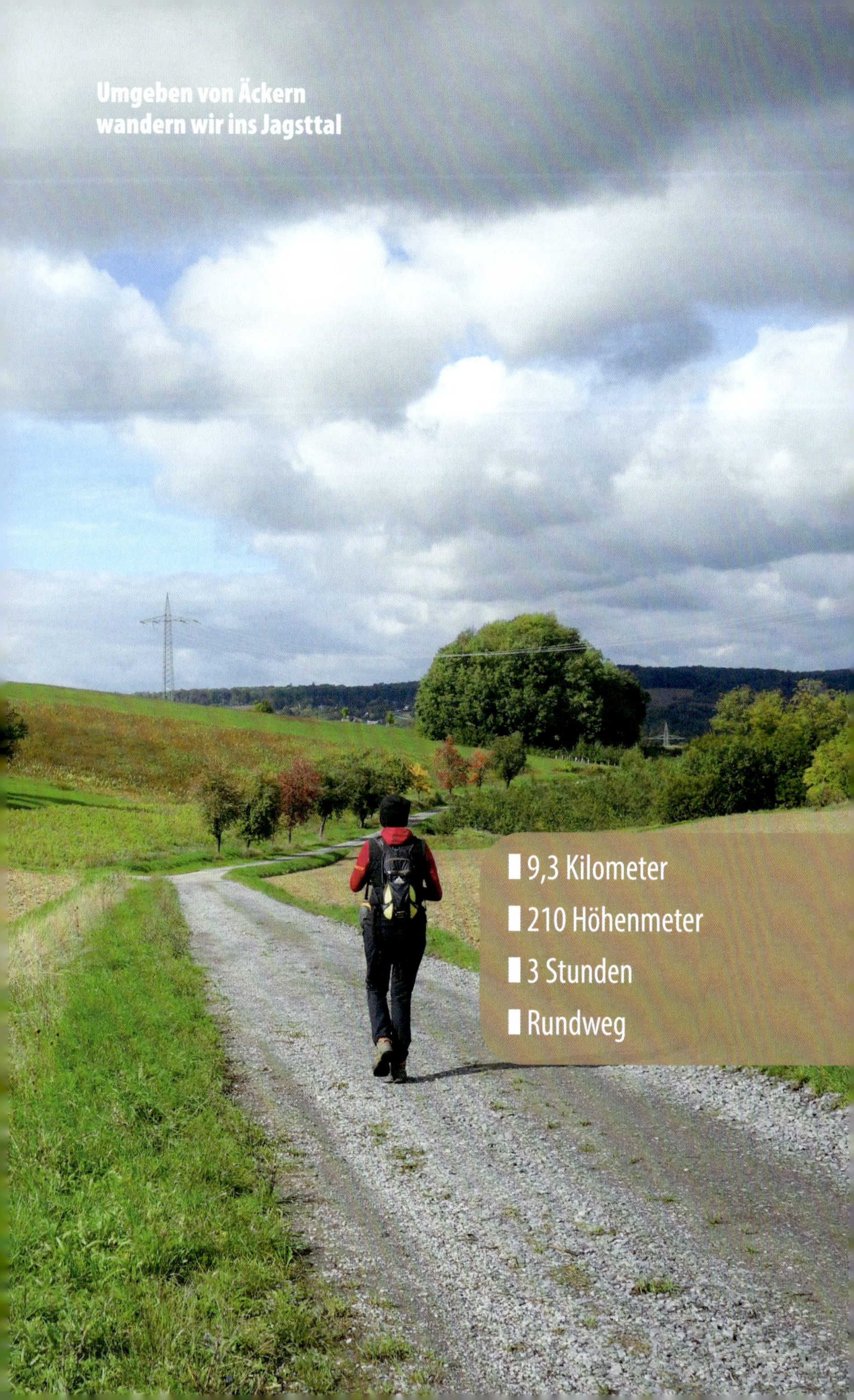
Umgeben von Äckern
wandern wir ins Jagsttal
9,3 Kilometer
210 Höhenmeter
3 Stunden
Rundweg

Die herrliche Aussichtstour mit facettenreichen Ausblicken auf die Götzenburg führt durch tiefe Wälder und herrliche Wiesentäler. Wir wandeln wieder einmal auf den Spuren des Götz von Berlichingen (siehe Tour 3) und erkunden seinen Heimatort. Während wir in der Schlosskulisse umherstreifen, erspüren wir auch etwas vom Reiz einer längst vergangenen Zeitepoche. In Jagsthausen verbrachte der Ritter Götz von Berlichingen seine Jugendzeit. Später führte er im Schwäbischen Bauernkrieg die Aufständischen an, wodurch er einen verschwörerischen Verrat gegen den Kaiser aufdeckte.

Beim **Edelmannshof** starten wir hoch über dem Jagsttal am Waldspielplatz bei der Grillhütte. Dort gehen wir rechts über den G'häuweg in den Wald. Für heute leitet uns die Ausschilderung **weißes Schild mit blauem Kreis und einer 4.** Neben dem breiten Weg wachsen nicht nur Brennnesseln und Farne, sondern auch Wildkräuter und Waldbeeren, eine echte Paradiesküche. Auf feinem Schotter senkt sich der Weg leicht talwärts und Nadel- sowie Laubbäume wechseln sich ab. Wir atmen ganz tief durch und spüren den Atem des

Götz von Berlichingen *(1480–1562) war Reichs- und Raubritter. Johann Wolfgang von Goethe (1749–1832) inspirierte dies zu einer literarischen Inszenierung, die noch heute in Jagsthausen aufgeführt wird.*

Wiesen und Kultur

Zur Götzenburg

Walds, der nach einem klärenden Regenschauer besonders intensiv duftet. Bald überqueren wir eine Landstraße und folgen geradeaus weiter dem Waldweg, der im Verlauf in einer Senke einen plätschernden **Wildbach** kreuzt. Wenig später gehen wir auf der Kuppe nach rechts und folgen nun dem querenden Weg, der abermals nach rechts führt. Die tiefe Waldstille verleiht uns innere Ruhe und Gelassenheit. Das kann man gerade in herausfordernden Zeiten gut gebrauchen. Innerer Frieden breitet sich aus, wenn Gedanken ganz leise werden und sich im Kopf ein Gefühl von Leere ausbreitet. So kann neuer Raum für kreative Ideen entstehen. Umso öfter man im Wald unterwegs ist, desto freier werden die Gedanken und man profitiert immer mehr vom körpereigenen Immunsystem.

Kurz bevor wir die Landstraße erreichen, biegen wir nach links ab. Etwas weiter verlassen wir in der **Pfaffenklinge** den Wald und gelangen zur **Teichanlage Walch 1**. Ziemlich idyllisch liegt sie hier, umgeben von Wald und Wiesen. Sie ist ein optimaler Lebensraum für Tiere und Pflanzenarten. Die Anlage besteht aus zwei Weihern. Sie gehört dem Fischerverein Jagsthausen,

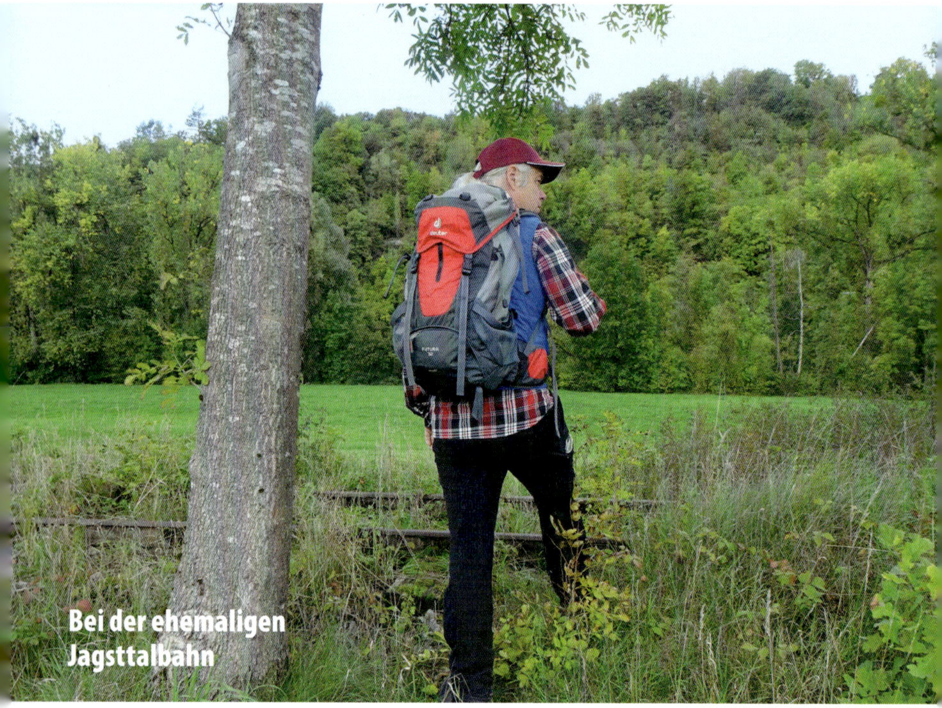

Bei der ehemaligen Jagsttalbahn

der sie in Eigenleistung errichtet hat. Ein Wiesenweg leitet uns nach links, und an mehreren Äckern vorbei wandern wir zu einer Vierfachwiesenwegkreuzung. Wir nehmen den linken Weg und treffen unter einer Stromleitung auf einen Wirtschaftsweg, dem wir talwärts ins Landschaftsschutzgebiet folgen. Ach übrigens, irgendwo in den Hecken soll angeblich der Weiherbrunnen versteckt sein, wir haben ihn leider nicht gesichtet. Der **Weiherbrunnen** ist eine Quelle, die man zwar auf der Landkarte und dem Bildschirm des GPS-Geräts entdecken kann, leider jedoch nicht zugänglich ist, da stark durch Hecken zugewachsen.

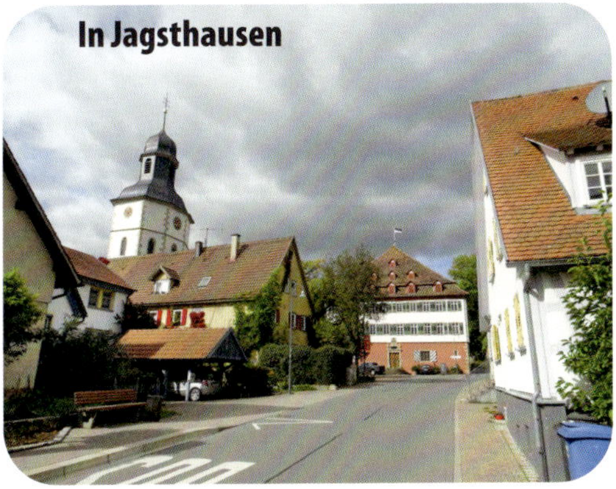
In Jagsthausen

Von Wald und Hecken umsäumt wandern wir am **Heidenbürzel** in einer Links-Rechts-Kombination weiter und schreiten neben Tannen aussichtsreich hinab.

Für die Seele

Gemütliche Tour auf dem Jagsthausen-Rundweg 4 mit schönen Ausblicken und der Götzenburg, einem spannenden Kulturerbe.

Unterdessen genießen wir einmal mehr die prächtige Landschaft. Auch Schilf wächst am Wegesrand, was darauf schließen lässt, dass hier ein Feuchtgebiet ist. Der breite Weg führt an ein Wasserschutzgebiet und schon bald ist uns ein traumhafter Blick auf das Jagsttal vergönnt. Einige Minuten später erkennen wir auch die stolze Götzenburg, die Heimatresidenz derer von

Im Talgrund informiert uns eine Tafel über den **Obergermanischen Limes** des ehemaligen Römerreichs. Rechts neben dem Weg gilt es, Gleisreste der ehemaligen Jagsttalbahn zu entdecken.

Berlichingen. Wie magisch zieht sie uns in den Bann, während wir auf einem Feldweg dem Tal entgegenschreiten. Wir achten auf den Rechtsabzweig, der uns zum dichten Grüngürtel der Jagst bringt. Dort gehen wir links am Waldrand entlang und genießen dabei das hügelige Umland und die überaus schöne Landschaft.

Von der Jagst begleitet, verläuft der Naturweg neben der dicht bewachsenen **Talfurche.** Durch das Dickicht hörbar fließt unter uns die Jagst, an lichten Stellen können wir sie sogar erblicken. Im Talgrund angekommen, biegen wir links in den Teerweg ein.

Unser Weg führt an den einstigen Bahndamm und wir wandern geradewegs in Richtung **Jagsthausen.** Jenseits des Flusses haben wir optimale Voraussetzungen

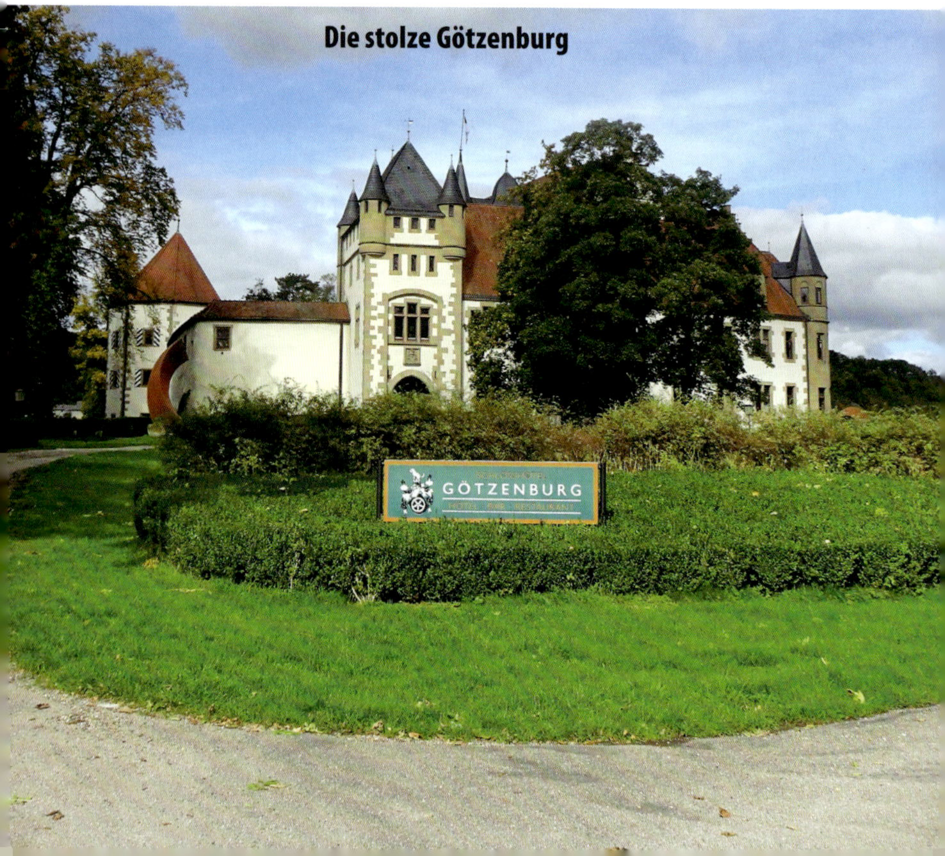

Die stolze Götzenburg

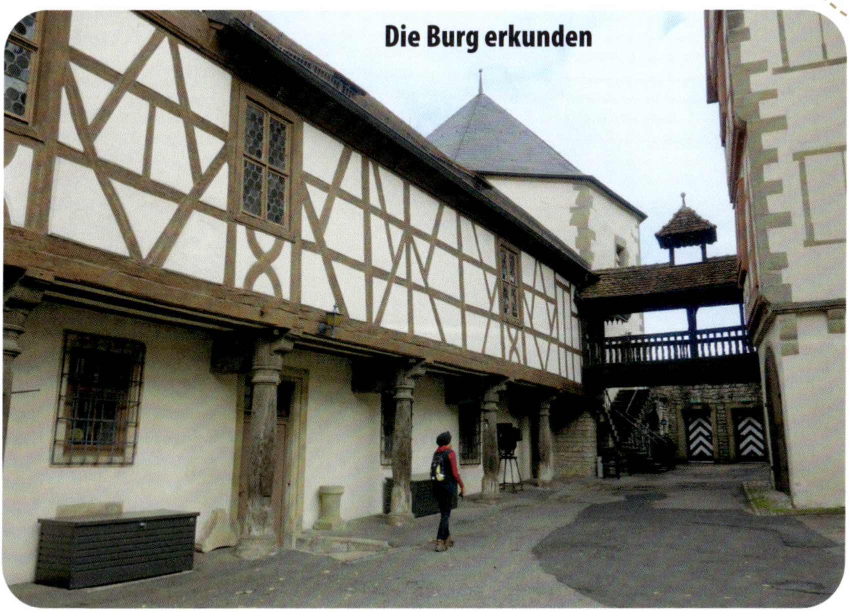

für ein Foto von der Götzenburg, die sich nun aus verschiedenen Perspektiven in ihrer ganzen Pracht zeigt.

Wir gehen bis zur Edelmannshoferstraße weiter, am Friedhof vorbei und queren den Fluss auf der **Jagstbrücke** ❷. Die Markierung leitet uns jetzt über die Brückenstraße zur Ortsmitte, bei der wir vor dem Rathaus rechts gehen. Nun sind wir mitten in der Heimat von Götz von Berlichingen und folgen der Schloßstraße, die uns an der Kirche vorbeiführt. Hier in Jagsthausen hat man die Qual der Wahl in punkto Einkehr: **Gasthof zur Krone** ❸, **Schmiedeeck** ❹ und **Rotes Schloss** ❺ sind die drei zentralen Lokalitäten.

Und plötzlich stehen wir vor der mächtigen **Götzenburg** ❻. Hier also hat der Götz in jungen Jahren gehaust. Die Burg beziehungsweise Schlossanlage dient heute als Hotel und Eventlocation sowie als Kulisse für die Burgfestspiele. Übrigens gehört das Schloss zu der Linie seines Bruders Hans von Berlichingen und dessen Nachfahren. Wir erkunden den Innenhof, der eini-

*In der **Jagsthausener Götzenburg** kann man sich im Sommer bei den Burgfestspielen eine Inszenierung von Goethes Götz von Berlichingen anschauen. Das Schlossmuseum in der Burg ist von Mai bis Oktober sonntags zwischen 13:30 und 16 Uhr geöffnet.*

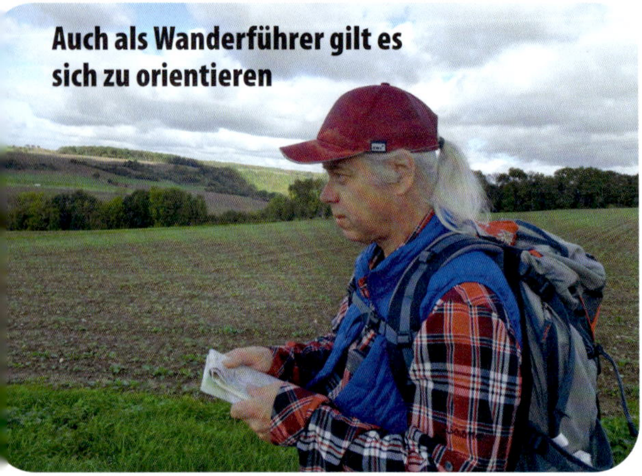
Auch als Wanderführer gilt es sich zu orientieren

ges an Eleganz zu bieten hat. Die Burg stammt aus dem Mittelalter und geht auf die Herren von Husen zurück, ein altes Adelsgeschlecht aus dem 12. Jahrhundert. Verfolgt man die Familienhistorie derer von Berlichingen zurück, erkennt man die verwandtschaftlichen Bande. Fast kann man noch die herrschaftlichen Empfänge und die Nostalgie wahrnehmen, die von diesen Mauern ausgehen. Kein Wunder, denn durch die Burgfestspiele, die hier bereits seit 1950 stattfinden, wird die Vergangenheit immer wieder zur spürbaren gegenwärtigen Energie.

Nun verlassen wir dieses sehr gut erhaltene Gemäuer wieder und wandern auf bereits bekanntem Wege zurück, bis die **Windmühlgasse** links abzweigt. Bald schon führt rechts die Kronengasse weiter und leitet uns am Jagsthäuser Künstlerhaus vorbei. Dann gehen wir die Straße **Am Brückenbergle** hinab und schwenken links wieder in die Brückenstraße ein. Wiederholt queren wir die Flussbrücke und folgen nach dem Friedhof geradewegs der überdimensioniert breiten Bergstraße. Im lang gezogenen Bogen geht es durch das nette Wohngebiet hinauf.

Beim Ortsschild gehen wir geradeaus weiter und neben einem Wasserrückhaltebecken mit Staumauer vorbei. An dem Landweg, der neben einem Bogenparcours bergwärts leitet, biegen wir rechts ab. Immer weiter gehen wir Meter um Meter bergauf, bis wir nach dem Waldabschnitt an Hecken und Streuobstwiesen am Forstrand entlangwandern und nach wie vor leicht aufwärtslaufen. Nicht nur saftige Äpfel, Birnen und

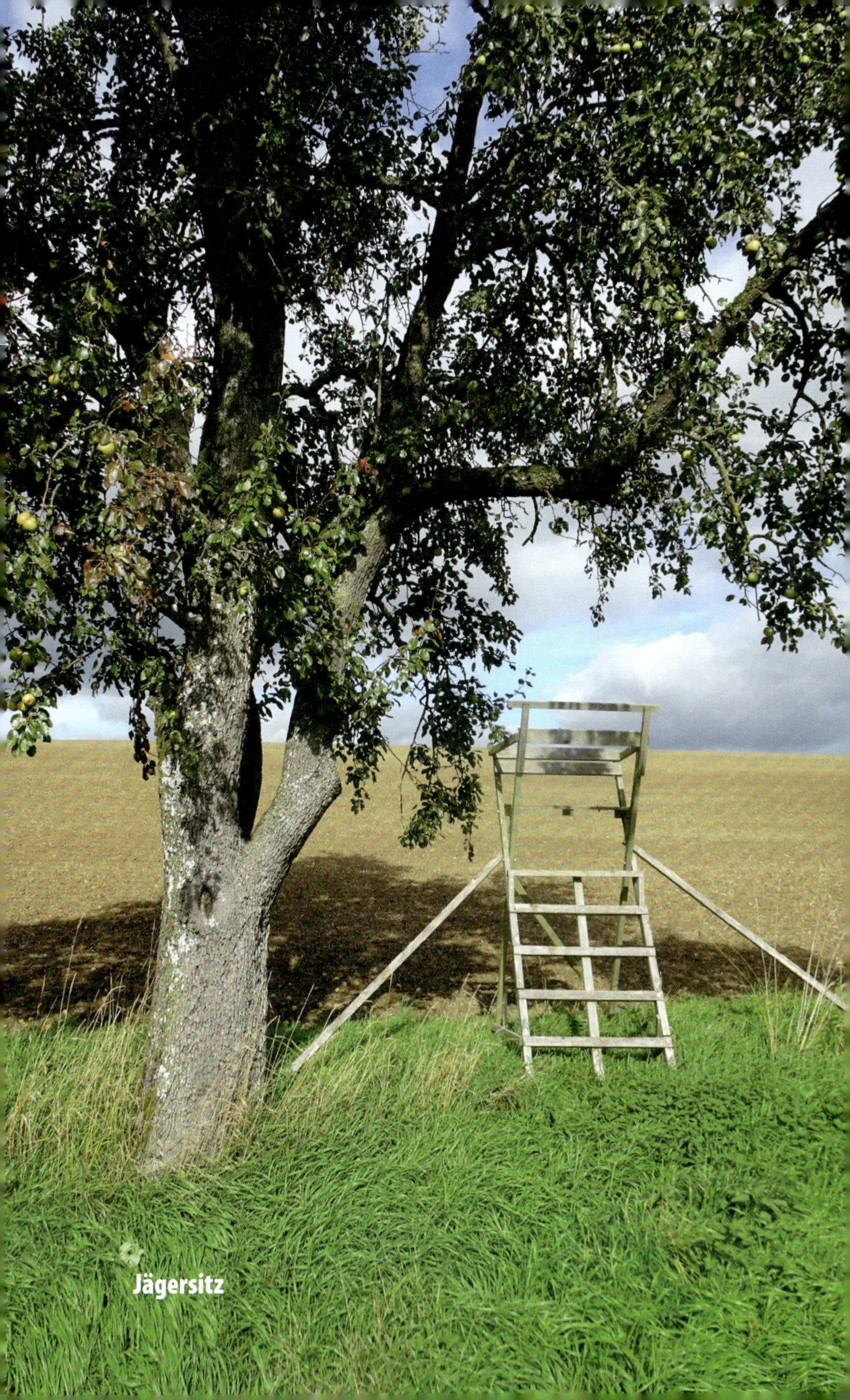
Jägersitz

Kirschen wachsen hier, sondern auch Walnüsse, Hagebutten und Wildkräuter, wie zum Beispiel Spitzwegerich. Der asphaltierte Weg mündet in einen Schotterweg, der etwas später in einen schönen Grasweg übergeht. Dieser bringt uns durch die wundervolle Natur wieder in Richtung Parkplatz direkt neben dem **Waldspielplatz mit Grillhütte.**

Eine gemütliche Wanderrunde war das, die vor allem durch Geschichtliches besticht. Schade bloß, dass für den Spielfilm „Götz von Berlichingen" mit Henning Baum in der Hauptrolle nicht die Originalkulisse als Schauplatz gewählt wurde.

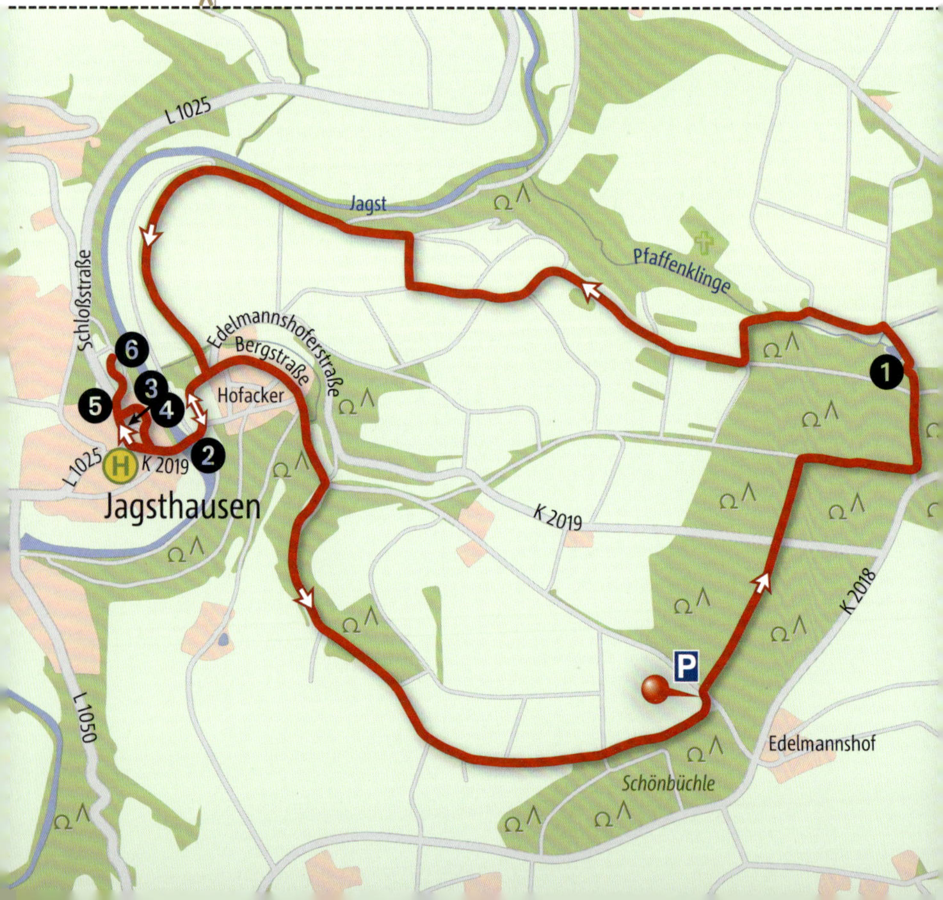

Alles auf einen Blick

WIE & WANN

Die Wege sind meist breite Wald- und Feldwege, aber manchmal auch problemlos begehbare Wiesenpfade. Beste Wanderzeit, wenn kein Schnee liegt, ganzjährig.

HIN & WEG

Auto: Anfahrt A81, Ausfahrt 7, dann in Richtung Jagsthausen. Dort über die Jagstbrücke und die Bergstraße fast 2 Kilometer hochfahren, an den Aussiedlerhöfen Ghai vorbei. Parkplatz am Waldspielplatz am Waldrand, 74249 Jagsthausen (GPS: 49.303167, 9.495)
ÖPNV: Bus 11 von Möckmühl oder Krautheim bis Haltestelle Jagsthausen Rathaus, dann die Wanderung an der **Jagstbrücke** ❷ beginnen

ESSEN & ENTSPANNEN

Gasthof zur Krone ❸ Brückenstraße 1, 74249 Jagsthausen, Tel. (0 79 43) 94 37 65
Gaststätte Schmiedeeck ❹ Schloßstraße 2, 74249 Jagsthausen, Tel. (0 79 43) 15 72, www.schmiedeeck-jagsthausen.de
Rotes Schloss mit Biergarten ❺ Schloßstraße 17, 74249 Jagsthausen, Tel. (0 79 43) 94 37 65, www.rotes-schloss.de

ENTDECKEN & ERLEBEN:

Teichanlage Walch ❶
Jagstbrücke ❷ **Götzenburg** ❻

Entspannung ★★★★★
Genuss ★★★★★
Romantik ★★★★☆

Über den Dächern
von Widdern

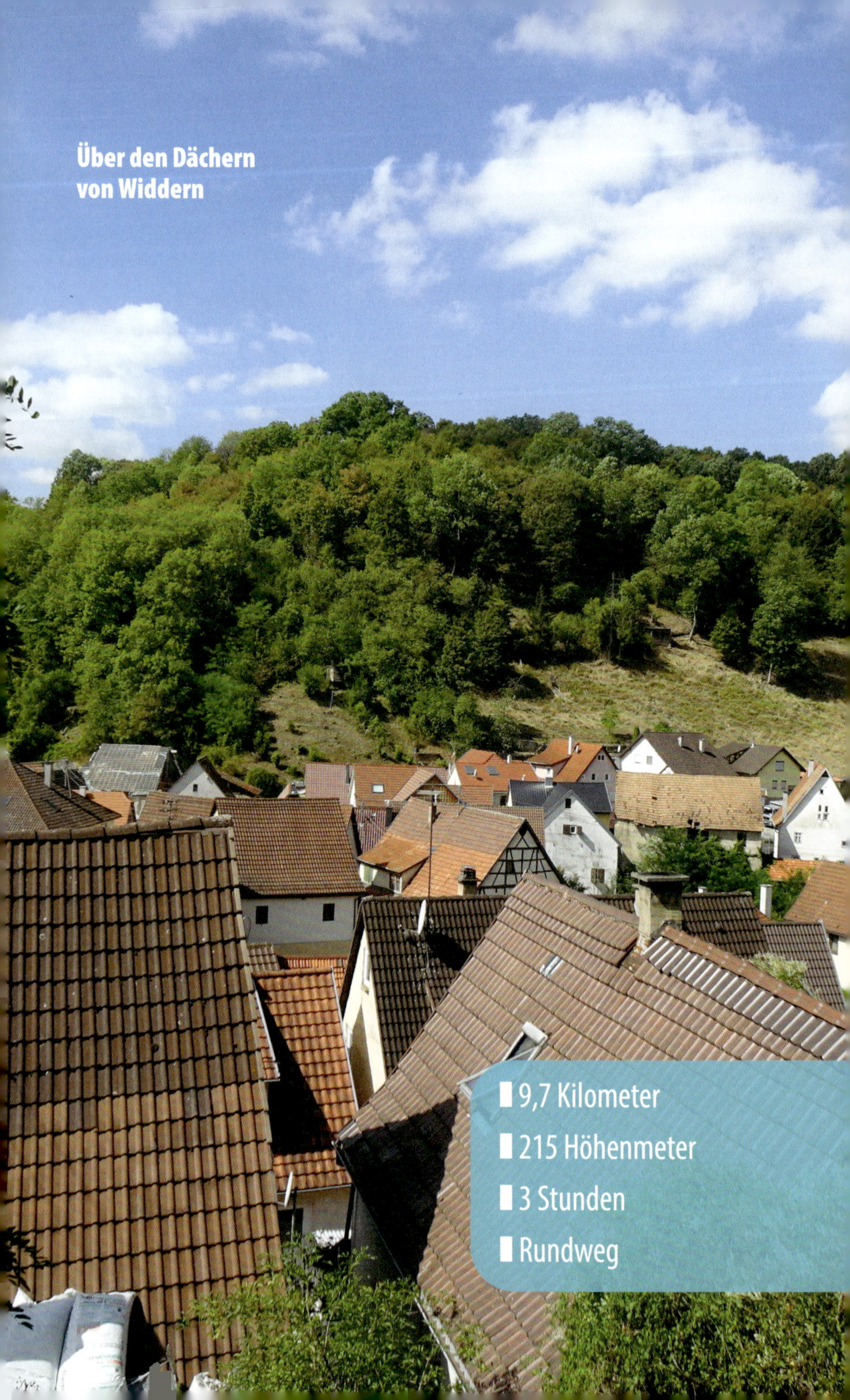

- 9,7 Kilometer
- 215 Höhenmeter
- 3 Stunden
- Rundweg

Die Jagsttal-Runde, unsere heutige Tour, führt uns nach Widdern. Wir pilgern durch das malerische Jagsttal, durchstreifen ursprüngliche Dörfer, wandeln durch Wald und Feld und erfreuen uns stets an der wundervollen Landschaft. Es geht an herrlichen Streuobstwiesen und schönen Schrebergärten vorbei und wir genießen wunderschöne Ausblicke.

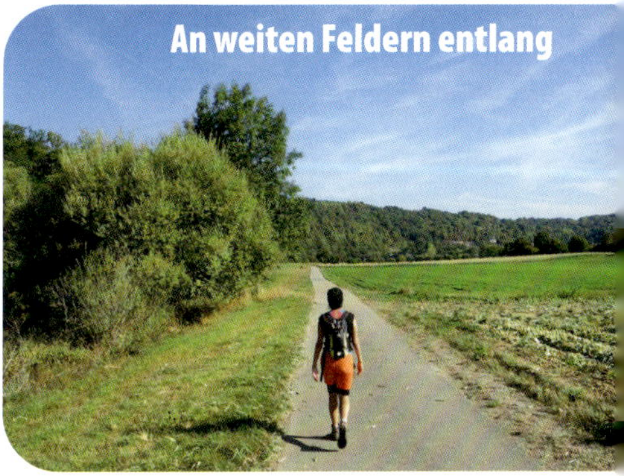

An weiten Feldern entlang

Wir parken direkt neben dem **Jagststeg** und gehen über den Fahrrad-Übungsplatz, vorbei an Vereinsheimen, der **Wilhelm-Frey-Kulturhalle** sowie dem Sportplatz. In einer lang gezogenen Rechtskurve durchwandern wir das liebliche Jagsttal. Bewaldete Höhen und eine überaus schöne Naturlandschaft umgeben uns. Als die Morgenbegrüßung der Hähne von beiden Talseiten zu uns dringt, fühlen wir uns gleich wie im Urlaub. Fast zum Greifen nah rückt die Jagst an unseren Weg heran. Gemütlichen Schrittes genießen wir das idyllische Flair entlang des Flussufers.

Bald gelangen wir in einen Waldabschnitt. Rechts oben verlief früher eine Eisenbahnstrecke, die stillgelegten Gleise sind noch vorhanden, aber mittlerweile zugewuchert. Grell glitzernde Sonnenstrahlen spiegeln sich auf der Wasseroberfläche der Jagst wider, ein grandioses Schauspiel. Angenehme Ruhe umgibt uns. Neben einer moosbewachsenen Mauer säumen stattliche

Idylle am Fluss

Auf dem Schlossberg-Rundweg

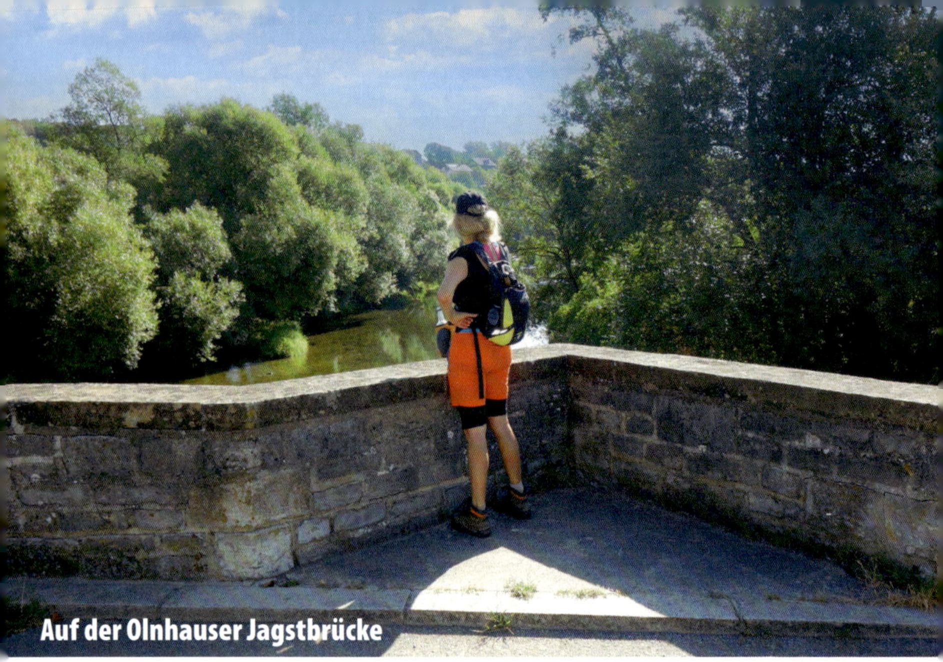

Auf der Olnhauser Jagstbrücke

Buchen den Weg. Sobald sich der Wald lichtet, schwenken wir nach links und folgen weiter dem weitläufigen Grüngürtel des Flusses. Halb rechts vor uns erblicken wir schon den Ort Olnhausen. Der Weg entfernt sich etwas vom Ufer und wir streifen landwirtschaftlich genutzte Gemüsefelder. Am Ortsschild angekommen, ist der Fluss wieder ganz in unserer Nähe. Vor dem Sportplatz gehen wir über die **Olnhauser Jagstbrücke 1.** Gegenüber von einem Picknickplatz überqueren wir eine zweite Brücke und am **Spielplatz Schäferwasen** legen wir erst mal eine kleine Ruhepause ein.

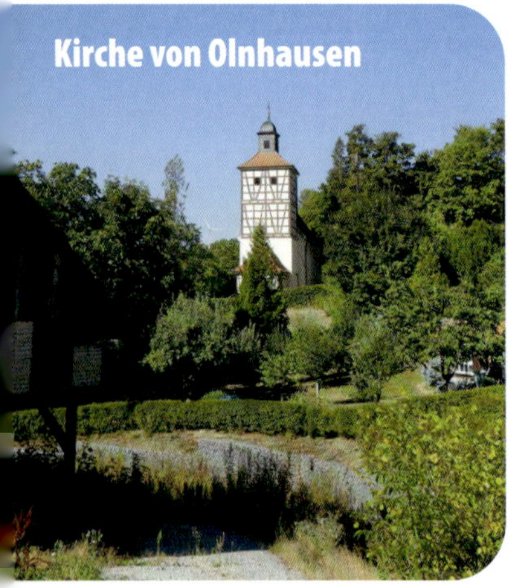

Kirche von Olnhausen

Mit neuem Schwung geht es die Rathausstraße weiter, dann am Dorfgemeinschaftshaus sowie der Feuerwehr vorbei. Hier stand wohl bis November 1938 eine **jüdische Synagoge,** eine Gedenktafel erinnert heute noch daran. Bei einer Bushaltestelle schreiten wir rechts versetzt über die Widderner Straße. In der Straße **Am Berg** geht es den Jakobusweg hinauf. Vor Hausnummer 16 biegen wir nun links ab und schauen zur schönen **Olnhauser**

Kirche hinüber. Nachdem wir Hausnummer 36 passiert haben, begeben wir uns auf den grasbewachsenen Pfad, der uns steil hoch in den Wald leitet. Der Anstieg bringt unseren Kreislauf mächtig in Schwung. Neben dem Taleinschnitt Klinge steigen wir bis zu einem Teerweg hoch, der uns mit schöner Aussicht auf ein hübsches Wiesenhochtal weiter bis auf die **Kessacher Halde** bringt, wo wir dann scharf links abbiegen.

Jetzt befinden wir uns auf dem Kulturwanderweg Jagst. Der weitere Anstieg führt auf das **Hörnle,** wo wir geradewegs den Wald verlassen und einen famosen Weitblick über das Jagsttal erhaschen. Von hier aus erkennen wir auf den gegenüberliegenden Höhen

!

*Vom **Neuberg** reicht der Blick nach Olnhausen im Jagsttal und zur mächtigen Autobahnbrücke über die Jagst bei Widdern. Sie ist 889 Meter lang, 80 Meter hoch und die höchste Brücke zwischen Heilbronn und Würzburg.*

Aussichtspunkt am Neuberg

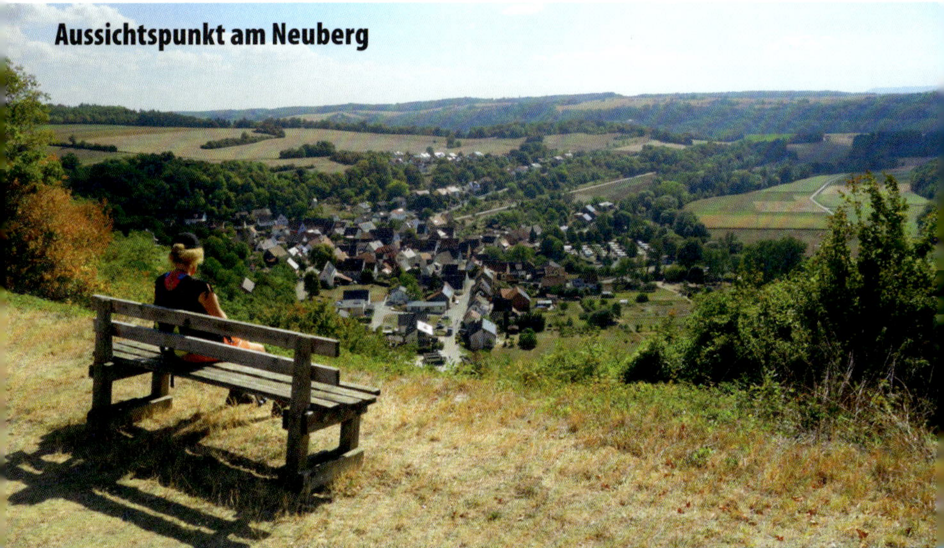

Für die Seele

Die tiefe Stille der Widdern-Jagsttal-Runde lässt uns abschalten und erholsame Ruhe in der Natur finden, innere Ausgeglichenheit und pures Wanderglück.

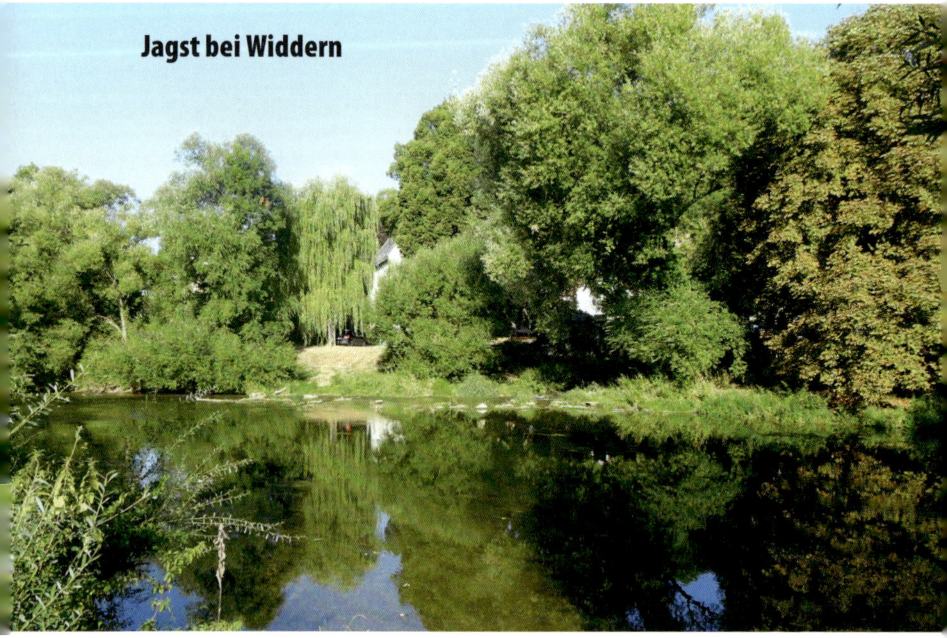

mehrere Windräder, die fast im Gleichklang rotieren, irgendwie mächtig beeindruckend. Der Panoramaweg führt uns zu einem Rastplatz und schon wenig später entdecken wir halbrechts die mächtige Jagsttal-Autobahnbrücke der A81. Bald darauf erreichen wir den **Aussichtspunkt am Neuberg ②**. Von hier aus blicken wir aussichtsreich ins schöne Jagsttal und nach Olnhausen hinab. Wir erkennen sogar den Weg entlang der Jagst, den wir zuvor erwandert haben.

Was für eine schöne Gegend, wir blicken weit hinaus über die hügelige Kette und das wellige Terrain. Bei der kurzen Auszeit auf einer Sitzbank können wir unsere Gedanken völlig abschalten und bewusst die schöne Umgebung auf uns wirken lassen. Entspannt gehen wir weiter und biegen am Feldrand in den zweiten Weg rechts ab. Nun wandern wir lieblich oberhalb von Schrebergärten. Hinweg über landwirtschaftliches Ackerland schauen wir zu den Gehöften der **Pfadsied-**

lung 3. Direkt hinter einem Fahrweg gelangen wir in ein Landschaftsschutzgebiet. Neben einer alten Stützmauer wandern wir an der Amselklinge vorbei an Hagebutte- und Schlehensträuchern am Wegesrand. Am Standort Hörnlessteige biegen wir scharf rechts ab und folgen jetzt dem **KJ9-Schlossberg-Rundweg.**

Wer schon genug gewandert ist oder gar müde Füße spürt, kann von hier aus direkt nach Widdern absteigen. Wir aber gehen weiter. Der schöne Naturpfad führt bergauf und bringt uns hoch über Widdern in einen Wald. Nach dem kurzen Waldabschnitt ist der Weg jetzt von Hecken gesäumt, die vor allem als Nährquelle und Nistplätze für Vögel dienen. Auch Apfel-, Birnen- und Zwetschgenbäume stehen am Wegesrand. An dem folgenden Sträßchen gehen wir links, nach circa 5 Minuten geht es ohne Umschweife links in einen Waldweg. In Serpentinen steigen wir ab und treffen auf den **Turm am Oberen Tor 4** aus dem Jahr 1833. Alte Staffeln

Haus in Widdern

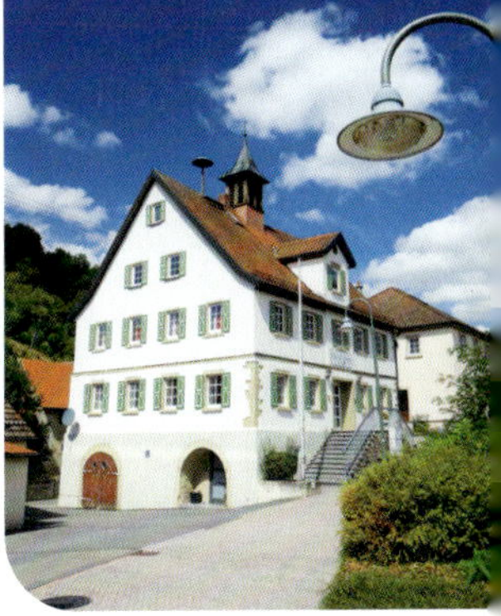

Die mächtige Jagsttal-Autobahnbrücke

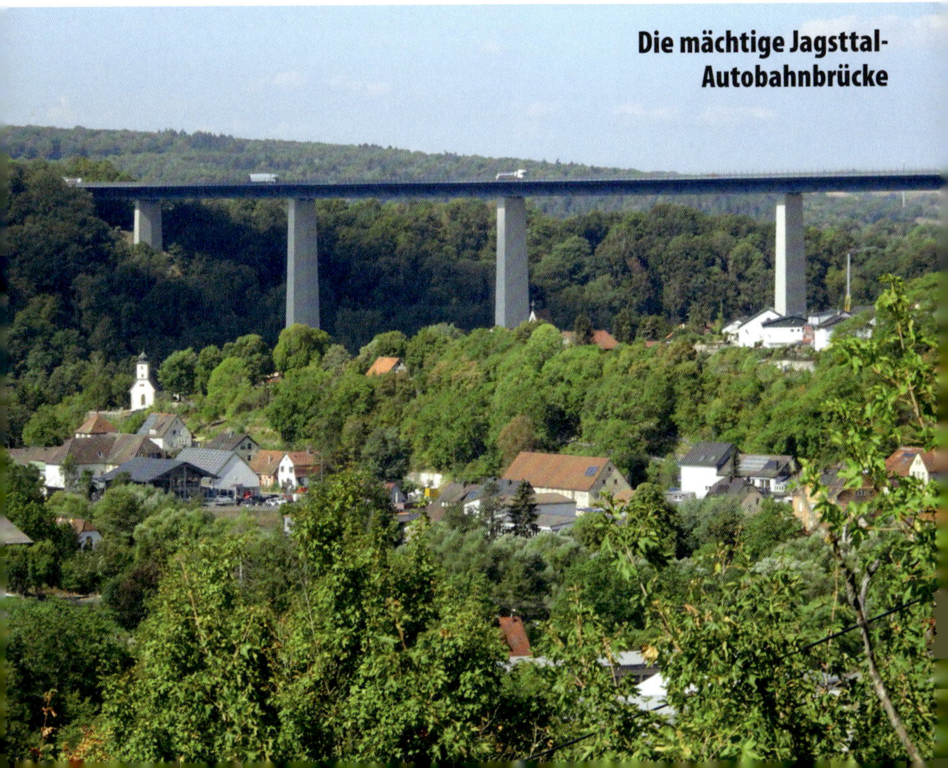

führen uns kurzerhand hinunter nach Widdern zur Burggasse, bei der wir links gehen. Entlang der Hauptstraße wandern wir nach rechts, bis der Weg zum Marktplatz abzweigt. Hier haben wir die Qual der Wahl, entweder das griechische **Restaurant Zum Lamm 5**, die **Bäckerei Reinert mit Straßencafé 6** oder die **Besenwirtschaft Aries 7**. Unser Favorit ist heute die Bäckerei, da wir keinen allzu großen Hunger haben.

Nach einem guten Cappuccino und einem leckeren Stück Kuchen überqueren wir auf dem Zebrastreifen die Hauptstraße, wenden uns vor der Kirche dem **Jagststeg 8** zu und sind auch alsbald schon wieder an unserem Parkplatz.

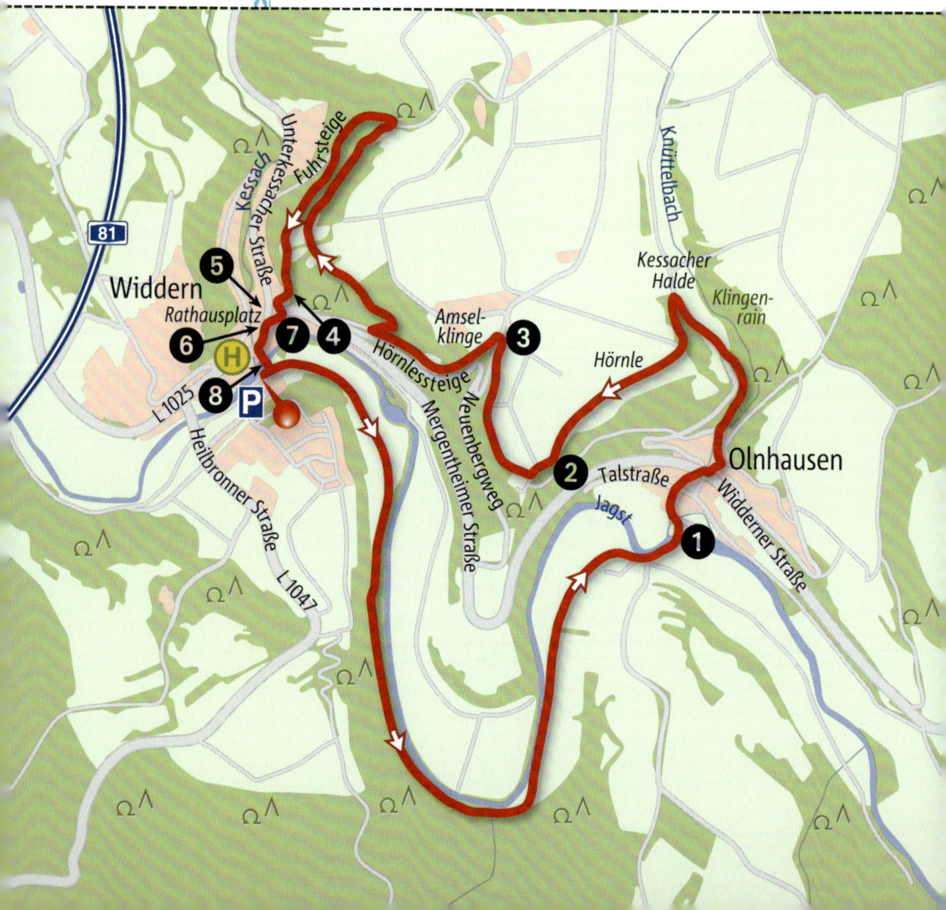

Alles auf einen Blick

WIE & WANN:
Durchgehend gute Wanderwege und Pfade, die problemlos begehbar sind. Beste Wanderzeit, wenn kein Schnee liegt, ganzjährig.

HIN & WEG:
Auto: Anfahrt über die A81, Ausfahrt 7 und über die Landstraße nach Widdern. Parkplatz neben der Fußgängerbrücke über die Jagst, Heilbronner Straße, 74259 Widdern (GPS: 49.316333, 9.42125)
ÖPNV: Bus 11 von Möckmühl oder Krautheim bis Haltestelle Widdern Kirche

ESSEN & ENTSPANNEN:
Restaurant Zum Lamm ❺ Unterkessacher Straße 5, 74259 Widdern, Tel. (0 62 98) 73 34
Reinert Café Bäckerei ❻ Rathausplatz 3, 74259 Widdern, Tel. (0 62 98) 73 05, www.reinert-baeckerei.de
Besenwirtschaft Aries ❼ Keltergasse 3, 74259 Widdern, Tel. (01 76) 96 66 86 64, www.aries-weingut.de

ENTDECKEN & ERLEBEN:
Olnhauser Jagstbrücke ❶
Aussichtspunkt am Neuberg ❷
Pfadsiedlung ❸
Turm am Oberen Tor ❹
Jagststeg ❽

Entspannung ✱✱✱✱✱
Genuss ✱✱✱✱✱
Romantik ✱✱✱✱✱

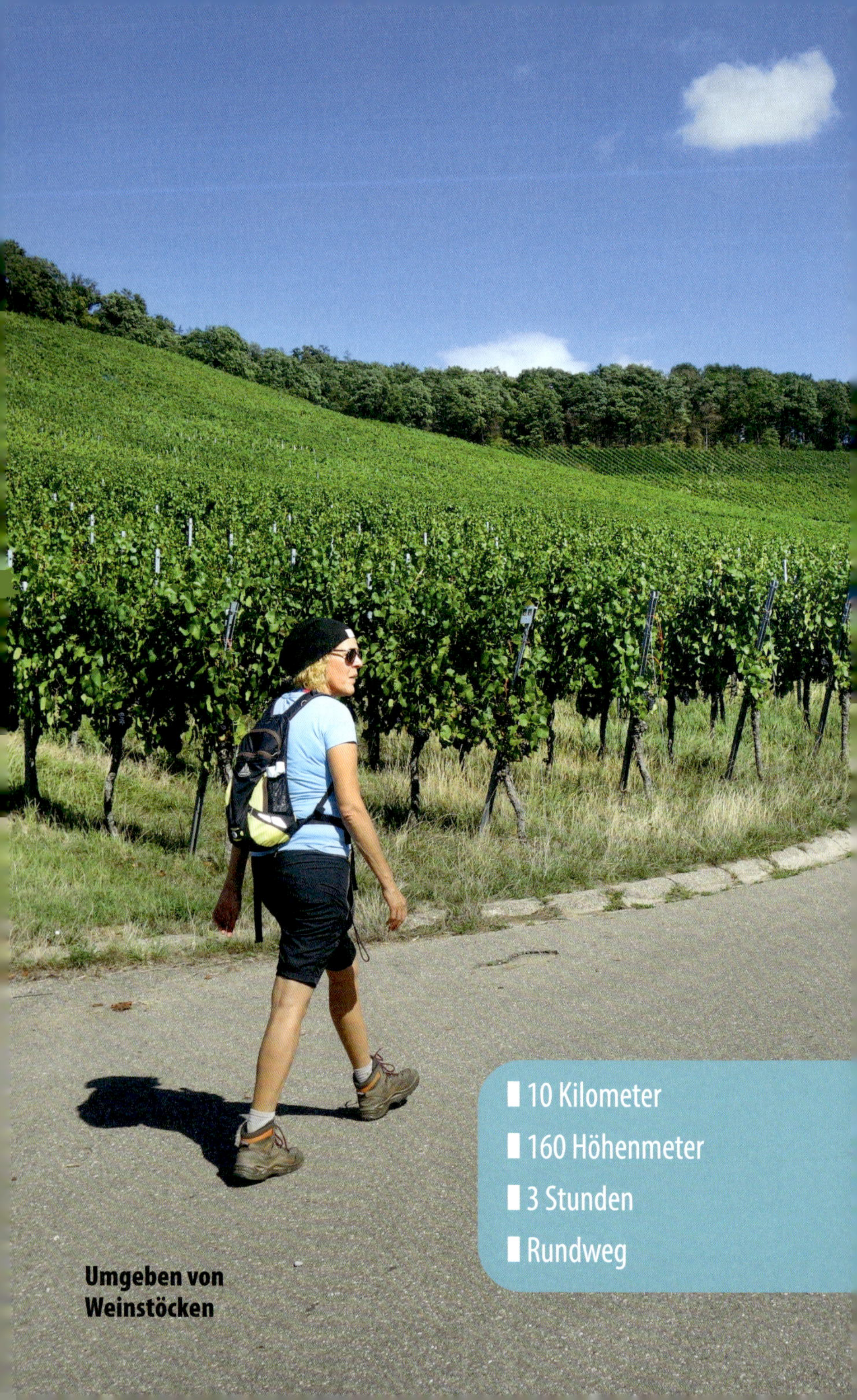

- 10 Kilometer
- 160 Höhenmeter
- 3 Stunden
- Rundweg

Umgeben von Weinstöcken

Auch hier in der Württembergischen Weinregion kann das Klima zu bestimmten Jahreszeiten durchaus mild sein. Warum also in die Ferne schweifen? Wir müssen nicht unbedingt nach Südtirol, sondern können auch in der Umgebung von Eberstadt aussichtsreich durch eine üppige Reblandschaft wandern und malerische Augenblicke mit der Kamera festhalten. Viele alte Brunnenanlagen sowie ein See stehen zudem auf dem Plan. Um zum Startpunkt unserer heutigen Tour zu gelangen, parken wir am Parkplatz der **Eberfürsthalle** in Eberstadt. Sofort fällt uns der reizvolle Charme dieser Gegend auf, der besondere Blickfang sind die Weinberge. Vom Ausgangspunkt gehen wir hinter einem Metallgeländer rechts zum Feldweg. Bald überqueren wir den lauschigen **Schmalbach.** Vor uns zeigt sich nun stolz der Weinberg in seiner ganzen Pracht, gut bestückt mit den Trauben, die dann später den guten Württemberger Wein ausmachen. Dieses Jahr verspricht die Ernte überaus lohnenswert zu werden.

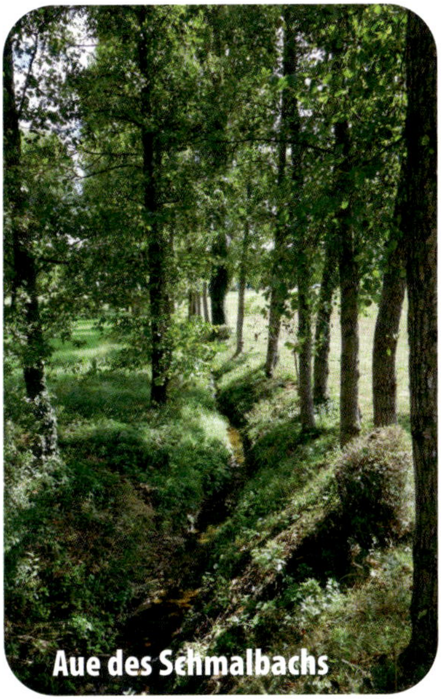
Aue des Schmalbachs

Unsere Tour, die mit der Markierung **WT10 auf rotem Grund** ausgeschildert ist, führt uns halb links bergauf. Wir wandern durch den lieblichen Weinberg mit tollem Ausblick hoch zum felsgekrönten Steinberg. Leider liegt dieser tolle Aussichtsfelsen nicht auf unserer Wanderroute, aber er bietet grandiose Ausblicke auf

Malerischer Wein

Brunnenweg Eberstadt

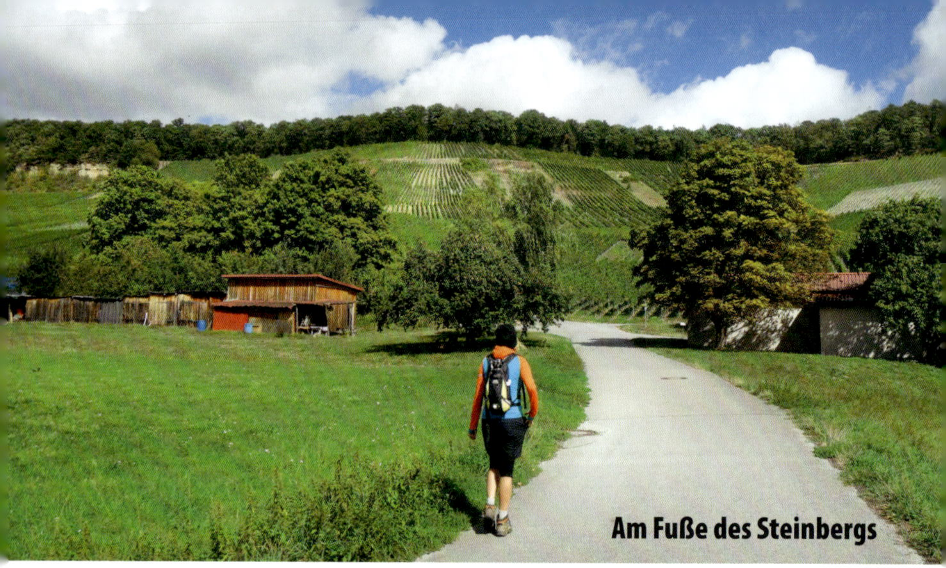

Am Fuße des Steinbergs

Eberstadt und Umgebung. Der Wirtschaftsweg führt uns leicht bergwärts und bald erkennen wir die harmonisch in die Landschaft eingebetteten Orte Lennach und Buchhorn; denen wir jetzt entgegenwandern. In **Buchhorn** biegen wir vor Hausnummer 5 der Straße **Am Steinberg** links in den Fußweg ein und erreichen nach ein paar wenigen Treppen den hübschen historischen **Dorfplatz** ❶ mit seiner altehrwürdigen Linde. Beim alten Backhaus aus dem Jahr 1888 entdecken wir den historischen **Eichbrunnen,** der 1992 renoviert wurde. Weiter geht es auf der Buchhorner Landstraße, in deren Verlauf wir an der Sprudelfabrik **Eberstädter Mineralbrunnen** vorbeikommen.

Mühelos wandern wir hinüber in den kleinen Ort **Lennach** ❷. Erstmals 1282 urkundlich erwähnt, weist er ein überaus betagtes Alter auf. Am Spielplatz folgen wir der **Brunnenstraße** bergab und schon bald gerät erneut ein historischer Brunnen in unser Blickfeld. Er hat ebenfalls ein altes Backhaus sowie eine historische Kelter im Gepäck. Beide Orte haben unverwechselbaren ländlichen Charme. Wir wenden uns links, gehen an schönen Gärten vorbei und verlassen das Wohngebiet. Ein Feldweg führt neben der Lennach zu einer Landstraße, bei der wir kurz rechts gehen. Da unsere Wanderung aus zwei Schleifen besteht, kommen wir jetzt am Ausgangspunkt unserer Tour vorbei und queren abermals den Schmalbach, wenden uns dieses Mal aber dem zweiten Weg rechts zu, der ebenfalls mit WT10 beschildert ist. Hoch über uns ragen die Weinreben auf, doch wir gelangen beinahe mühelos zum Eberstädter Ortsrand. Nach einer Rechtskurve biegen wir links ab und wandern in den Ort **Klingenhof,** der aus dem Jahr 1725 stammt. Ursprünglich bestand er nur aus einem Hof, der aber immer schon zu Eberstadt gehörte. Erst im Laufe der Jahre wurde daraus eine kleine Ortschaft aus immer mehr Häusern. Wir passieren schon den dritten Brunnen und gehen dann an einer Bushaltestelle vorbei. Die **Eberfirststraße** führt uns auch hier an einem alten Backhaus vorbei. Eigentlich eine tolle Sache, so ein Backhaus, so ein frisch gebackenes Holzofenbrot schmeckt nicht nur viel besser, sondern ist auch viel bekömmlicher als ein industriell hergestelltes Massenbrot.

Nun halten wir uns **In der Klinge** rechts, lassen die Wohngegend hinter uns und kommen zu einem landwirtschaftlichen Gehöft. Der angenehme Weg führt an weiten Ackerflächen vorbei und wir schauen auf den Klingen- sowie den Heuberg mit seinen vielen Weinreben. Wie viel Liter Rot-, Rosé- und Weißwein dieser Jahrgang wohl bringen wird? Die Sonnenstunden dieses Sommers waren überdurchschnittlich, das müsste eine gute Ernte mit einer hohen Öchsle-Zahl ergeben. Zu gönnen wäre es den

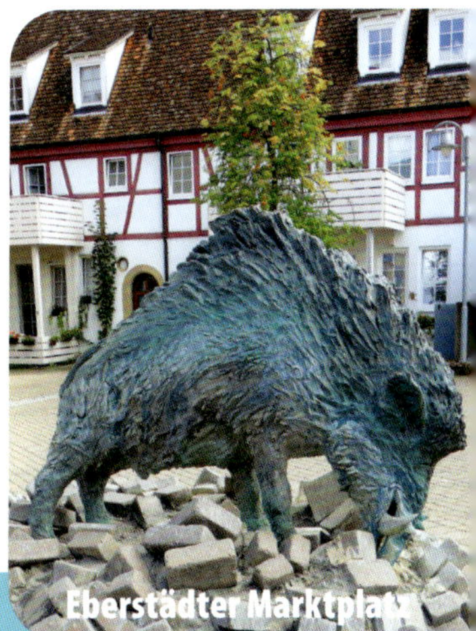
Eberstädter Marktplatz

Für die Seele

Am Hölzerner See kann man unter den Trauerweiden die Seele baumeln lassen. Die Themen Wasser und Wein begleiten uns auf dieser Tour.

Winzern, denn in einem Weinberg steckt extrem viel Zeit und Arbeit.

Während wir noch über den Wein sinnieren, überqueren wir eine Brücke über eine Landstraße. Kurz darauf leitet uns unser Weg durch eine Unterführung, quasi unter der A81 hindurch, die linker Hand im Berg (Tunnel Hölzern) verschwindet. Noch während wir die Unterführung durchqueren, fällt uns auf, dass man seine Umgebung zu Fuß viel bewusster wahrnimmt als beim Autofahren. Ein gewisser Geräuschpegel ist permanent hörbar. Schade, denn der **Hölzerner See** ③ liegt hier idyllisch, umringt von satten grünen Wiesen, gigantisch anmutenden Trauerweiden, Obstbäumen und herrlichen Weinbergen. Wenn die Autobahn nicht wäre, könnte seine Lage durchaus als paradiesisch bezeichnet werden. Mehrere Sitzbänke laden zum Verweilen ein und wir gönnen uns trotz des Geräuschpegels eine kleine Auszeit. Der See dient der Gemeinde als Wasserrückhaltebecken und zugleich als Fischteich, alle anderen Aktivitäten sind aber untersagt.

Gut gelaunt geht es weiter zum **Katzenbühl** hinauf und vor dem Rebgarten biegen wir scharf rechts ab. Gemütlich laufen wir in Richtung Hölzern. Zwischen

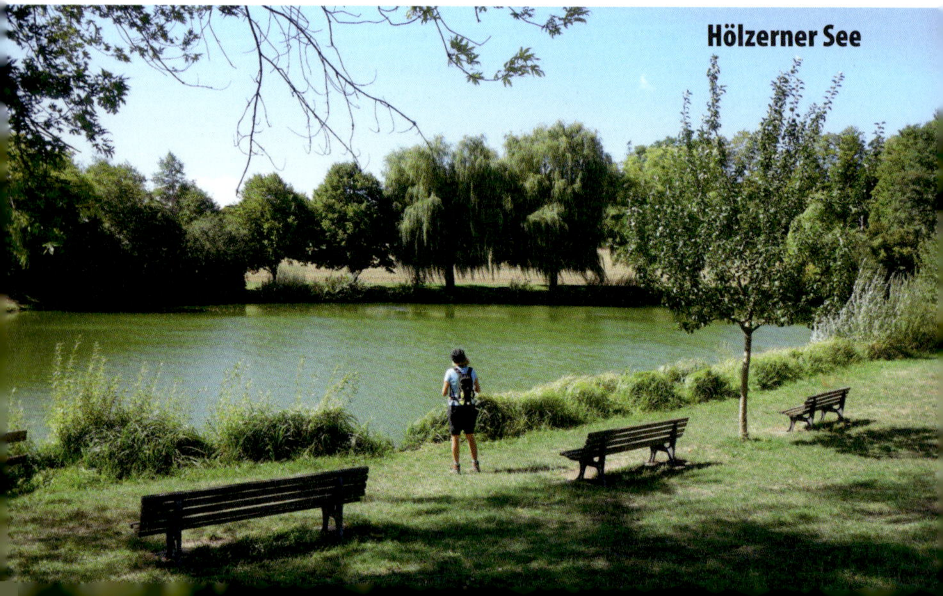

Hölzerner See

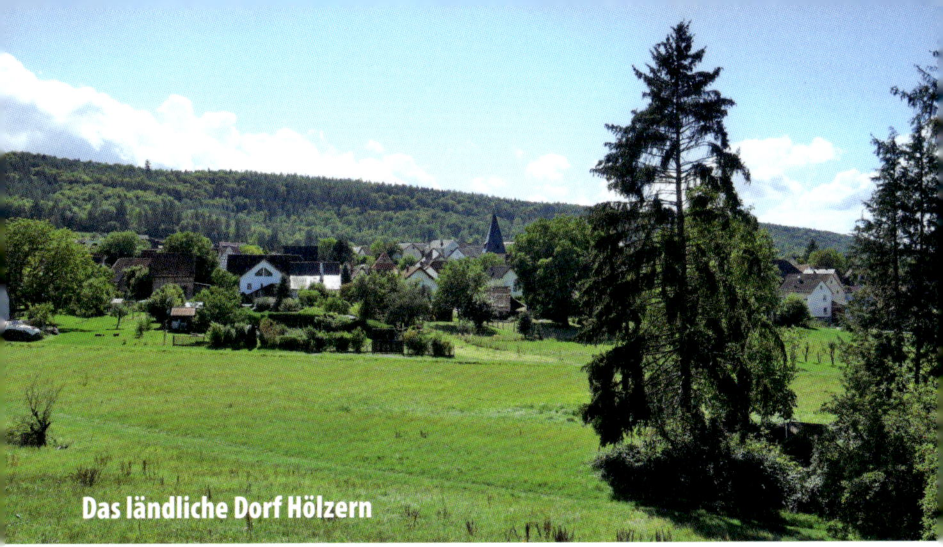

Das ländliche Dorf Hölzern

einem Wingert und einem Bauernhof führt unser Weg bergab. Wir bleiben beständig am Rand des Weinbergs und biegen erst am Schnabelsberg rechts ab. Dann geht es an einer Stallung vorbei ins ländliche Dorf **Hölzern** **4**. Die urige Straußwirtschaft **Zum Hölzernen Besen** **5** bietet sich für eine Rast an.

Dort queren wir den plätschernden, lauschigen Eberbach und wenden uns rechts der **Heilbronner Straße** zu. Hier passieren wir gleich mehrere Brunnen, die meisten scheinen allerdings auf privatem Grund zu stehen. Nach der Kirche zweigt der Kleeweg rechts ab und nach dem Bach, den wir nochmals queren, lassen wir den kleinen Weiler auch schon wieder hinter uns. An der Weggabelung vor dem bäuerlichen Anwesen halten wir uns links und gehen bergauf in Richtung der Obstbäume auf Felder zu, an denen ein Grasweg vorbeiführt. Unzählige Birnbäume gibt es hier, es muss eine Plantage sein. Und schon wieder tritt die Autobahn in Erscheinung. Dieses Mal sehen wir die **Eberbachtalbrücke,** unter der wir nun hindurchwandern.

Unglaublich, wie riesig so eine Brücke aus dieser Perspektive wirkt, fast eindrucksvoll. Die Markierung leitet uns erst mal eben weiter. Schon bald durchqueren wir einen kleinen Tunnel, gehen links und wandern neben dem lauschigen Eberbach nach **Eberstadt** **6** zurück. Dort nimmt uns die **Hölzerner Straße** auf und an

***Hölzern** ist ein kleines und beschauliches Dorf mit viel Landwirtschaft. Der Weinanbau wird in der ganzen Region großgeschrieben und rege betrieben.*

*Die **Eberbachtalbrücke** der A81 ist 329 Meter lang. Vom Wanderweg aus gesehen wirkt sie recht mächtig. Ihre Stützpfosten sind mit vielen bunten Graffitis besprüht.*

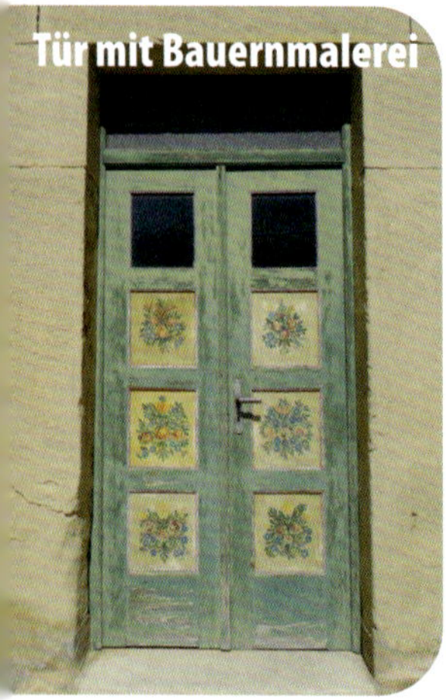

Tür mit Bauernmalerei

der Oststraße biegen wir halb links ab. Gleich hinter dem Schmalbach folgen wir der Riedstraße und dann geht es rechts zur Hauptstraße. Nach dem Trollingergässle passieren wir die Kirche und das Rathaus und gelangen zum Marktplatz. Halb rechts zweigt jetzt die Weinstraße ab, der wir folgen. Im Besen **Wolf's Weinstube** 7 können wir einkehren und gleich noch ein gutes Tröpfchen für zu Hause mitnehmen. Es geht an Tennisplätzen vorbei und ein **Schmetterlings-Lehrpfad** bringt uns zu unserem Ausgangspunkt zurück.

Zufrieden und voller positiver Eindrücke verstauen wir unsere Wanderstiefel und die Rücksäcke im Auto und freuen uns darauf, schon bald leckere Tröpfchen Rotwein zu probieren.

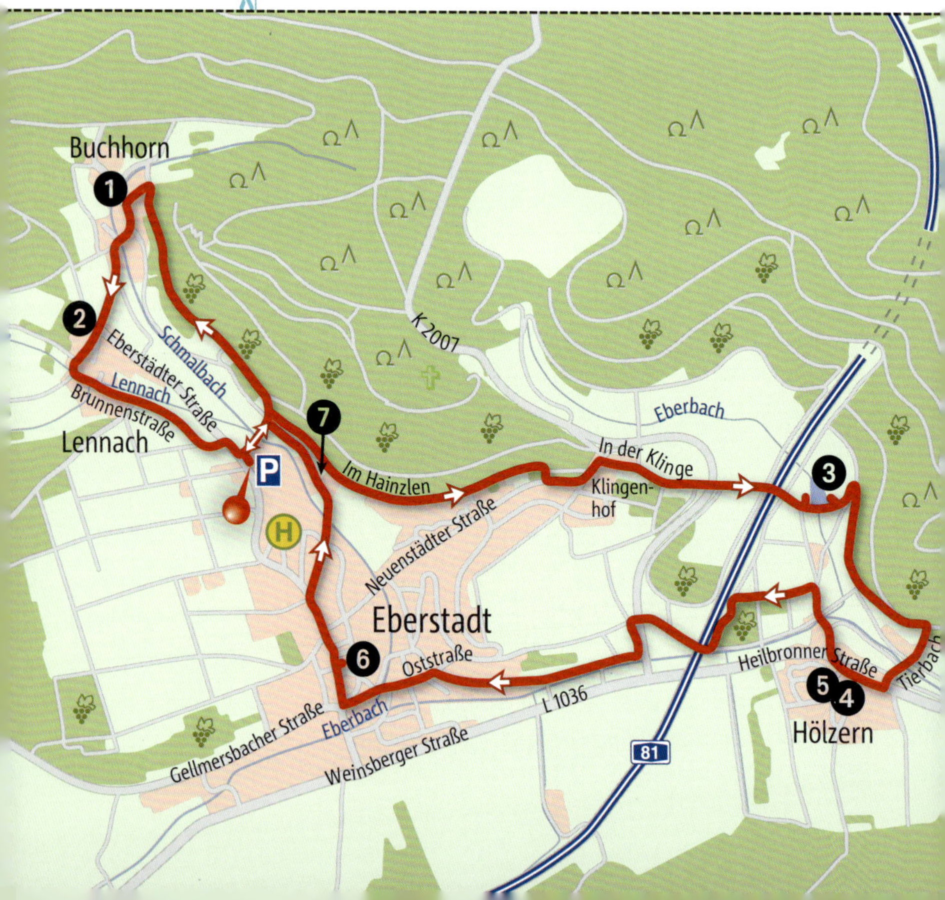

Alles auf einen Blick

WIE & WANN:
Die Wege sind überwiegend asphaltiert und die Wanderung ist kinderwagengeeignet. Beste Wanderzeit ganzjährig.

HIN & WEG:
Auto: Anfahrt über die A81 oder A6, Ausfahrt Weinsberg, der B39 und Ausschilderung nach Eberstadt folgen.
Parkplatz bei der Eberfürsthalle, Lennacher Straße 30, 74246 Eberstadt (GPS: 49.18525, 9.317333)
ÖPNV: Bus 633 von Weinsberg bis Haltestelle Eberstadt Grundschule

ESSEN & ENTSPANNEN:
Zum Hölzernen Besen ❺ Grantschener Weg 12, 74246 Eberstadt-Hölzern, Tel. (0 71 34) 47 27, www.weingut-breuninger.de
Wolf's Weinstube ❼ Weinstraße 23, 74246 Eberstadt, Tel. (0 71 34) 44 80, www.wolf-weine.de

ENTDECKEN & ERLEBEN:
Dorfplatz Buchhorn ❶
Lennach ❷
Hölzerner See ❸
Hölzern ❹
Eberstadt ❻

Entspannung ✱✱✱✱✱
Genuss ✱✱✱✱✱
Romantik ✱✱✱✱✱

Die Bühlermündung in den Kocher

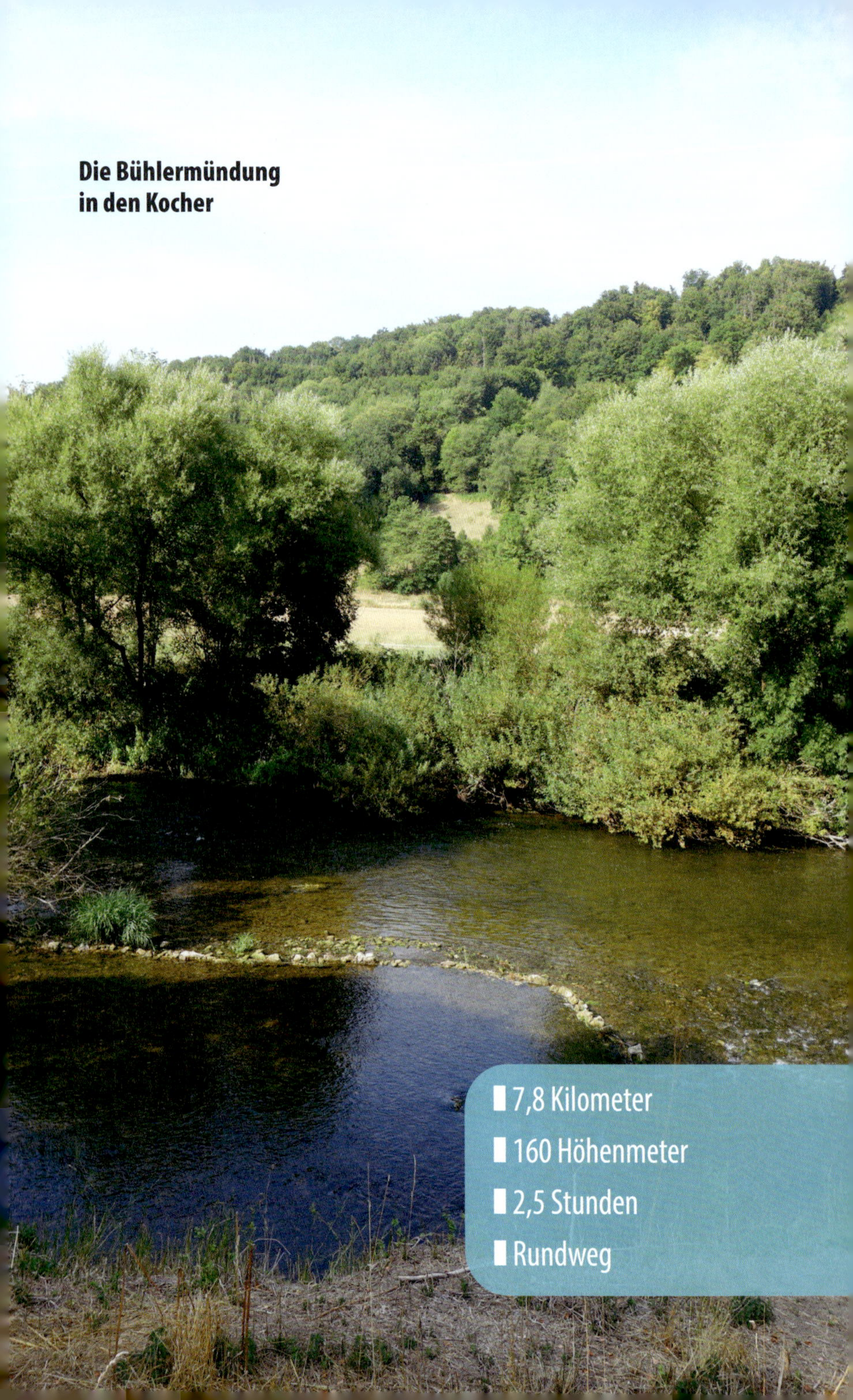

- 7,8 Kilometer
- 160 Höhenmeter
- 2,5 Stunden
- Rundweg

Wellness pur

Zur Bühlermündung

Die heutige Tour verspricht Erfrischung an der schönen Bühler, Entspannung und zudem auch noch faszinierende Ausblicke. Eine schöne und gemütliche Wanderung, die uns durch heimatliche, geschichtsträchtige Dörfer und eine hübsche Naturlandschaft leitet. Eine Wanderung mit dem Prädikat Wohlfühlcharakter.

Vom **Cröffelbacher Wanderparkplatz** gehen wir die Zufahrt hinaus und überqueren die Hauptstraße. Dann schreiten wir kurz in die Bielriethstraße, wenden uns aber gleich links dem Weg hinter der Leitplanke zu. Die **dunkelgrüne WM-Markierung im weißen Feld** fest im Blick wandern wir rechts der Bühler ins ursprüngliche Naturschutzgebiet. Sogleich stellt sich entspanntes Wanderfeeling ein, während wir ins Tal hineinlaufen und dem dezenten Rauschen des Wassers im Bach lauschen. Leicht führt der Weg jetzt bergan und wir entfernen uns etwas von der Bachaue, bis wir zur Weggabelung auf dem **Rotbergweg** gelangen. Hier gehen wir links, diesen Wegabschnitt passieren wir später abermals auf unserem Rückweg. Der Blick fällt ins wunderschöne Bühlertal, das wir von der erhöhten Hanglage aus weitläufig überblicken können. Allmählich führt der Weg nun wieder hinab ins Tal und bringt uns zur Kreuzung **Rommel.** In Sichtweite schreiten wir neben der Bühler, auf deren Oberfläche sich Bäume und Sträucher widerspiegeln. Wildromantisch schlängelt sich das Gewässer durch das Tal, auf der anderen Uferseite grasen Ziegen. Libellen kreisen ihren Weg entlang der Wasserkante. Wow, plötzlich rückt die **Kochertalbrücke** in unser Blick-

*Die Wanderung verläuft zwischen Cröffelbach und Geislingen am Kocher durch das Naturschutzgebiet **Unteres Bühlertal.***

*Die **Kochertalbrücke** ist Deutschlands höchste Talbrücke. Sie ist stolze 185 Meter hoch und 1128 Meter lang und verbindet die Strecke zwischen Heilbronn und Nürnberg.*

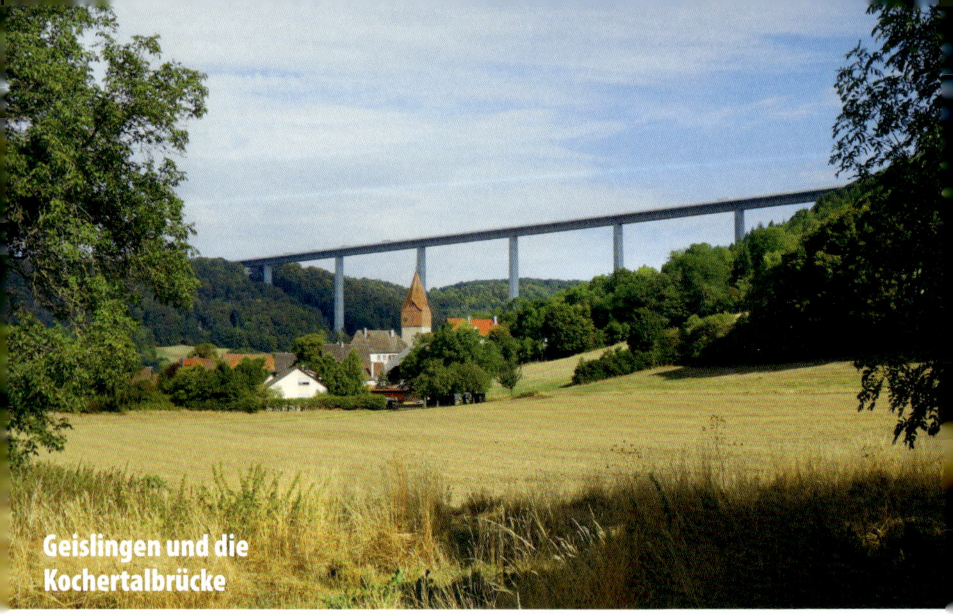

Geislingen und die Kochertalbrücke

feld – ein mächtiges Bauwerk hoch über Geislingen. Irgendwie imposant, die Brücke und im Vordergrund das Dorf mit der schönen Kirche.

Unser Weg führt an der ehemaligen **Geislinger Mühle** vorbei, die einst als Sägemühle fungierte und jetzt als CVJM-Freizeitheim dient. Herrlich liegt sie mitten in intakter Natur. Ein idealer Ort für ein Ferienlager – hier hätte es uns als Kinder auch gefallen. Am Geislinger Ortsrand gehen wir vor einer Brücke zum Dammweg und folgen weiter dem Gewässer bis zur **Bühlermündung** ❶. Hier fließt die Bühler in die Kocher. Nach weiteren 200 Metern biegen wir rechts zum Spielplatz ab und gelangen so nach **Geislingen am Kocher.** Im Ort folgen wir rechts der Kocherstraße und können im **Gasthof Ochsen** ❷ einkehren. Das geschichtsträchtige Gasthaus datiert bis ins Mittelalter zurück. Es war eine wichtige Station der Reisenden auf dem Fernweg Rhein–Donau. Für den Aufstieg aus dem Kochertal wurden hier Pferde und Ochsen vorgespannt.

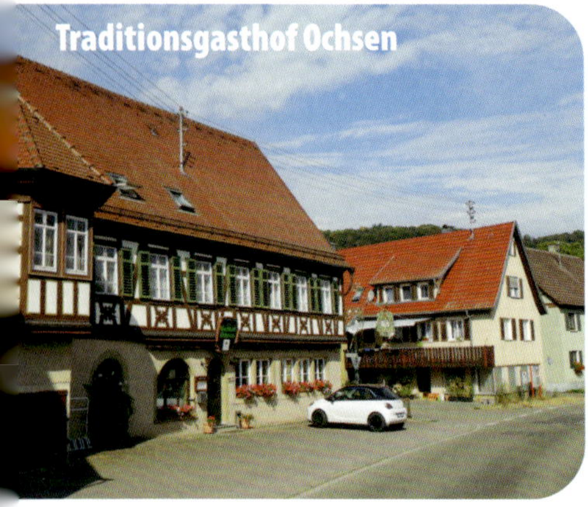

Traditionsgasthof Ochsen

Nach dem Gasthaus biegen wir links in die **Hergershofer Straße** ein und gelangen sogleich über den **Lindenweg** zum **historischen Ortskern** ③ bei der Kirche. Vorbei an herrlich altehrwürdigen, schnuckeligen Häusern geht es am Gotteshaus rechts ab auf einen Weg, der bergauf aus dem Ort herausführt. Von der Anhöhe aus erkennen wir im Tal noch einmal die Geislinger Mühle. Der asphaltierte Weg führt weiter hinauf und wir schauen tief beeindruckt auf das schöne Dörfchen zurück. Nun leitet der Weg auf grobem Schotter an bewirtschafteten Ackerflächen vorbei. Hecken sowie eine

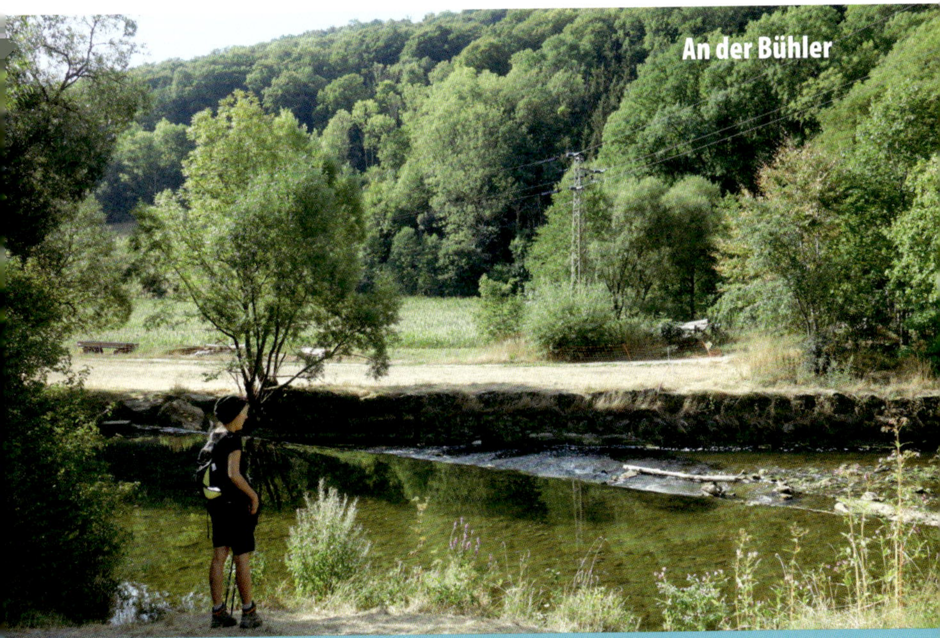

An der Bühler

Für die Seele

Wir wandern durch das grüne Bühlertal nach Geislingen am Kocher und erfrischen uns am kühlen Dorfbrunnen in Cröffelbach.

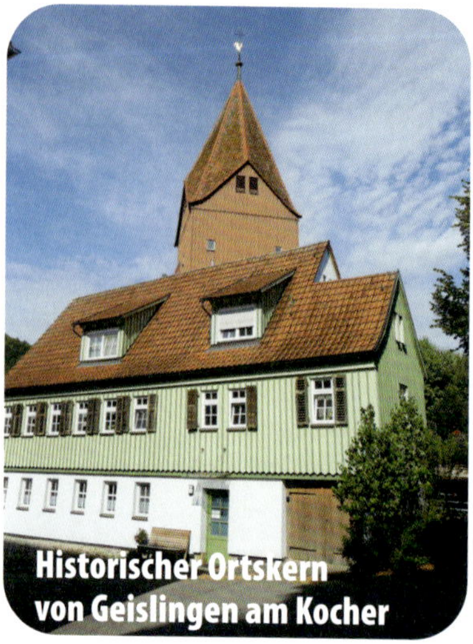
Historischer Ortskern von Geislingen am Kocher

Steinmauer säumen unseren Weg. Gerade im Sommer dienen die Hecken vor allem als Schutz und Nistplatz für die Vögel. Zudem finden die Tiere hier allerhand Futter, zum Beispiel Insekten.

Wenige Meter später treten wir in einen Wald und durchqueren eine kleine romantische **Schlucht.** Sobald sich der Wald wieder öffnet, zieren Obstbäume den Höhenweg. Wir achten jetzt auf den Grasweg, der rechts abzweigt. Weiter wandern wir mit herrlicher Aussicht auf das Bühlertal sowie den gegenüberliegenden Mischwald bergab, bis wir wieder an die Kreuzung **Rommel** treffen. Jetzt geht es links und es folgt der Wegabschnitt, den wir zu Beginn schon gegangen sind. Am einfachsten ist es, sich an der Markierung zu orientieren. Nach etwa 1 Kilometer erreichen wir erneut die Weggabelung **Rotbergweg** und gehen nun scharf links bergauf. Während des Aufstiegs

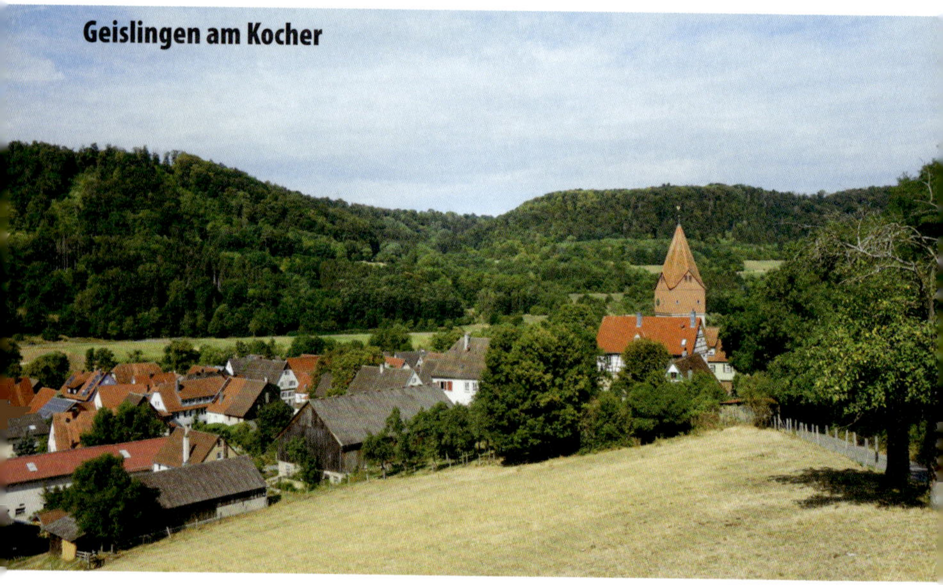
Geislingen am Kocher

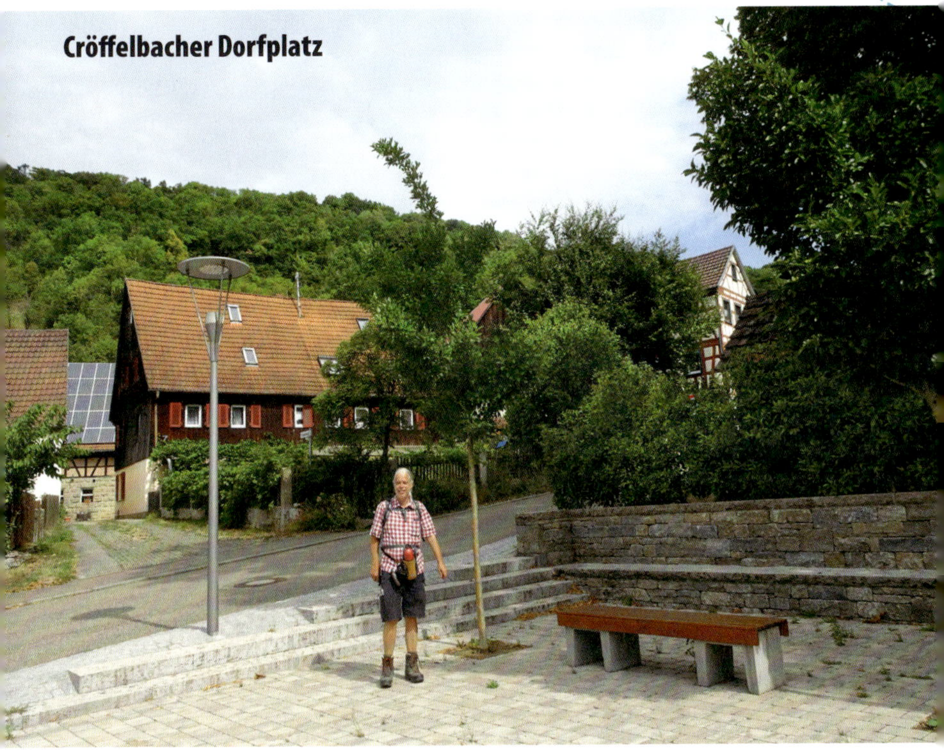

wenden wir uns quasi im spitzen Winkel nach rechts und gelangen so auf einen Weg oberhalb eines kleinen Weinbergs. Wir genießen den schönen Weg und sehen uns in Gedanken schon bei Zwiebelkuchen und neuem Wein.

Es dauert nicht mehr lang, bis Cröffelbach wieder in unserem Blickfeld auftaucht. Der Höhenweg führt hinunter in den Ort und am Klingenbach entlang gelangen wir auf dem Brunnenweg zum **Cröffelbacher Dorfbrunnen** ❹. Links versetzt können wir im **Restaurant im Goldenen Ochsen** ❺ einkehren. Auch dieser Traditionsbetrieb leistete im Mittelalter Vorspanndienste auf der berühmt-berüchtigten Cröffelbacher Steige. Viele Handelsreisende kehrten hier damals ein und nächtigten in dem Gasthof an der alten Handelsstraße von Stuttgart über Nürnberg bis nach Prag. Unglaublich, wie sich die Zeiten verändert haben! Was bleibt, sind die Erinnerung und das Gebäude, das noch die Spuren der Vergangenheit aufweist.

Nach ausgiebiger Einkehr mit gutem Essen gehen wir gestärkt an der **Ullrichskapelle** vorbei, die angeblich aus dem 12. Jahrhundert stammt, und schreiten die Hauptstraße hinab zum Parkplatz, dabei passieren wir die **Bielriet Falknerei.** Nach der Wanderung machen wir in Wolpertshausen einen Zwischenstopp beim Regionalmarkt Hohenlohe, in dem es bäuerliche Erzeugnisse aus heimischer Produktion gibt. Eine tolle Tour mit ganz eigenem Charme.

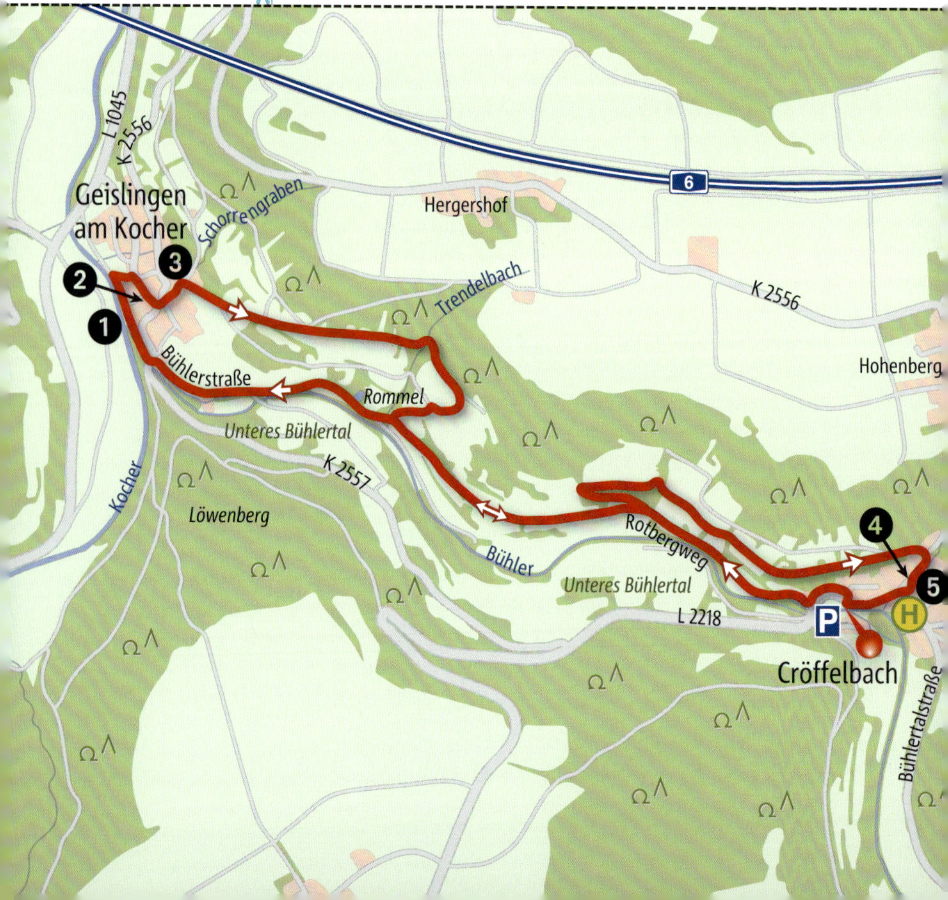

Alles auf einen Blick

WIE & WANN:
Die Wege sind meist breit und die Steigung ist moderat. Beste Wanderzeit von März bis November, aber bei gutem Wetter und schneefrei ganzjährig begehbar.

HIN & WEG:
Auto: A6 Ausfahrt 44, durch Wolpertshausen und in Kehren hinab nach Cröffelbach. Wanderparkplatz kurz vor der Bühlerbrücke, Hauptstraße, 74549 Wolpertshausen (GPS: 49.1605, 9.820083)
ÖPNV: Bus 23 von Ilshofen bis Haltestelle Cröffelbach Bühlertalstraße

ESSEN & ENTSPANNEN:
Gasthof Ochsen ❷ Kocherstraße 5, 74542 Geislingen am Kocher, Tel. (0 79 06) 3 53
Restaurant im Goldenen Ochsen ❺ Hauptstraße 4, 74549 Cröffelbach, Tel. (0 79 06) 93 00, www.hotel-goldener-ochsen.de

ENTDECKEN & ERLEBEN:
Bühlermündung ❶
Historischer Ortskern ❸ 74542 Geislingen am Kocher
Cröffelbacher Dorfbrunnen ❹

Entspannung ✱✱✱✱✱
Genuss ✱✱✱✱✱
Romantik ✱✱✱✱✱

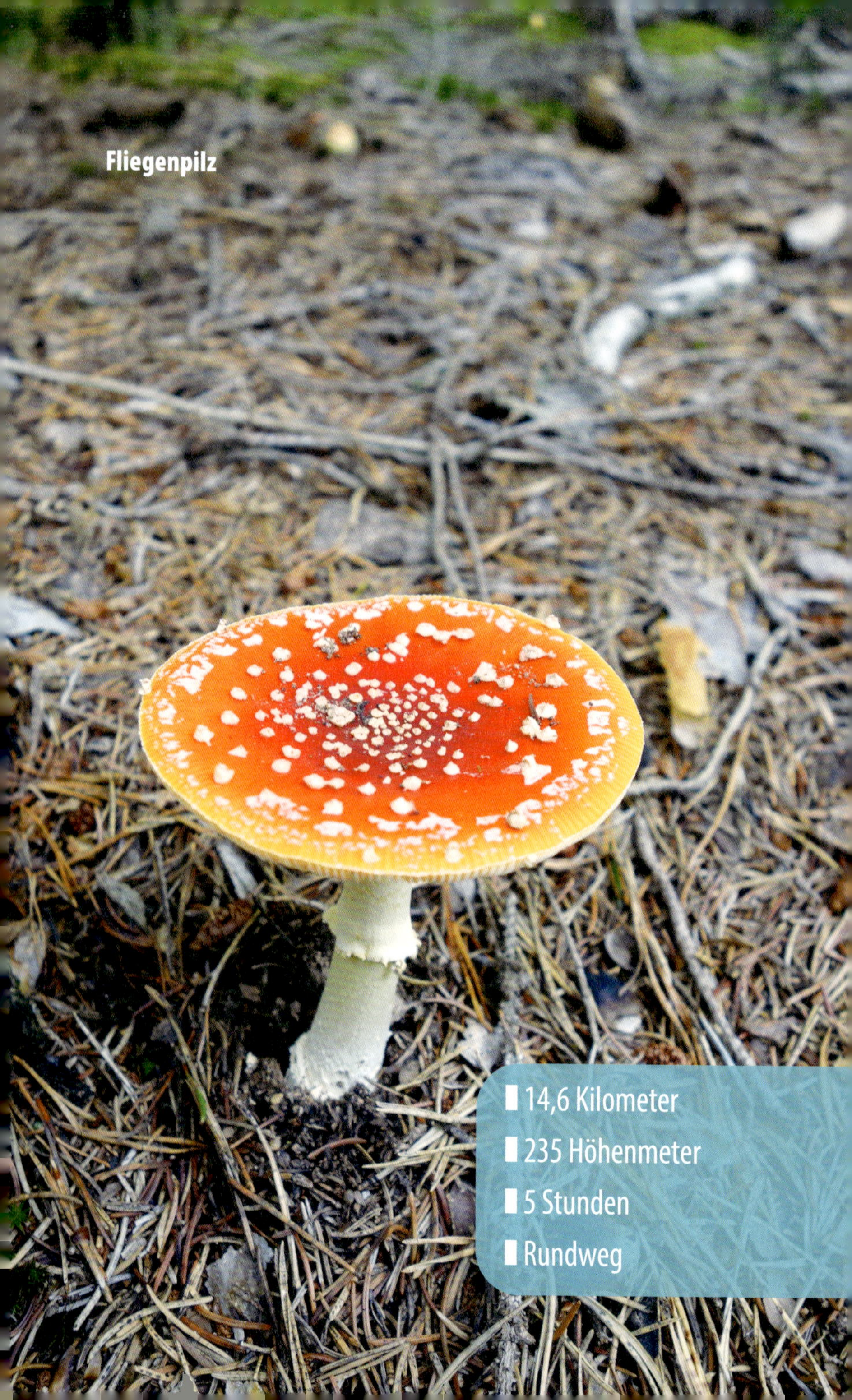

Fliegenpilz

- 14,6 Kilometer
- 235 Höhenmeter
- 5 Stunden
- Rundweg

Der Themenweg **Wald im Wandel** ist nicht nur für diese Tour bezeichnend, denn eins ist klar: Durch den Klimawandel verändern sich unsere Wälder und letztendlich verändert sich auch das komplette Leben auf unserem Planeten. Darum ist Achtsamkeit oberstes Gebot, wenn wir uns in der Natur aufhalten, denn auch mit unserer Umwelt und ihren Ressourcen sollten wir achtsam umgehen.

*Der **Wald** wandelt sich im Laufe der Jahre durch Forstwirtschaft und klimatische Veränderungen. Er passt sich aber auch jedes Jahr aufs Neue durch den Jahreszeitenwandel an.*

Die heutige Runde bringt uns nicht nur mit dem Thema Wald, sondern auch immer wieder mit dem Element Wasser in Verbindung, zum Beispiel in Form einer Quelle, eines Bachlaufs oder aber eines Weihers. Zudem laufen wir an einem Badesee vorbei, an dem man im Sommer Tretboot fahren kann. Während der Wanderung erhaschen wir hinreißende Ausblicke bis zur Schwäbischen Alb, durchstreifen ursprüngliche Dörfer und stille zauberhafte Wälder, eingebettet in ein idyllisches Landschaftspanorama.

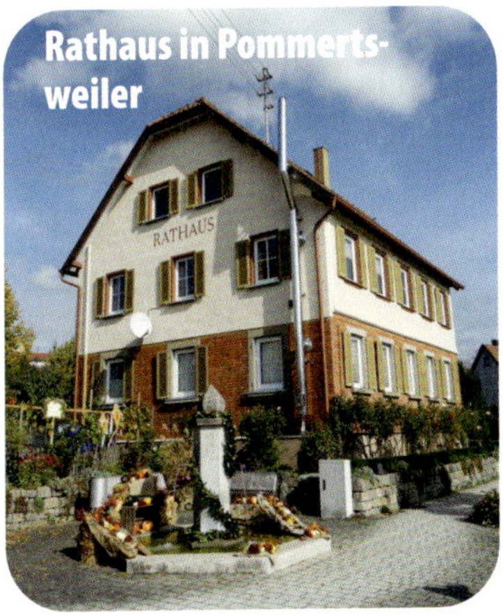

Rathaus in Pommertsweiler

Gegenüber von Feuerwehr und dem Kindergarten stellen wir unser Auto auf dem Parkplatz in **Pommertsweiler** ab. Von hier aus starten wir unsere Tour. Die Obere Straße bringt uns zur Alten Schulstraße, auf der wir an der kleinen **Michaelskirche** vorbeiwandern. Gleich schon entdecken wir unsere heutige Ausschilderung, die grüne **WW-Markierung,** die uns begleitet, während wir gemächlich durch das Dorf schlendern und

Wald und Weiher

Zu den Hammerschmiede-Seen

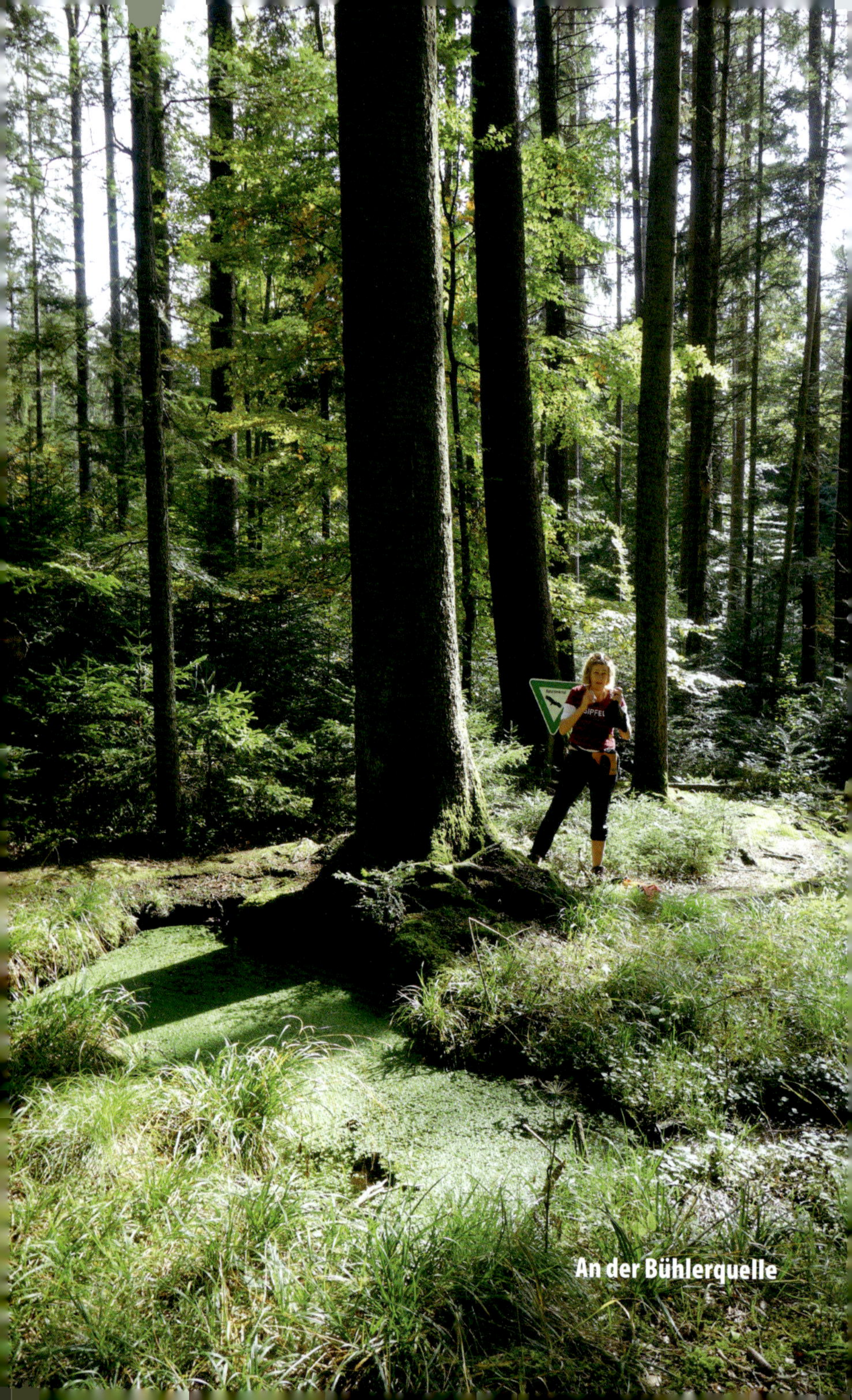

An der Bühlerquelle

zum Rathaus mit seinem schönen **Dorfbrunnen** kommen. Von der Lange Straße aus blicken wir weit über die Wiesen hinüber zum Wald und sind total fasziniert von dieser hübschen Gegend. Kurz vor dem Ortsende biegen wir rechts in Richtung Vorderbüchelberg ab. Würziger Duft liegt in der Luft, der Bauer hat seine Wiesen mit Kuhmist gedüngt. Ein Traktor mäht gerade die Wiese, Katzen streifen durch das Feld, irgendwo kräht ein Hahn, das macht Laune. Gleich schon begeistern uns das ländliche Flair, die grünen Wiesen, Felder und Wälder. Wir achten auf den rechts abbiegenden Feldweg, der uns hinüber zum Wald bringt. Vorbei an stattlichen Nadelbäumen entdecken wir im Wald viele Heidelbeerbüsche und jetzt im Herbst ebenso zahlreiche Pilze, die überall in wilder Ordnung aus dem Boden sprießen, darunter auch der markant rot-weiße Fliegenpilz. Er steht uns Modell für einige Fotoaufnahmen. Der breite Weg schlängelt sich munter durch den Forst. Wir saugen die herrlich frische Luft tief in unsere Lungen ein.

*Die **Waldluft** ist durchtränkt von Terpenen, sogenannten Botenstoffen, die durch die Waldvegetation freigesetzt werden und die viele gesundheitsfördernde Eigenschaften für uns Menschen besitzen.*

Bei einer größeren Freifläche, die Birken säumen, biegen wir links ab, gehen sogleich wieder rechts und gelangen so zu einem Waldwiesenpfad, dem wir folgen. Wir erreichen kurz darauf einen **Solarenergiepark 1**. Achtung, hier zweigt links ein romantischer Pfad in den Wald ab und führt uns zur bezaubernden **Bühlerquelle 2**, auch Berroth-Brunnen genannt.

*Die **Bühler** ist von der Quelle bei Pommertsweiler bis zur Mündung bei Geislingen am Kocher beinahe 50 Kilometer lang.*

Überaus mystisch und magisch liegt diese kleine zauberhafte Quelle paradiesisch mitten im Wald. Die

Für die Seele

Die Bühlerquelle wirkt wie ein mystisch-magischer Ort mitten im Wald. Auf dem Themenweg Wald im Wandel erwacht die Bühler zum Leben.

friedliche Stille, die wir hier spüren, wirkt sich überaus positiv auf uns aus, ist Balsam für unsere Seele. Sie vermittelt ein entspannendes, tiefes Gefühl von Freisein.

Nach einigen Minuten verlassen wir das Naturdenkmal, wandern relaxt durch die urwüchsige Naturkulisse und sind bestens gelaunt. Sanft raunt der Wind durch die Baumwipfel und die Blätter rauschen leise. Wir genießen die leichte Brise, während wir rechter Hand den Wald schon wieder verlassen. An den Rösewiesen wandern wir im Pfaffenloh am Waldrand entlang und gelangen zu einem schmalen Fahrweg, dem wir bergwärts folgen. Bald erreichen wir **Vorderbüchelberg ③.** Beim Ortsschild biegen wir rechts ab und erfreuen uns an dem weiten Blick über tiefe Wälder. Der Höhenweg am Büchelberger Grat ist problemlos zu begehen. Es ist ein normaler Weg und weder rechts noch links abschüssig, wie man dem Namen nach vermuten könnte. Der Wegabschnitt entpuppt sich als echter Panoramaweg. Immer wieder schweift unser Blick links zu den Höhen der Schwäbischen Alb hinüber, zu den Drei Kaiserbergen sowie zur Jakobuskapelle bei Wöllstein. Einfach großartig, vor allem an schönen Tagen mit klarer Sicht.

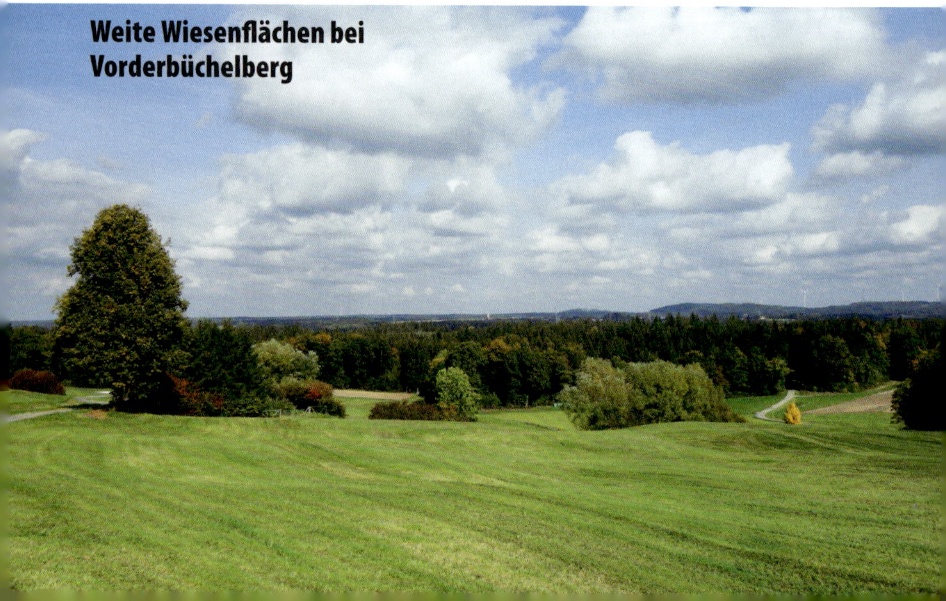

Weite Wiesenflächen bei Vorderbüchelberg

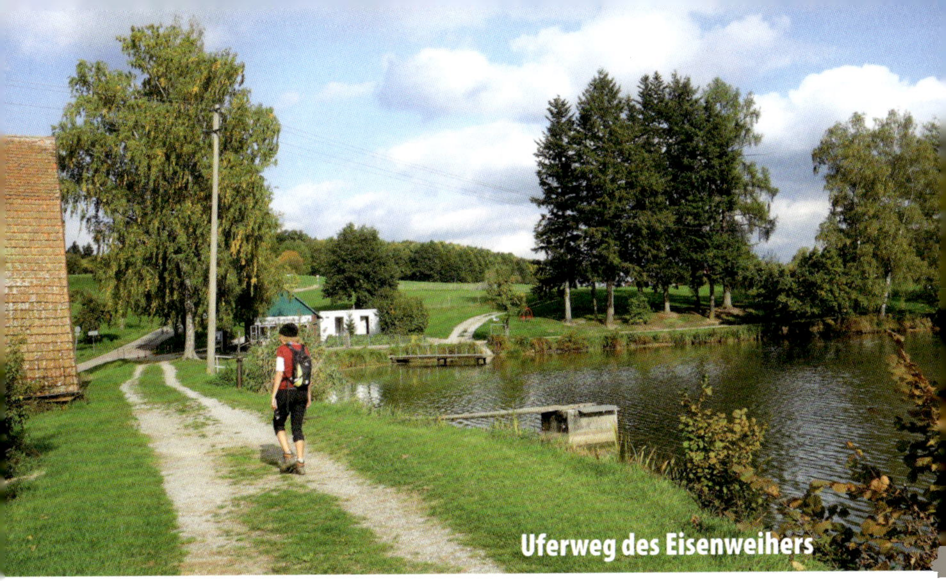
Uferweg des Eisenweihers

Wir gehen an einem Wanderparkplatz vorbei und treffen wenig später auf eine **Schutzhütte mit Grillplatz.** Die Route führt links an der Hütte vorbei und wir kommen an eine große Weihnachtsbaumplantage. Ein Abstecher über einen Grasweg rechts lohnt sich, denn hier erhaschen wir einen hübschen **Straßdorf-Blick** ④. Weiter folgen wir der Markierung und schwenken nach rechts, sobald ein Weg vom Kocherhof zu uns heraufleitet. Wir gehen mit schönem Blick auf die Hohenhöfe auf eine Weggabelung zu und wandern links zwischen Wald und Feld auf dem weichen grasbewachsenen Feldweg. Dieser bringt uns in weitem Bogen an den 555 Meter hohen **Höfenberg** wieder in die Richtung der Hohenhöfe. Allerdings biegen wir kurz vorher scharf links ab und folgen unserer Ausschilderung.

Hinter einer Schranke im Wald verlieren wir leicht an Höhe. Während es bergab geht, schauen wir hinüber zum **Altenbergturm,** der östlich von Sulzbach-Laufen auf dem Altenberg aufragt. Gleich nach dem Waldabschnitt gelangen wir zu den schön gelegenen **Höfen Spiegelrain** ⑤ in purer Landidylle. Unser Blick schweift nach **Hinterbüchelberg,** dem lieblichen Ort, dem wir jetzt in gemütlichem Tempo entgegenwandern. Ein paar Obstbäume und Wiesen zieren den Weg zu dem heimeligen Dörfchen. Hier kann man im **Gasthof**

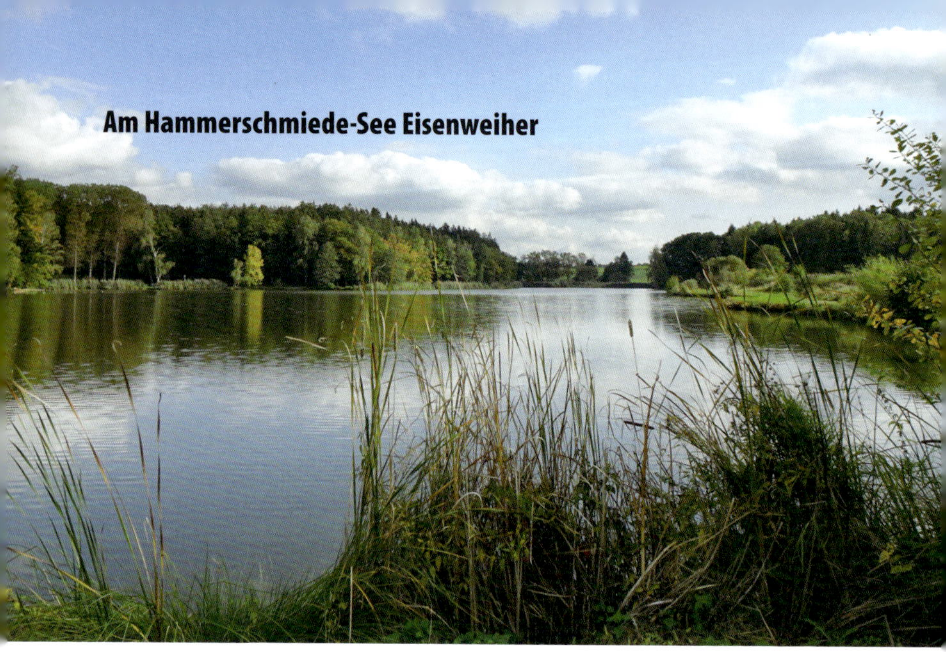

Krone 6 gutbürgerlich und in hübscher Atmosphäre einkehren.

Frisch gestärkt laufen wir im Ort Richtung Adelmannsfelden und wenden uns auf der Kuppe vor einem Holzkreuz nach rechts. Vor Hausnummer 6 führt ein romantischer Wiesenpfad dem Wald entgegen. Rückblickend sehen wir das nette kleine Dorf von einer ganz anderen Seite, die wir gleich mit unserer Kamera festhalten. Ein kleiner Wasserlauf begleitet uns in den Wald hinein. Dort gehen wir neben dem **Stahlbach.** Ein schöner Ort, um innezuhalten und dem sanften Plätschern zu lauschen, das die friedliche Waldstille erfüllt. Das dichte Blätterdach sorgt nicht nur an heißen Tagen für Schatten, sondern setzt Botenstoffe frei, die unser Immunsystem positiv unterstützen. Wir behalten nun die Richtung bei und genießen beim Waldaustritt einen weiten Landblick. Spontan entscheiden wir uns für einen Abstecher zu den Hammerschmiede-Seen, hierzu verlassen wir die ausgewiesene Route und folgen einem Fahrweg hinab. Dabei erblicken wir einen Campingplatz und kreuzen im Talgrund die Bühler. Jetzt gehen wir rechts hoch zum **Hammerschmiede-See** 7 Eisenweiher.

!

Im Sommer kann man im ***Hammerschmiede-See*** *Eisenweiher baden und für wenige Euros ein Ruder- oder Tretboot ausleihen, um über den See zu schippern.*

Nachdem wir ein paar Minuten am See verweilt haben, machen wir uns auf den Rückweg. Wir gehen am Campingplatz vorbei und biegen gleich nach der Bühler halb links zum **Pferdehof Ziegelhütte** ab. Langsam wandern wir die Straße entlang und genießen dabei die herrliche Umgebung. Bald schon erkennen wir vor uns die Häuser von **Wildenhof.** Dort gehen wir bergauf und biegen auf der Anhöhe rechts ab. Nun rückt auch die WW-Ausschilderung wieder in unseren Blick. Links wandern wir neben Agrarland in das beschauliche **Wildenhäusle** **8** hinüber. Gleich nach dem Verlassen des Orts erblicken wir halb rechts wieder Pommertsweiler und wandern in schöner Umgebung an weiten Wiesen und Grünflächen vorbei nach **Altweiher** hinab. Mit Blick auf den grünen Weiher wandern wir nach rechts in eine Senke zum schilfbewachsenen Ufer.

Welch schöner Anblick, wir beobachten eine Wildentenfamilie und erfreuen uns an der sagenhaften Atmosphäre, die von glitzernden Sonnenstrahlen erzeugt

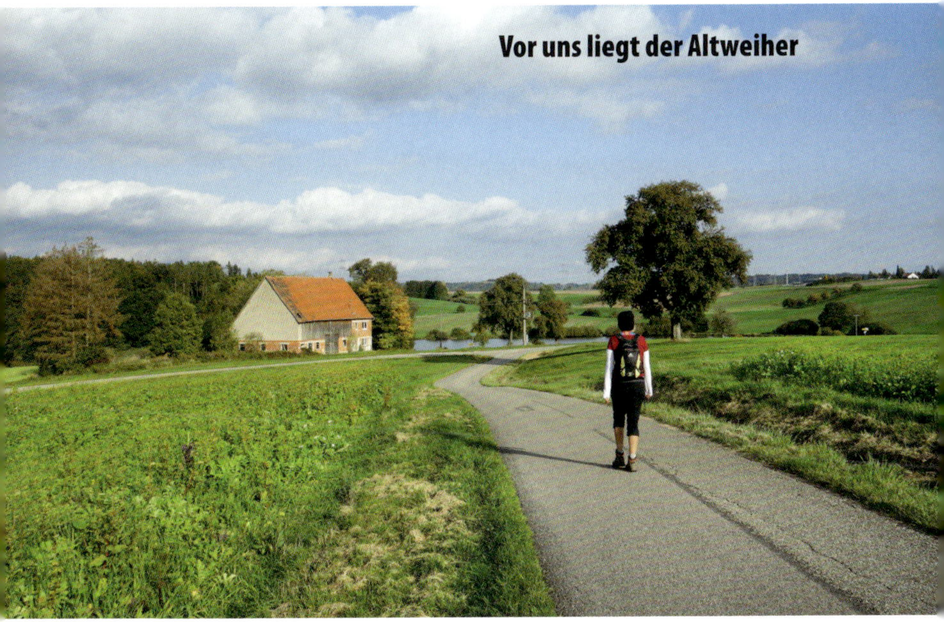

Vor uns liegt der Altweiher

wird, die sich auf dem grünen Weiher spiegeln. Dieser Weiher rechts ist der erste einer ganzen Seenkette: Moor-, Birken-, Alt-, Schleif-, Eisen- und Stahlweiher. Deshalb nennen die Einheimischen die Gegend auch **Seenstaaten.** Fast durch alle Weiher fließt die Bühler, deren kleine Quelle wir heute schon entdeckt haben. Nach dem Queren der Bühler wandern wir nach Pommertsweiler zurück. Gemächlich schlendern wir in den Ort und sind schon bald wieder auf der Oberen Straße, die uns zurück zum Parkplatz führt.

Was für eine tolle Wanderung durch ein naturnahes Ökosystem, die uns durch tiefe Wälder und eine sagenhafte Landschaft mit zauberhaft-mystischen Momenten geführt hat.

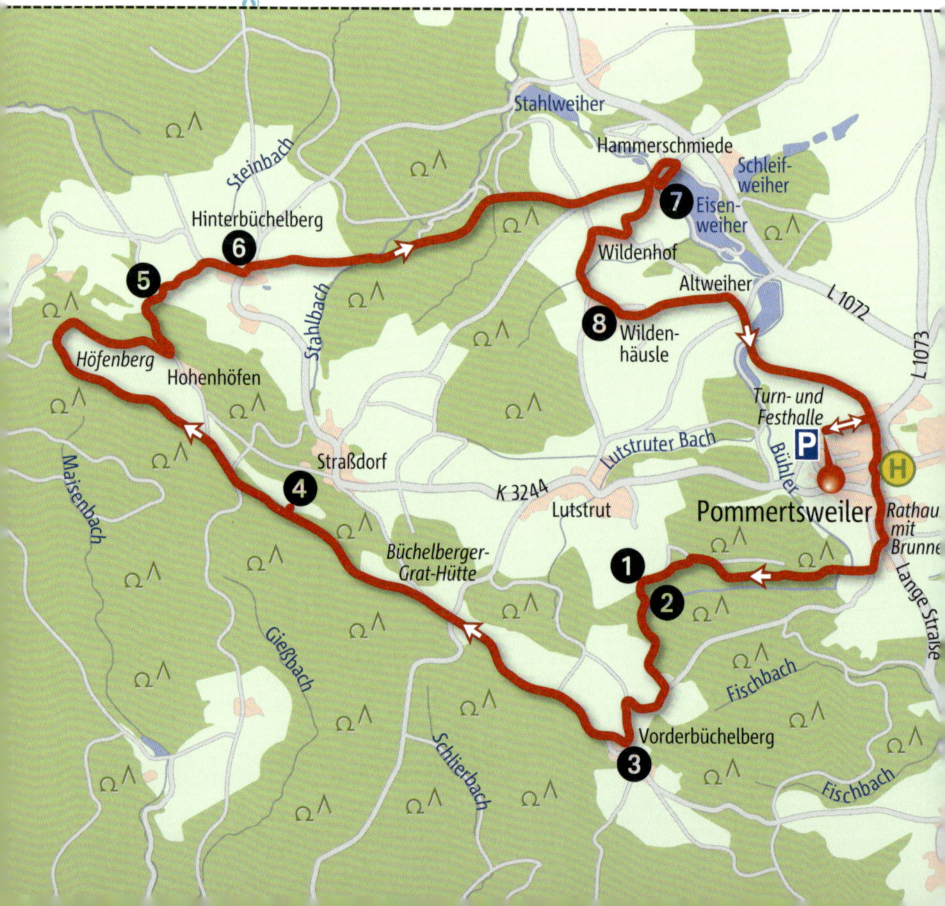

Alles auf einen Blick

WIE & WANN

Die Wege sind allesamt sehr gut wanderbar, allerdings häufig auf Asphalt. Beste Wanderzeit von März bis November.

HIN & WEG:

Auto: Anfahrt über die A6, Abfahrt 42, dann B19, an Schwäbisch Hall, Vellberg, Bühlertann, Bühlerzell und Bühler vorbei nach Pommertsweiler.
Parkplatz bei der Turn- und Festhalle (gegenüber der Feuerwehr), Obere Straße, 73453 Abtsgmünd (GPS: 48.933934, 9.987912)
ÖPNV: Bus 7869 von Ellwangen bis Haltestelle Abtsgmünd-Pommertsweiler Friedhof; Bus 194 (Seestaatenlinie) bis Haltestelle Pommertsweiler Schule

ESSEN & ENTSPANNEN:

Gasthof Krone ❻ Hinterbüchelberg 11, 73453 Abtsgmünd-Hinterbüchelberg, Tel. (0 79 63) 3 87, www.krone-kohler.de

ENTDECKEN & ERLEBEN:

Solarenergiepark ❶
Bühlerquelle ❷
Vorderbüchelberg ❸
Straßdorf-Blick ❹
Höfe Spiegelrain ❺
Hammerschmiede-See ❼ Eisenweiher
Wildenhäusle ❽

Entspannung ✱✱✱✱✱
Genuss ✱✱✱✱✱
Romantik ✱✱✱✱✱

Die GPS-Daten zu jeder Tour gibt es auf
www.droste-verlag.de

Auf dem YouTube-Kanal „Wanderkult mit Martin Kuhnle“ gibt es Clips zu allen Touren dieses Buches.

Konzeption/Satz: Droste Verlag, Düsseldorf
Einbandgestaltung: Britta Rungwerth, Düsseldorf, unter Verwendung von Bildern von © Fotolia.com: Andrey Kuzmin, undrey, dabost, niroworld; © stock.adobe.com: photo-corona
Fotos: Heidi Maria und Martin Kuhnle
Karten: Thorsten David, Bochum
Textlektorat: Petra Sparrer, Köln
Druck und Bindung: LUC GmbH, Greven

FSC www.fsc.org
MIX
Papier aus verantwortungsvollen Quellen
FSC® C011279

ISBN 978-3-7700-2368-4
www.droste-verlag.de